我爱家乡美

苏高礼教授『油画中国化』求索之路

山西博物院 编

韩立伟 著

山西出版传媒集团

图书在版编目（CIP）数据

我爱家乡美：苏高礼教授"油画中国化"求索之路 / 韩立伟著.
— 太原：山西人民出版社，2014.9
ISBN 978-7-203-08743-4

Ⅰ.①我… Ⅱ.①韩… Ⅲ.①苏高礼–生平事迹 Ⅳ.①K825.72

中国版本图书馆CIP数据核字(2014)第220149号

我爱家乡美：苏高礼教授"油画中国化"求索之路

著　　者	韩立伟
责任编辑	刘小玲
装帧设计	后司视觉
出 版 者	山西出版传媒集团·山西人民出版社
地　　址	太原市建设南路21号
邮　　编	030012
发行营销	0351-4922220　4955996　4956039
	0351-4922127（传真）4956038（邮购）
E-mail	sxskcb@163.com 发行部
	sxskcb@126.com 总编室
网　　址	www.sxskcb.com
经 销 者	山西出版传媒集团·山西人民出版社
承 印 者	北京雅昌艺术印刷有限公司
开　　本	889mm×1194mm 1/16
印　　张	15
印　　数	1-2000册
版　　次	2014年9月　第1版
印　　次	2014年9月　第1次印刷
书　　号	ISBN 978-7-203-08743-4
定　　价	150.00元

如有印装质量问题请与本社联系调换

为爱而艺术着（代序）

苏高礼一生深深地爱着家乡，爱着太行山，他的绘画也尽是这种感情的倾诉和表露。作为他的弟弟，我是深有体会的。在他的又一本画册即将出版之际，嘱我立足于兄弟的角度写一篇文章。我也想借机会诉诉衷肠，表达我对他以及他的作品的喜爱。

苏高礼的父亲是我父亲的亲弟弟，苏高礼又长我7岁，在两家男孩子中排行第三，小名叫三和，弟弟们都称呼他为三哥。

我的故乡南阳胜是太行山区一个美丽的小山村。村子依傍着的北山有一片片的果园，以桃杏树居多。村前是一片杨树林和绿草地，穿过树林草地，是一条清澈的小溪，经年流水不断。跨过小溪便是今阳泉市平定县有名的风景区药林寺山，又名清凉山。

虽然苏高礼7岁时就随我的叔父到石家庄市定居，但家乡在他心中留下了永久的记忆和眷恋。他经常提到，他对绘画的学习和创作始于对家乡的热爱和留恋，他要用笔把心中的家乡画下来，永远带在身边。

苏高礼最初的写生就是从家乡开始的。读初中之后，他每个暑期都要回家乡住一段时日，最初带的是画本、铅笔，画农舍，画树林，画山峦。再往后就背起了画板，先是水彩，后是油彩，由画山水房舍到画人物，一直画到他成长为一个中央美术学院的大学生，俄罗斯列宾美术学院留学生，中央美术学院教授。近70年来，他的脚步由家乡一个太行山区的小村庄到昔阳县、左权县、河南林县……画大寨、画麻田、画红旗渠。在他的笔下，壮美的太行山水，勤劳善良的太行乡亲，化作了一幅幅饱含深情的美术作品。

太行山也展开她的双臂，紧紧拥抱这个热爱家乡、热爱美术、天资聪惠的孩子。苏高礼是我父亲、叔父两家中第一个走向城市的孩子，人又那么的有绘画天分，大家都引以为自豪。每年临近暑期，留在家乡的亲人就计算着三和快回来了，在等待中准备着。那时家乡亲人们的生活过得很清苦，基本温饱都是难以解决的。杂豆磨成细粉擀成面条也只能用来待客，零用钱也只能从鸡屁股眼里抠了。一个豆面，一个鸡蛋，我的母亲早早地开始积攒。她说不能让三和和我们吃一样的东西，孩子一年回来一次，不能委屈了他。

那时的我也不过七八岁，大哥参

了军，二哥在村里给人放牛，五哥大我两岁，一起读小学。三哥的回来是我们最高兴的日子，看着他画画，不知有多么的羡慕和崇拜，只有这时心中才有一点莫名的优越。

药林寺是苏高礼写生常去的地方，那时的山比现在要美多了。山顶是一片草甸，满山坡的杂木林散发着一种药的清香，山间一座寺庙因此得名药林寺，山又因寺叫药林寺山，又名清凉山。雨后清晨，站在山顶，看半山居雾，若岚岚青烟。微风乍起，云雾缭绕至山巅，三哥兴奋不已，说他摸到白云了。

一次，二哥到山上放牛，三哥跟着去写生，我和五哥也自然陪着一起去。那时的山里是有狼的，这一次我们便遇着了。牛群一受惊，本能地屁股顶着屁股挤成一团，头朝外，犄角冲着狼。我们几个兄弟吓得钻到牛肚子底下，看着牛和狼的对峙，一直僵持到狼的退却。事后，父母亲一面怪怨我们，说不该带三哥去；一面又安慰我们，说狼是有灵性的，不会侵害我们的，何况还有药林寺神灵的庇佑呢。几十年过去了，留下的倒不是什么后怕，这何尝不是弟兄们一种美好的记忆呢。

从那时至今，恍如弹指间，他为了这份热恋整整奋斗了近 70 年。退休后，我和苏高礼每年大都有一、两次聚会。每次相聚，谈话主题大都是关于对故乡的回忆和眷恋。忆及往事，苏高礼经常会提及两个人，一个是东窑妈妈，一个是表姐巧云。东窑妈妈是本族的一位大娘，因住在东窑，我们便习惯称呼她为东窑妈妈。东窑妈妈是极会讲故事的，且她把故事编成儿歌，孩子们是极爱听的。最生动的要数"五龙圣母"和"老鼠娶亲"的故事了。老鼠娶亲有花轿、有仪仗、还有伴郎、伴娘和媒婆，新娘子老鼠还穿着花衣裳。每次回乡，苏高礼都和东窑妈妈住在一起。夜间，躺在土炕上，听东窑妈妈一遍又一遍地重复着讲，在娓娓动听的讲述中进入梦乡，总也听不烦的。如今，东窑妈妈早已作古，尽管苏高礼当初已经把这首儿歌的歌词记了下来，但现在读起来远没有东窑妈妈讲的生动了。

表姐巧云是苏高礼儿时的玩伴。苏高礼常常回忆起她，忆巧英姐陪他玩，忆巧云姐哄他睡觉，说一定要专程去看看。前几年，我陪三哥回故乡，见到了巧云姐，两人都哭了，久久不忍分手。

也是前几年,我陪着他作了一次故乡行,把记忆中他作画去过的地方走了一遍,了却了他晚年的一桩心愿。

我们去了崔家(庄)龙王山,那是东窑妈妈"五龙圣母"故事发生的地方。传说村里一位年轻美丽、聪明善良而又勤劳的女子,一天在河边洗衣裳,看见水中有一粒五彩小石子,甚是可爱。她先是在手中把玩,继而含在嘴里,谁知这粒小石子竟顺势滑进了她的肚子里。为此女子怀孕了,乡邻都说她怀神胎了。十个月后,就在崔家庄的半山腰里,一个树木葱笼的地方,人们发现这位女子坐化了。五条彩龙围绕在她的身边,祥光瑞云笼罩了整个山峦,方圆几十里都看得见的。于是,乡亲们就在这里建庙祭祀,祈求甘霖。山因此叫龙王山,庙叫五龙圣母庙。

如今旧址虽在,但庙院却已颓废,掩映在荒草丛中。伫立其间,我们都唏嘘不已。

我们还去了有亲戚的邻村夏庄、北后峪、鸦洼、桃庄等地。长辈们都已离世,晚辈们也大都不相识了。可一旦攀起亲戚来,一样的热乎,一样的亲切。

苏高礼由对家乡的热爱扩展至对整个太行山的热爱,不仅体现在他一生以太行山为题材的艺术创作上,还体现在他身体力行,为那里的乡亲提供帮助。三年前,我陪他到昔阳县,说一个叫乔万英的农民要搞个人画展,他去给指导。那是二十多年前,乔万英才十几岁,爱上了油画,自费到中央美院进修。农民的孩子,家境并不宽裕。苏高礼不仅在学习上给他以指导,还帮助他解决了食宿困难。二十多年来,他俩的联系一直没有中断。现在乔万英不仅可以办自己的画展,而且还先后办到了中国美术馆、上海美术馆、中央美术学院和瑞士。看得出来,三哥是由衷的高兴的。受过他帮助的人还有多少?这一位是我亲历的。

2009年,苏高礼向国家美术馆捐赠油画,并同时在那里举办画展。他自费邀请了家乡一大帮亲戚来参加仪式、看画展。他们都是农民,还大都带着孩子。高礼哥说,老人们均已作古,我就向晚辈亲人们做个汇报吧,他们也可以顺便来北京看看。

人老了,感情也浓缩了。这几年,

高礼哥一直邀请我们在山西的几个弟弟、弟媳们到北京聚聚，一再说费用他包了。我父母育有五个儿子、一个女儿。由于家庭的颠沛流离，竟没有留下一点历史记忆的珍藏。三哥苏高礼处却有——有大哥苏高仁中学时的一幅图画——《鸳鸯戏水》；有我读高小时他为我画的油彩画像；还有我们全家的合影照。这些物事算起来也半个世纪了，也算家庭中的历史文物了，感谢三哥。

苏高礼经常说他这辈子魂牵梦萦的是家乡，是太行山。他把自己的爱全部展现在他的画面上，他是把对家乡太行山的爱与对油画事业的爱融合在一起的人，他是一位为爱艺术着的人。

他退休之后就开始忙碌着整理他的画作，说要捐献给他曾经生活和工作过的地方。给中国美术馆的捐赠仪式我是参加了的，也是第一次通过画展完整地看到他的作品。置身其中，我被震撼了，感动了，陶醉了，深深体味到艺术竟有如此摄入魂魄的力量。我看到了家乡太行山的亲人，亲人们住的古老的、石碹的窑洞；窑洞里摆放的古朴而又笨拙的家具；窑洞门口吊挂的一串串红辣椒，还有屋檐下半截高破缸里栽着的鲜花。太行的山、太行的水，太行山一层层泛绿的梯田，茁壮的玉米努力地向上伸展着。见到大寨田里丰收的果实，敬爱的周总理笑了；红旗渠穿过太行山，清冽的渠水流进了祖祖辈辈缺水的林县……苏高礼的油画记录了一个时代太行山农村的风土人情，一个时代太行山人艰苦奋斗的业绩，倾注了他的全部感情，从而深深地感染了每一位读过他的画作的人。

因为大家都退休了，所以便有了充足的时间来欣赏他的作品，聊他的作品。每次和三哥见面，他都要让我谈谈我的感受。对油画这门艺术我是一窍不通的，但我能读懂苏高礼油画中的真挚感情。

他的画是透亮的，那山、那水、那土地、那庄稼在阳光下都活起来了，动起来了。靠了光，他的作品层次很丰富，很有立体感、美感、动感。他的作品很明快，不仅那青山绿水沁人心脾，就连那窑洞的每块砌石在光的作用下也显得十分生动。在他的笔下竟幻化出无限的勃勃生机，他的心底是光明的，绘画功底是深厚的。

他的画是古朴的、清纯的。苏高礼的画作大部分是以上世纪六、七十年代太行山农村为题材的，没有污染，没有喧嚣，让人体味到一种安详和宁静，一种大自然的美，一种人性的美。毕其一生通过画作来反映上世纪太行农村风貌的画家不知还有多少，但无论如何，苏高礼的创作方向、艺术表现形式都是具有历史意义和历史价值的。随着时间的推移，人们会越来越感受到这一点的。

上世纪六、七十年代，正值我们国家处于"文革"动乱时期，民族正经历着一场磨难。苏高礼在创作上没有跟风，乱局中紧扣住我们这个社会的主流，同时也寄托了他心中热切的期望，这委实难能可贵。

他的画是温馨的。读了苏高礼的画作，有一种游子回归故里的感觉。在他的笔下，有故乡的亲人，有亲人们居住的石头窑洞，有亲人们耕作的农田，收获的果实，有农家小院里的一切。他的画是植根于生活的，没有猎奇，没有张扬，没有哗众取宠，画面上跳动的是一颗赤子之心。

苏高礼在创作的道路上一路走来，辛勤耕耘几十年，没有一点功利之心，其画作的艺术价值、社会价值已获得艺术界的充分肯定和高度评价。他的美术教育还先后获得国家成人教育二等奖，北京市成人教育一等奖。晚年，他又将自己的画作捐献给社会，他的做人品格也是值得我们做弟弟的好好学习的。

在他又一本画册即将出版之际，写下这段文字，以表达对三哥苏高礼的兄弟之情，表达我们对于太行山的那份共同的爱。倘能由此而加深对他画作的理解，那就欣慰之至了。

苏高文
2014 年 8 月

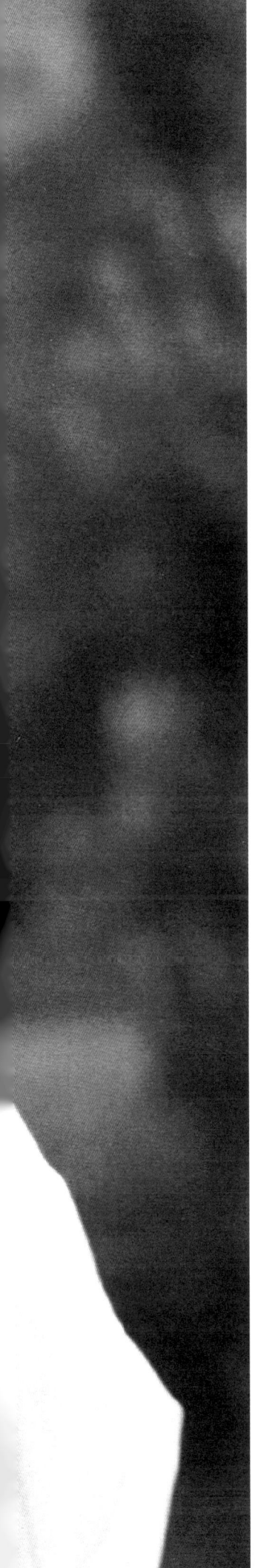

苏高礼 著名油画家、美术教育家,中央美术学院教授、中国美术家协会会员。1937年出生于山西省平定县南阳胜村。1954–1958年就读于中央美术学院附中,毕业后被保送至中央美术学院油画系学习。1960–1966年赴苏联留学,毕业于列宾美术学院油画系梅尔尼科夫工作室。回国后任教于中央美术学院,曾任油画系第二工作室副主任,油画研修班工作室主任。现任中央美术学院城市设计学院教学顾问。

目　录

I　为爱而艺术着（代序）　苏高文

001　第一章　从南阳胜村带走的记忆

009　第二章　身揣5元钱进京赶考

017　第三章　走进新中国画家的摇篮

029　第四章　在列宾美术学院的日子

045　第五章　虎头山来了留苏大学生

057　第六章　"文化大革命"困惑中的艺术坚守

079　第七章　为"油画中国化"负重拼搏

107　第八章　倾心素描、速写教学

127　第九章　画出心中的太行山

149　第十章　来自色彩的感悟——撰写油画教学讲稿

165　第十一章　到巴黎考察欧洲艺术

181　第十二章　迎来丰收的秋天

197　第十三章　拿什么奉献给你

221　第十四章　生命没有休止符

第一章 从南阳胜村带走的记忆

一

1937年农历二月初六（公历3月18日），初春的天晴朗朗、蓝莹莹，但太行山里还是挺冷的。

在太行山东麓——山西省平定县临近昔阳县的地方，有个南阳胜村。这天，村里靠山坡的一户农家小院里，一个叫占荣的年轻媳妇和往日一样忙碌着，从体形上不难看出她是个临产的孕妇。

小院里有3孔窑洞，住着老父亲苏嘉年和两个已经娶了媳妇的儿子，爷仨尚未分家，各住着一孔窑洞。苏嘉年的大儿子叫苏忠，二儿子叫苏惠（字济周）。占荣姓魏，是苏惠娶的第三房媳妇，他的前两房媳妇都死于难产，其中一位留下了一个叫凤妮的女儿。为此，村里的人都说苏惠命硬克妻，今后很难再说上媳妇。

占荣的大（父亲）魏老头子却不以为然，他说："我家占荣的命最硬，谁也克不动。"

占荣的娘家在邻村夏庄，出嫁时她对父亲的话深信不疑。这是因为，魏老头子小名叫心思，他在3个亲兄弟中排行中间，精于算计，自打他们靠卖豆腐起家的父亲过世，便由他来执掌家业，哥哥和弟弟只管下地干活。他还在河北某个地方开染坊挣钱，几年后竟在夏庄盖了3处庄活（房院），哥仨每家一处。

占荣有两个哥哥和两个弟弟，魏老头子从小就对宝贝女儿说："你在咱家是板凳面，那四个兄弟是板凳腿，就属你有福气。"占荣十几岁时，魏老头子突然接连几天昏睡不醒。西院的兄弟媳妇说他得罪了土地爷，魂在土地爷那里回不来；东院的哥哥去庙里给土地爷烧了纸香，他便醒了又活了好多年。所以，夏庄的人都觉得他有些神，叫他鬼心思。

但是，占荣嫁到苏家还是到鬼门关走了一遭，生头胎难产险些丢了性命。眼见媳妇命悬一线，苏惠赶紧翻看一本治疗妇科病的书，照书给占荣抄方抓药治病，一服药下去没效，就换第二服……最终竟救下了她的性命。这件事让占荣记了一辈子，也爱了丈夫一辈子。

平定县地处历代晋商外出的必经之路，当地历来有"要想富，走获鹿"之说，祖祖辈辈的平定人东出娘子关，

父亲 苏惠先生（字济周） 20世纪40年代

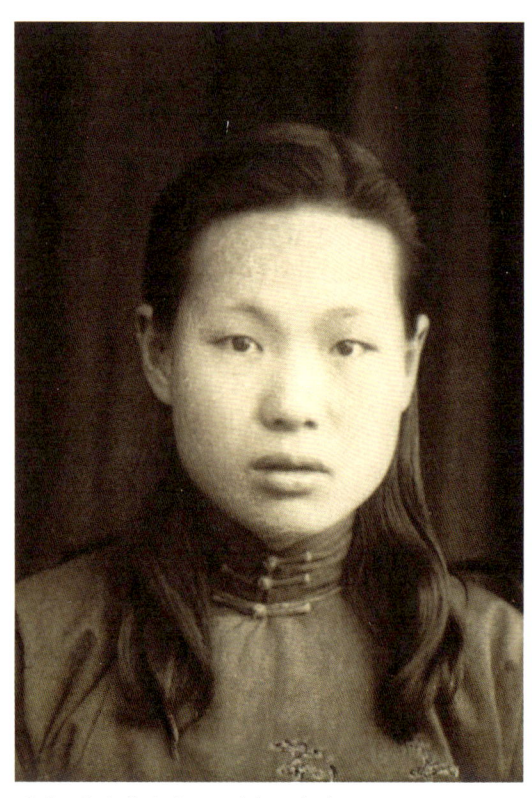

母亲 魏占荣女士 20世纪40年代

到河北获鹿县一带贩布匹、开染坊，做各种生意挣钱。苏嘉年不甘心两个儿子都面朝黄土背朝天地讨营生，决定让大儿子苏忠在家种地持家；二儿子苏惠读过几年私塾，16岁时被送到获鹿的"德茂昌"杂货店学徒，最初年薪12吊钱，10年后年薪挣到50吊钱，成了店里收入最多的伙计，村里人由此便叫他们"获鹿家"。

不管怎么说，这是一个还算殷实的家庭。

占荣嫁过来时婆婆已经去世。一天，苏嘉年穿着破三漏四的衣服外出要账，鞋也裂开了口子，占荣就把丈夫留在家里的大褂给公公穿上，后来还定期给他做鞋穿，苏嘉年穿上可高兴了。还有一次，苏嘉年要她烧一锅开水送到窑里，占荣百思不得其解，后来才知道公公是在窑洞里脱下裤子熏虱子。几年后，一家人给苏嘉年过生日祝寿，他坐在椅子上等饭菜时溘然辞世。

这天中午，临产的占荣在灶间给全家人做了午饭抿蝌蚪（山西人喜欢吃的一种面食），做好后人小锅大端不动，忙喊嫂子帮忙端下灶台。这时她突然想上茅房，没想到在茅房破了胞衣，赶紧回到自己和男人住的那孔窑洞。这次她顺产生下一个男孩，全家人高兴得不行。

按照当地风俗，苏惠的叔伯兄弟铁小用红布裹住一只大公鸡，喜滋滋地抱着赶往夏庄占荣的娘家报喜去了。铁小回来时，大公鸡身上又裹上了一块绿布,叫做披红挂绿。在占荣坐月子的窑洞门前,哥哥苏忠点燃了一堆谷糠。据说,这可以防止鬼怪和二六野风作祟。到第20天头上,占荣娘家的大哥来到苏家,把占荣娘做的黄布腰腰(肚兜)给外甥穿上,他是除苏惠外唯一可以进入占荣产房的男人。

按照苏氏家谱,这个男孩子属高字辈,名字按仁、义、礼、智、信大排行,他出生之前,苏忠的长子叫高仁,次子叫高义,轮到他大名是现成的——苏高礼,父母起下的小名叫三和。

1937年是中国人没齿难忘的年份,日军进一步扩大侵华战争规模,发动了震惊中外的卢沟桥事变,霸占华北、霸占中国的狼子野心全面暴露。

到了冬天,苏家人就赶上了躲日本兵,占荣和丈夫抱着高礼一直逃到太行山深处的圣堂村,投靠到苏忠媳妇的娘家避难。苏家逃难带了粮食,在圣堂村自己做饭吃,八九口人挤在亲家腾出的一间房子里,两个媳妇抱着高义、高礼和两个女孩盘妮、凤妮挤在炕上,男人们都睡地铺。日军进村的时候,全村妇女们都吓得把锅底灰抹在脸上,挤在炕上不敢出门……

1939年,"德茂昌"杂货店从获鹿迁到了石家庄,苏惠带着媳妇占荣、儿子高礼一同前往。不久,占荣又生下一个男孩,取名高智。后来,苏忠的媳妇又陆续生了高信、高文、高武三个儿子。家族人丁兴旺,哥俩对未来充满了期盼。苏忠的长子高仁该上

3岁的苏高礼 1940年

学了,哥俩商量后决定:老大高仁到石家庄上学,换回老三高礼在老家抚养。当然,这也有对苏惠在外谋生经济上不宽裕的考虑。

二

年幼的苏高礼十分不情愿离开父母。但没想到,回到老家南阳胜村竟是件十分惬意的事情。

随着时间的流逝,苏高礼长大了,他被太行山区的蓝天白云、青山碧水,被村里牛耕地驴拉车、节日喜庆、婚丧嫁娶、庙会赶集、糊灯笼转黄河、耍龙灯的生活习俗所深深吸引,包括孩子们戏耍过家家,都给他留下了深刻的记忆烙印。凤妮姐姐出嫁时,高

礼和二哥高义做压轿童，欢快的唢呐、披红的花轿把凤妮姐姐送到了北后峪的婆家。没想到，一年后凤妮姐姐也死于难产。

每年阴历二月二十三，村里都举办庙会，这是全村的盛大节日。村民们浩浩荡荡地爬上西龙王山恭请圣母和青龙母子两位神仙，然后举行盛大的祭拜仪式和社火，这时老人们会给晚辈讲"五龙圣母"的故事。

相传很久以前，在20多里外的西龙王山下的宋家庄附近，有个蚕石村。一天，一位少女在村旁溪水里洗衣服，看见水面上飘来一块小小的五彩石，便捞起来含在嘴里，后来不慎滑入腹中。不久，家人发现少女竟怀有身孕。未婚先孕乃奇耻大辱，父亲一狠心把少女逐出家门，在卧龙山搭建了窝棚让她栖身，由家人每天给她送饭吃。不久，父亲给女儿送饭时大骇，只见窝棚顶上缠绕着5条黄、红、蓝、白、青色的龙，张牙舞爪地探出龙头。女儿忙劝阻说："别闹了，这是你们的姥爷呀！"

当地13个村的百姓闻讯大喜，遂在西山修建龙王庙，尊少女为"五龙圣母"，将圣母的塑像安放在大殿中央，5个龙儿的塑像立在圣母两旁。这6尊神像还有一个特点，就是全都塑在能移动的木架子上，属于"活架神像"。这样每个村子举办庙会、祈雨等活动时，村民们就可以恭请抬上属于本村保护神——黄龙或红龙、白龙、蓝龙、青龙到场了。

南阳胜村的保护神是青龙。这青龙是五龙中的小弟弟，非常顽皮不听招呼。请青龙到村必须同时请怀抱棒槌的圣母跟在后面，不然青龙就会耍小脾气"扭架"，把抬神像架子的村民摔倒在地或扭进水坑里。

每年七月初一，13个村的百姓聚集在西龙王山上的龙王庙，举办规模盛大的庙会唱戏、压鼓、闹社火，方圆20多里的村民都去赶庙敬香，香火旺盛，热闹非常。苏高礼跟着大人们逛庙会真是大开眼界，龙王庙里除了有龙王殿供奉圣母、五龙外，还有四海龙王像；佛殿里除了供奉着如来，还有十八罗汉像；阎王殿里判官、小鬼，各种刑具一应俱全；还有关公殿、岳飞殿、二郎殿、药王殿、仙公殿、财神殿等；庙院里还有一些小庙，如王母娘娘庙、南海观音庙、藏山太王庙、护独太王庙等。另外，苏高礼发现龙王殿里有一口泉水井，探头一看，见井里游着一条活灵活现的龙。他琢磨再三，发现这是殿梁上雕塑的一条龙的倒影，在微微涌动的泉水中，这条龙仿佛活了一样，这种奇妙的感觉从此留在了心里。

这一切深深触动着童年苏高礼的神经，雄伟的建筑、斑斓的色彩、神态各异的塑像和画像、顶礼膜拜的人群，都给他留下了深刻印象，他对家乡始终有一种神圣的感情。

苏高礼在夏庄的老妗家，有一个

油画（写生）《文昌阁》 1986年

水彩画《忆家乡私塾》 1955年 中央美术学院美术馆藏

叫拉柱大爷的穷表亲，此人吸毒败了家，拉柱大娘只好带着女儿巧云借住在苏家。高礼与这娘俩同住在父母的窑洞里，拉柱大娘成了他的奶娘，比他大3岁的巧云就像他的亲姐姐。闲时，拉柱大娘经常用家乡话拉着长腔，不厌其烦地讲诵《老鼠娶亲》的神话故事，那如诉如唱的浓厚韵味始终萦绕在他的耳畔。

高礼5岁时，大伯苏忠把他和二哥高义送进私塾识字。

私塾设在村东头大庙下的窑洞里。教私塾的老先生成天板着脸，令孩子们望而生畏。高义的脑筋好使，每次背书都能顺利过关，可高礼就没有那样的幸运，有时背书不过难免挨板子。巧云姐姐虽不识字，但为了这个宝贝弟弟少受罚，每天晚饭后都监督他多背几遍课文。在他的印象里，上私塾就是每天在那孔光线昏暗的窑洞里，战战兢兢地背书、背书、再背书。

十年后，他开始美术创作，曾凭这段记忆画下了学生被私塾先生责罚的作品《忆家乡私塾》，还有以凤妮姐姐出嫁场景为素材的《回娘家》，可见印象之深。直到老年苏高礼都认为，童年在南阳胜村生活是十分难得的人生体验，一辈子不管走到哪里，自己生命的根子都深深地扎在那里，家乡的山川树木土地永远滋养着他的情感。

1945年日本侵略者的末日到了。

没过多久，内战又起。

1946年3月，苏惠从石家庄回到南阳胜村，这次他想办两件事情。此时，苏惠在石家庄开了自己的小商店，卖自己压制的面条和油盐酱醋之类的杂货，已经有了一些生活基础。临行前，他对妻子占荣说："三和已经8岁了，上私塾认了些字，该接出来上小学了。"占荣的命都是苏惠救的，对自己的男人向来言听计从。

苏忠十分赞同接高礼出去上学这件事，老哥俩对家里几个男孩的学习格外重视。苏惠要办的第二件事情十分重大，他要劝说哥哥苏忠尽快卖掉土地和窑洞，举家迁往石家庄另作打算。

苏惠是个聪明的男人。这几年在石家庄做买卖，他接触到各式各样的人和事，对国共内战的时局有自己的看法。他认同共产党将来会得天下的观点，对八路军在根据地开展的减租减息政策有所了解，耳闻太行山解放区农村即将进行土地改革，他预感到老家人的生活将发生巨变。

苏忠一直生活在农村，无法理解弟弟的良苦用心，变卖祖业历来被乡邻视为不孝之举，更何况家里的土地在哥俩这辈儿还增加了一些，他相信等到不打仗了，日子自然就会好起来。另外，家里的3孔旧窑洞已不够用，苏忠已经备好材料，准备在村南自家4亩好地上盖一所新院子。对农村当家的男人来说，这是多么光鲜荣耀的事情呀，上无愧于祖宗，下对得起子孙。所以，他本能地排斥苏惠变卖家产举家外迁的想法。这不是败家吗？！

为此，老哥俩闹得十分不愉快。苏惠为最终没能说服哥哥而忧心忡忡，只好带高礼离开了南阳胜村。

三

事实证明，苏惠的预见是绝对正确的。

太行山解放老区很快开始了史无前例的土地改革运动试点。

南阳胜村同样发生了剧烈动荡，土地改革是前无古人的群众运动，是对最广大贫苦农民进行生存资源的重新分配。

村里的一些土改骨干，对一些有劣迹民愤的地主家采取斩草除根的做法——"砸核桃"，即把人架到河滩用石块砸碎脑袋毙命，甚至一些流氓无赖闹内讧也有被"砸核桃"的。南阳胜村有个名叫八斤的人家，除一人出门在外，余下的七八口人全被"砸核桃"处死。还有就是对划定为地主、富农的人家——全部"扫地出门"，即没收全部财产。占荣出嫁时陪嫁有几件金银、红玛瑙首饰，一直存放在丈夫和自己的那孔窑洞里，全被农会土改骨干们抄走了。

苏忠一家也被划定为地主，由于苏家人平日为人谦和忠厚口碑好，他们在土改中保住了性命，但在苏忠和妻子的后背上，仍有遭受拷打被烙铁烫过的疤痕。苏忠和家人先被赶到一个牲口棚里住，后来农会干部把村西头老君庙的一间西厢房分给了他家，一大家子挤在一条大炕上勉强栖身。因为，"扫地出门"已是宽大处理。

这时，村里几名农会干部又记起了苏惠，立即派人到石家庄暗中察看。派去的人回来说："这家老二住着租来的房子，吃的就是个'糊涂'之类，家里没甚值钱东西。"苏惠一家四口躲过了一劫。

在土改中，苏忠唯一的女儿盘妮被迫嫁给村里张姓雇农的儿子。张家人对盘妮说："嫁过来，能保全你全家人性命，不嫁就全家遭殃。"盘妮当时只有十五六岁，嫁到婆家后要侍候一大家子人，受尽虐待，很快就衰老了。盘妮后来得了精神病，于1974年早逝。

不久，人民政府对太行山老区的"土改扩大化"进行纠偏，苏忠的成份被重新划定为富裕中农，但被贫雇农分走的财产丝毫无返，一家人依旧住在破庙里，唯一的变化是在离村里最远的山坡上分给了几亩沙石地。种沙石地的收获不够糊口，村干部便给苏忠开了介绍信，允许一家人外出讨饭。

还有两件事让苏忠、苏惠及众多子女纳闷了几十年。土改前，家里为盖新房滤好的一大池子白灰膏和攒下的盖房钱都神秘失踪了，分到苏忠家窑洞和房屋的村民刨墙、挖坑均寻不见。对于那笔钱可以解释为土改抄家时被偷，但那一池子白灰膏会长腿跑了吗？

土改运动彻底改变了苏忠一家人的生活，他们后来陆续离开了南阳胜村。"文化大革命"中，苏忠和妻子又被赶回了村，最后病死在老君庙西厢房家中。当然这是后话。

四

这是苏高礼记事后第一次出远门。

离南阳胜村3里远的夏庄村是苏高礼的姥姥家，先是舅舅赶着毛驴，把他和父亲送到平定县城。当晚，爷俩投宿在父亲的朋友家，城里人给高礼的最初深刻印象是吃饭用小碗，他吃了两碗饭还不饱，却不敢再添饭了。再有，就是城里商铺的门也和村里的不同，是用长条木板一块块拼起来的。

从县城再往前走是阳泉，苏惠计划在此带高礼坐火车到石家庄。初上路时风和日丽，走着走着突然变成风雪交加，9岁的高礼穿着一双半新布鞋，紧紧跟着身背褡裢的父亲，不时用探寻的目光看着浑厚的山川、伟岸的白杨、闪亮的小河、突起的怪石……突然，胸中泛起一种陌生的令他振奋的心绪。成年后，他明白了，那令他振奋的东西就是太行山的雄魂。

几十里山路走下来，爷俩好不容易到了阳泉火车站。可是，车站的景象令人震惊，开往石家庄的火车上人满为患，车厢里早已水泄不通，车厢外面扒着人，火车头上站着、圪蹴着人。苏惠知道即便能买到车票，他也无法带儿子挤上火车。

苏惠说："三和，没办法呀，这车是贵贱挤不上去了，咱得走着去石家庄啦。"高礼小声回答："大（当地人对父亲的称呼），走吧，我能行。"

从阳泉到石家庄的铁路里程大约106公里，步行这么长的路，别说对初次出远门的高礼，就是对在外闯荡多年的苏惠也是头一遭。无奈，爷俩沿着铁路向前走去。石家庄就在前面，那里有温暖的家，那里有妈妈和弟弟在等待。

高礼记不清和父亲走了多少天，白天赶路，饿了父亲给他买冻柿子吃，

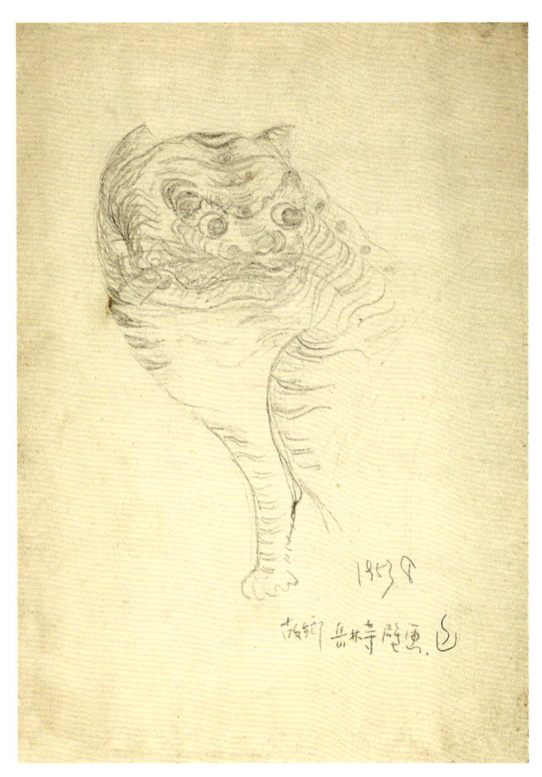

临写药林寺壁画《虎》 1953年 山西博物院藏

晚上住车马店的大通铺。路上最令他害怕的是钻铁路隧道,爷俩只能摸黑深一脚浅一脚地走,若遇到隧道里过火车就惨了,身体必须紧贴隧道的石壁,火车带来的巨大气流和震耳欲聋的声响令他害怕之极,蒸气火车头喷出的水蒸气和煤烟、煤灰异常呛人,把人弄得蓬头垢面。

这一路走得艰难无比。

走出太行山时是个大晴天。

苏高礼迎着太阳走在前面,突然他扭头对父亲说:"大,太行山真好看!等到山绿了,树上还有好多大枣和柿子,又解渴又解饿。"苏惠听后没言语,望着儿子浑然一笑。随后,整整肩上的褡裢说:"三和,快走哇!就要到家了。"说罢,迈着强有力的脚步超过他,高礼紧紧地跟了上去。

一张洒满阳光的娃娃脸,一个稚嫩的童音顺着钢轨传向远方:"大呀,等等我。咱甚时还回来呀?"

第二章 身揣5元钱进京赶考

五

苏惠终于在石家庄郊区雇到了一辆洋车。爷俩实在累极了，这是他们此行唯一的奢侈。中午时分，这辆走起来咯吱咯吱响个不停的洋车，终于停在了一家叫"玉泉涌"的小杂货店门前，苏高礼蹑手蹑脚地下了车。

阳光亮得有些刺眼，一个女人和一个小男孩快步走出店门。苏高礼看到了他们的笑脸，这是妈妈和胞弟高智。"我家三和来啦！"妈妈抚摸着他的头，声音却是陌生的。"哥。"小学生装束的高智拉着高礼的手。一些邻居们走出家门看热闹，原来"玉泉涌"老板家的长子个子不高，脸上有着山里孩子黑里透红的健康。一些妇女最感兴趣的是苏高礼头上留着"艾毛"和脖颈上缠绕的红围脖，这样的装束使他与众不同，显得有些土里土气的木讷。

苏高礼始终沉默不语，是因为被巨大的陌生包围着。他想起太行山里的家，村前那条阳胜河里的冰大概化了吧？他曾多次站在河边，凝视水面倒映的蓝天和流过的白云，巧云姐姐此时该叫自己回家吃饭了……

晚上该睡觉时，爸爸、妈妈和高智睡在里屋，高礼被安排在外屋的单人床上。他心里有一个阴影，觉得妈妈喜欢弟弟高智，而不喜欢自己。好不容易睡着了，高礼梦见巧云姐姐在帮助自己背书，不一会儿，又变成了拉柱大娘用家乡方言似诵似唱《老鼠娶亲》：

家住在墙旮旯儿，
窟窿来粗的"人事"，
表字就叫耗，
五谷杂粮俺也有好几十石。
前三年订下一门亲，
二儿"格思"早就该完婚，
就怕道上碰见猫贼仇人。
公鼠门前笑十分，
这事呀，本当该着你当家人办。
西边请给黄老兄，
当家主事他安明。
肉如山，酒如海，
一开就是五道菜，
大鼠家和起面，
二鼠门外接戚人，
丢下小鼠借板凳。
八仙桌要两张，

楠木椅子要两条，
当中摆上满堂红，
西房门上挂彩绸，
骑驴纸伞头里走，
五乘大轿随后跟。
不动鼓宴暗暗行，
先走十里黑风洞，
然后又走米缸台，
锅台案，碗架山，
门封峪，炕周城，
过咯啦！
房上卧个小狸猫，
眼是銮铃嘴是钉，
银桃小口肯伤人，
有心下咯吃一个，
又怕惊动鼠稀孙……

9岁的苏高礼实在太累了，在拉柱大娘的童谣中睡熟了。

六

苏高礼和妈妈、弟弟渐渐熟悉起来，只是不肯多讲话。城市的生活对苏高礼不乏新奇之处，由于有读私塾的基础，苏惠安排他在南小街小学直接上二年级，后来又转学到离家较近的永安街小学。但是，这两所小学校给他留下了很坏的印象，主要就是老师体罚学生。一次，班里一些学生考算术不及格，老师竟拿木板凳腿重重地打他们的后背。这些同学挨打时极为痛苦的表情，始终印在他脑海里。

这期间，家里发生了三件大事。

第一件：因为家里没钱，突如其来的病魔夺走了弟弟高智的生命。占荣悲痛欲绝，耳边不时响起高智微弱的声音："妈，送我去医院打针吧。"从此，占荣对身边唯一的儿子高礼疼爱有加。第二年清明节，他陪母亲到市郊一处乱坟岗为弟弟上坟，就像鲁迅小说《药》里描写的情景一样。

第二件：一天，一个国民党税官拿着黑皮夹子找到"玉泉涌"，但苏惠交不起税，那个靠卖压面条和油盐酱醋维持全家生活的杂货店倒闭了。

第三件：大哥高仁本在石家庄商业学校读书，被撤退的国民党军队裹挟去了保定，后来被共产党解救，他考入解放军在河北正定县办的华北联合大学学习，结业后跟随第四野战军一路南下。

此时，石家庄已经临近解放。城里物价飞涨，家里生活更加窘迫，苏惠试着贩卖棉纱，还曾让苏高礼挎着小木箱卖过一天烟卷，但都挣不到钱。为了维持生活，苏惠开始变卖家里的东西，有时还要靠朋友的接济。

1947年11月的一天，炮弹爆炸的声音震得窗户哗哗直响，随后，苏高礼听到门外响起阵阵沉闷的枪声，接着房顶上有许多人高喊："缴枪不杀！"嘈杂过后许久，他壮胆打开大门一看，大街上有一些穿着军装的尸体。

11月12日，解放军与国民党军激战六天六夜后，石家庄解放了。随后，市民们开始在各家院子里修防空掩体，用来躲避国民党军队的飞机空袭,直到解放军在清风店打败了国民党军(史称清风店战役),这种日子才告结束。

进城的解放军带来了崭新气象,到处可以听到"解放区的天是明朗的天,解放区的人民好喜欢……"的歌声,苏高礼听起来很新鲜、很亲切,觉得自己的心情都是明朗的。

学校很快复学了。短短几天他感受到了新社会的变化,过去教师体罚学生是家常便饭,而从解放区来的老师却是学生的朋友,苏高礼还当上了班干部,热心为大家服务。1949年,学校开始组建共青团,他虽然只有12岁,却是第一批共青团员。不久学校组建少年先锋队,他又成了第一批少先队员,还当上了中队长。

家里的日子依旧窘迫。苏惠做小买卖挣不到钱,最后看准了另一个虽然辛苦,但可以勉强维持一家生活的营生,有两家邻居会修理自行车,苏惠常在旁边看他们干活,日久渐渐看出了一些门道,学会了修自行车的飞轮和车链子。那时,市场上自行车零件奇缺,他以10万元旧币做本钱,在旧货市场买回一些旧飞轮和链子,在家里敲敲打打起来,再由妻子占荣把修好的飞轮和链子摆到市场上卖,倒也能挣些差价。苏高礼经常见到爸爸没日没夜地干活,被锤子砸伤流血红肿的手指,夏天身上成串洒下的汗珠,他每天放学都会为那些零件打磨除锈。

苏高礼设计制作的美术字实用手册 1951年

七

这时,苏高礼的绘画天分日渐显露。在全部课程中,他最喜欢美术课,对线条和色彩既敏感又痴迷。刚开始他照着小人书连环画《三侠剑》临摹,后来又

石家庄市立第四完小班主任李杰如老师 20世纪50年代

石家庄市立第四完小共青团员合影，前排左四苏高礼 1950年

给学校画墙报和黑板报。为了提高绘制墙报、黑板报的水平，他到处搜集各种美术字体，最终书写编成了一本实用美术字手册，方便自己使用。

班主任李杰如老师把他的一些习作积攒起来，期末开家长会时贴满了教室墙壁，让来开家长会的苏惠、占荣脸上十分光彩。

1950年春天，占荣和苏惠经历了一次越想越后怕的恐惧。一天晚上，苏高礼刚在床上睡着，床上面房梁上悬吊着的箱子和不少杂物突然跌落下来。占荣和苏惠闻声扑上前，边喊边搬开箱子和杂物，是床头架住了箱子底下的托板，给苏高礼留下了活命的空间。占荣抱着高礼号啕大哭，死神这次没有带走她唯一的儿子。

一个孩子走向成功，离不开旺盛的求知欲和踏实自信。李老师的信任和鼓励让苏高礼有了极大的自信，他仔细观察着新中国社会生活中那些美好、质朴的事物，往往会产生一种用线条和色彩来表现的原始冲动，萌生了当画家的想法，只是这个想法还不够明朗，犹如一粒种子埋在心中。

新中国成立初期，石家庄全市只有两所中学。1951年9月，苏高礼考上了石家庄第二中学，遇到了决定他一生从事画家职业的启蒙老师刘炎。刘炎，大高个儿，连鬓胡子，是典型的西北汉子。新中国成立前就读于北平国立高等艺术专科学校国画系，因参加进步学生运动被国民党警察拘捕关押在河北廊坊，北平和平解放时获

石家庄第二中学美术教师刘炎先生 20世纪50年代

释。随后,刘炎进入华北联合大学学习,经过短期培训,被分配到石家庄第二中学任美术教师。

苏高礼入学后,参加了学校的美术组,在刘炎老师那里学到了一些美术理论知识,坚定了将来当一名画家的理想。他把更多的业余时间用来作画,绘画水平大有长进。很快,为学校出黑板报已经不能满足其创作欲望,他开始为"抗美援朝"和"三反五反"运动画大幅宣传画,给同学、邻居画像,有时还对着镜子自画像,渐渐成了校园里的名人。

1952年12月,世界人民和平大会在奥地利首都维也纳召开。这次大会的责任与任务是进一步加强国际和平阵线。大会召开前,苏高礼以"迎接世界和平大会"为主题创作了漫画,并给《石家庄日报》投稿,报社虽然没有采用他的画稿,但编辑退还稿件时给他写来不少肯定和鼓励的话。

刘炎老师也不满足美术组学生只能画黑板报和宣传画的现状,经常让苏高礼等看他保存的绘画资料,督促学生们加强素描和速写练习。苏高礼由此知道了欧洲文艺复兴巨匠达·芬奇和俄罗斯"巡回派"画家列宾、苏里柯夫等,还照着印刷品临摹了达·芬奇的头像和苏里柯夫的《女贵族莫洛佐娃》等一些名作的局部。

初中毕业前夕,苏高礼除了尽可能画一些素描练习,还挨个为同学画像。这些训练为他初步打下了绘画写实造型的基础。可从一个有绘画天分的初中生,到一个画家中间毕竟还有很长的路。

八

几乎与此同时,苏高礼经历了一生唯一的失恋。

苏高礼家租住的房子在永安街113号院,小院里住有五六户人家,都是靠劳动为生的本分人家,其中邻居李叔家有两个年龄与他相近的女孩,按照习俗姐姐小名叫菊姐,妹妹小名叫淑姐。接受了新思想的苏高礼欣赏有头脑的知识女性,菊姐年长他两岁,学习成绩好,就读于石家庄市女子中学,平常苏高礼经常在家和菊姐聊天,为她画像,俩人还相约结伴出去玩儿,萌发纯真感情是很自然的事情。但是，对情窦初开的少男少女来说，初恋历来存在太多的变数。

苏高礼初中毕业前一年，菊姐考上了唐山铁道学院。一天，苏高礼接到了菊姐的信，满心喜悦地打开信封一看，里面装着他写给她的信。退信就意味着绝交，这让他十分痛苦，百思不得其解。后来，他得知菊姐在大学得病住进医院，有一位优秀的男同学细心照顾她，她接受了那份感情。他不忌恨菊姐，而是长期怀有思念之情。

初恋失败使他渐渐变得理性，从此很少接触同龄女性。

九

1954年，新中国进入全面恢复经济建设时期，苏高礼将在秋天初中毕业。当时，班里大部分同学都计划参加工作，社会上铁路、纺织、机械制造等国有企业正大量招工，招工单位对初中毕业生都抢着要。苏惠和占荣希望儿子这辈子能有个铁饭碗，要他报考石家庄铁路机务段，这样家里的经济状况会有所好转。

但是，苏高礼却只想将来当画家。他听刘炎老师讲过一个真实的故事：有一个有绘画特长的14岁学生，曾被中央美术学院院长徐悲鸿特批录取。他鼓足勇气给中央美院领导写了一封信，表达了想学画深造的强烈愿望。很快，他接到了丁井文先生的回信，信中说："根据你的情况，欢迎你报考中央美术学院附属中学。"原来，这个丁井文是个老革命，在延安时是毛主席的警卫，现在是成立于1953年的中央美院附属中学的校长。正是这封短短的回信，坚定了苏高礼到北京求学的信念。

1954年4月，中央美术学院附中该进行专业课考试了，而父母仍在说服苏高礼毕业参加工作挣钱，一再说："到铁路工作端铁饭碗，这是多好的工作呀！而你去考学，考不上怎么办？"

他对父母说："我如果今年考不上美院附中，回来就去石家庄市文化馆干临时工挣钱，尽量给家里省些钱，但我明年还会接着考，直到考上为止。"父母见他铁了心，也就依了他。

此时，刘炎老师不断要苏高礼加紧练习素描，他坚信这个学生有当画家的潜质和能力，更知道这个学生要想成为一个画家，还必须经过正规的严格训练。专业课考试临近时，他给了苏高礼5元钱。当时，买一张石家庄到北京的火车票9角钱，买一个玉米面饼只要2分钱，这5元钱对第一次到北京"赶考"的苏高礼来说，可是解决了天大的问题。

中央美院附中招生专业考试有三门课程：在中央美院的大礼堂考美术知识，在教室考石膏像素描，再就是要求学生现场创作一幅作品。考生们大部分来自北京、上海、广州等教育发达的大城市，再就是海外归国华侨，

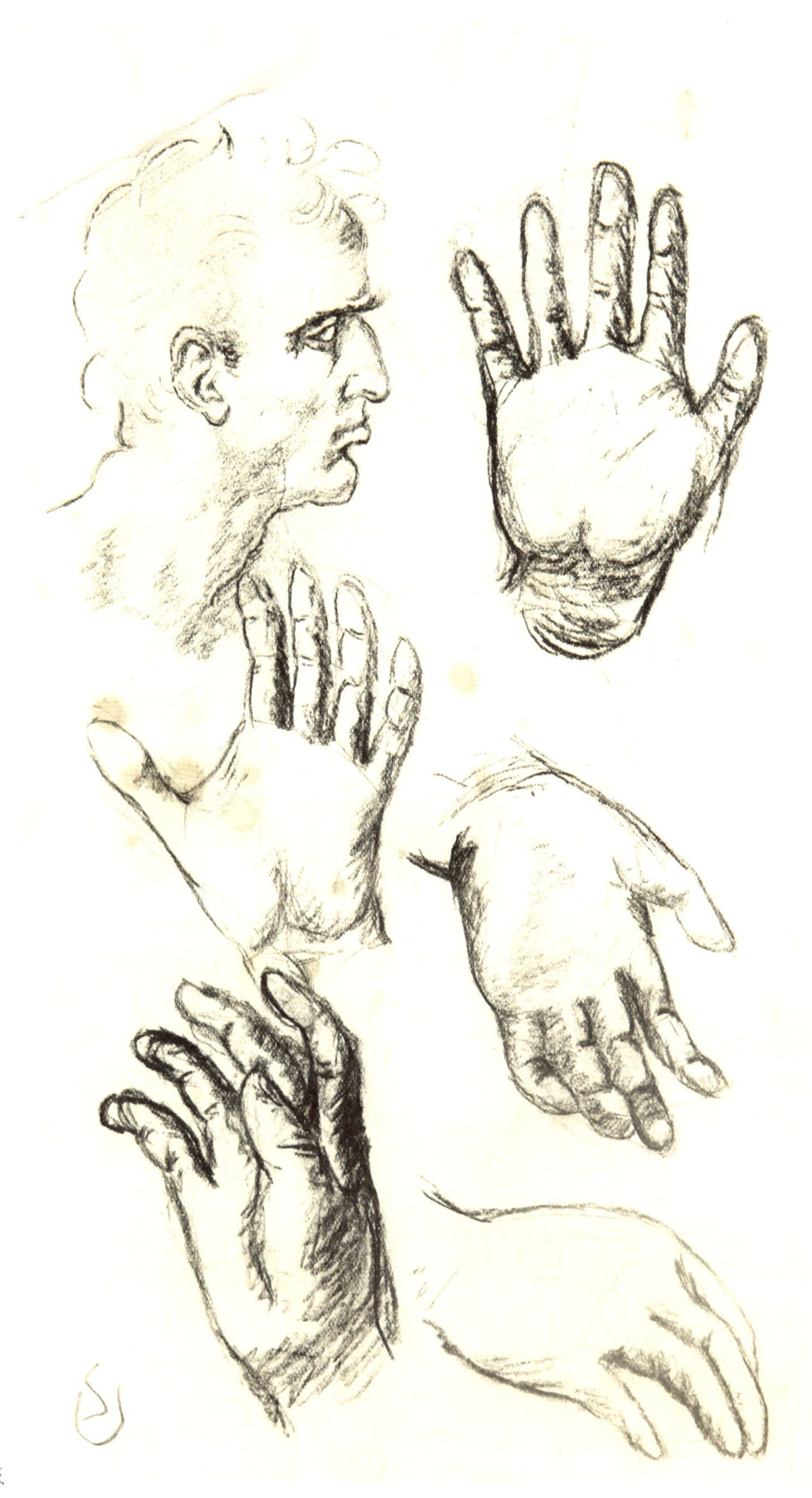

《临摹达·芬奇》
20世纪50年代　山西博物院藏

只有苏高礼来自石家庄这种小城市（当时河北省省会在天津），但他初生牛犊不怕虎，既然到了考场就要一拼到底。

在考场上，苏高礼看到很多考生画石膏像素描熟练而有章法，十分讲究画面调子和层次。而他毕竟过去画石膏像素描较少，便用给人画头像的方法来完成石膏像素描考试，画面虽然显得不够规范、有些土气，但却造型准确、形态传神。

苏高礼是幸运的。尽管没有受过系统的素描基本功训练，但他创作的《为祖国而学习》却得到考试老师的好评，老师们说他的画里面有生活、有情感表达，这是一个学画者最难得的灵性，也是有个性的绘画感觉。为师者，最重要的就是引导这难得的灵性一天天地长大，直至形成独特鲜明的风格。

苏高礼接到中央美院附中录取通知书后，父母也不再坚持让他参加工作，父亲修好自行车零件拿到集市出售的收入虽少，但每月还能拿出12元到15元的学习费用。

山有多高，水就有多高。对这个太行山农民的后代来说，能够到北京学习深造是令人兴奋的，差距需要加倍努力默默赶上。不管怎么说，苏高礼眼前全是美好的前景，心中那颗种子已经发芽破土，他发誓在这所被称为中央美术学院预科的学校里，努力汲取绘画艺术的水分和营养，在新中国朝气蓬勃的太阳的光合作用下拼命成长。

第三章 走进新中国画家的摇篮

苏高礼就读中央美院附中时证件照 1954年

十

1954年的初秋，苏高礼第二次坐火车去北京。凝视着车窗外绵延不断的青纱帐，他的心情渐渐明朗起来，菊姐断绝交往的伤害渐渐淡了，现在距当画家的梦想又近了一步。

中央美术学院附属中学位于王府井帅府园5号中央美术学院大院中。1950年4月，原北平艺术专科学校与原延安鲁迅艺术学院美术部（即后来的华北联合大学三部）合并成立了中央美术学院，北平艺专的徐悲鸿校长担任院长，来自延安鲁艺的江丰担任副院长。中央美院附中被称为画家的摇篮，全部师资都来自中央美院1953年前后的毕业生，它与普通高中的不同之处是四年学制，学生每日半天学习文化知识，半天上美术专业课。

初到中央美院附中时，苏高礼感到了差距和孤独，差距感来自初中所受的专业教育不够系统，孤独感来自不同生长环境形成的地域差异。不善言谈的他感到与北京、上海等大城市的同学缺乏共同语言，这种状况直到1955年春天才渐渐消除。

第一次上素描课是用铅笔画一个杯子，他只得了3分，而来自北京重点中学、区少年宫美术组的同学成绩都比他好。班主任高亚光老师负责素描课教学，这位刚从中央美院绘画系毕业的年轻女老师，除了在课堂上讲评学生作业外，还经常针对每个人的具体情况写成不同内容的小纸条，让学生自己看。

苏高礼至今还精心保存着3张小纸条：

中央美院附中学生到北京昌平县茂陵下乡与当地老乡合影，右边站立者为班主任高亚光先生，第二排左1为苏高礼。 1955年

1. 人体还不够严格，可以画得更好的，但现在轮廓比例有的还不准，有些调子没表现出东西。不要以为随便一涂就能画好，绝没有不费力就能做好的事情。彩墨很好。画面缺乏空间感，原因是远房暗面太黑，远近东西没有比较。

2. 无论画什么，都要注意画面意境，要注意美，要训练自己的审美。

3. 你的速写比例解剖不准，今后除了要注意动态生动等以外，需要特别注意形准，形不准动态和神情也不会画得充分。应该更踏实些。

苏高礼对高老师小纸条指出的问题反复思考，潜心感悟研究，并虚心向成绩好的同学学习，默默发奋追赶，很快缩短了差距。

在中央美术学院里，来自延安鲁艺的艺术家们为教学和艺术创作带来了新风气，不论是学院的大学生还是附中的学生，大家在努力学习专业课的同时，还响应学院发出的"到生活中去，到群众中去"的号召，积极参加社会实践活动，努力用手中的画笔为社会和人民群众服务。

1955年初夏，美院附中安排学生

苏高礼与中央美院附中同学翁乃强（中）在京郊农村参加夏收劳动。 1956年

油画《高文弟弟》 1959年 山西博物院藏

到北京十三陵地区的茂陵农村体验生活、写生,高亚光老师见苏高礼能严格要求自己,能吃苦、生活能力强,就让他当了班委会的生活委员。苏高礼虽不善言谈,但积极协助高老师工作,热心办事的行动得到了同学们认可。后来,他当上了班长、共青团支部书记、美院附中共青团分总支副书记,连年被学校评为三好学生。

这次下乡体验生活,除了劳动、和农民交朋友、素描写生之外,大家还有意外的收获。一天,八一电影制片厂在十三陵地区拍故事片《董存瑞》,老师安排大家去客串群众演员,苏高礼看到电影艺术家们大胆使用群众演员,一丝不苟地处理每一个镜头时很受启发,他知道了"任何艺术都是离不开生活的"。

不久放了暑假,苏高礼回石家庄家里待了两天,然后坐火车在阳泉下车,背着行李翻山越岭,步行45里地赶往南阳胜村。他之所以要带行李,是因为大伯苏忠家里没有多余的被褥。离开老家9年了,苏高礼长成了小伙子并在北京读书,这让苏忠全家感到十分荣耀。

第二天,他就和二哥苏高义上南山放牛去了,朵朵白云在眼前飘过,太行山真是太美了。到了十里八乡赶集的日子,六弟苏高文陪他拿着速写本去写生,浓浓的乡音令他陶醉,遇到相识的乡亲就画上一张肖像。不久,他根据这次回老家写生和儿时在老家的生活经历,创作了《腊月的早晨》、《赶了一个好庙会》、《闺》等画作,这些画都是大城市长大的孩子所画不出来的,记录了当时太行山农民的生活状态,具有明显的地域特色,包含着他对于现实主义绘画的最初感悟。

回到学校,苏高礼把这些画拿给同学们看,大家都羡慕他有太行山这样一个"生活基地",由此带动了一批同学的创作热情,大家纷纷利用休息

水粉画《赶了一个好庙会》 1957年 山西博物院藏

水彩画《菜篮子》 1955年 山西博物院藏

素描《附中同学周思聪》 20世纪50年代 中国美术馆藏

素描《大卫石膏像》 1956年 中国美术馆藏

油画《家乡冬景》 1959年 山西博物院藏

水彩画《北京饭店庆五一游行》 1957年 中国美术馆藏

速写《二七机车车辆厂车间》 1957年 中国美术馆藏

时间外出写生创作。一次，班里同学借来国家登山队的帐篷，大家骑自行车到北京昌平的北武当山采风，几位同学分别把骑车出发、中途修车、登攀山路、宿营搭帐篷、开篝火晚会等场景用画记录下来。苏高礼画了一幅《崖崖沟宿营》的水彩作品。

此后两年中，附中还分别组织他们到河北昌黎农村和北京长辛店机车车辆厂体验生活，苏高礼每次都有很多收获；每年寒暑假他都回老家写生作画，这不同于完成老师在课堂布置的作业，面对大自然的山山水水和憨厚朴实的父老乡亲，他总能产生强烈的创作欲望，把课堂学到的绘画知识用来"反映生活，歌颂生活"，绘画技巧也就用活了。

几十年后，中国美术馆收藏了苏高礼的27幅素描、写生作品，其中《天安门施工》、《纪念碑施工》、《北京饭店庆五一游行》、《二七机车车辆厂车间》、《老汉和长烟袋》、《大卫石膏像》等7幅作品，就是他在中央美院附中上学时的作品。

十一

1955年12月2日，苏惠给儿子写来一封信。

信中说："吾儿高礼知悉，11月28日接到你的来信内情皆明，唯你丢了棉袄为何不早来信告诉我们，亦好设法为你零星预备，天已到严冬，你还是只穿单衣到野外去能说不冷吗？我们的生活固然是经常紧张的，那也不能不穿衣服，你不早来信这倒给了我们个凑手不及。还是你那姜叔叔（注：邻居国医姜国宏大夫）为我们拿出十元，与你做下了这件小大衣，随从邮局与你寄去。"

这封50多年前的信，透露出如下信息：当时苏高礼家的经济十分拮据，父母手里竟没有10元的存款，只能借钱为他做一件急需的小棉袄，他也是实在太冷了才向父母写信求援的。当时，苏惠修自行车每月只能挣到维持他上学和全家人很低的基本生活支出，即便这样，苏惠在信的结尾写道：

"解放后，我们做小商倒过了几年快乐的生活，现在是我们社会的进展，人民的生活都一天比一天提高了，旧物件是人民不爱用了，故我们的生活才紧张起来。"

这就是20世纪50年代中期苏高礼家生活的真实写照。

1956年，苏高礼家的经济条件有了根本性的好转。这一年，中国的农业合作化运动以及对工商业公私合营的社会主义改造基本完成。苏惠以5元的本钱，加入了公私合营的"石家庄百货二中心店自行车零件第七门市部"，还当上了门市部主任，以后改为

"企业器材中心店自行车零件第五门市部",月工资定为48元。加上母亲在"石家庄市联合社服装生产合作社"的月工资28元,全家的收入比前一年增加了两倍多,生活好了许多。

55年后,苏高礼重读父亲这封信感慨万千,父亲当时对新社会的理解是积极豁达的,尽管生活十分拮据,但却看到新中国在不断进步,内心始终乐观。一个人拥有这种阳光的心态,才能使一生顺利地走下来。人要自己养活自己,一切全靠自己努力,就像农民种田有春播夏管的辛劳,才能换来秋天丰收的踏实和喜悦。父亲的这种心态,对他一生有潜移默化的巨大影响,而且年龄越大认同感越强烈。

十二

1957年是令人记忆深刻的年份。

发生在苏高礼身边的事情涉及以下关键词:共产党内部整风——请党外人士帮助共产党整风——反右——反右扩大化。这些给苏高礼留下了终身的深刻烙印。

整风"反右"的背景是:1956年,东欧一些社会主义国家相继暴露出一些严重社会问题和矛盾,其中最引人瞩目的是波兰和匈牙利事件的发生。此时,中国国内生产、生活资料供应紧张,一些社会矛盾也比较突出,有些地方甚至发生了工人罢工、学生罢课,有几个省的一些农民要求退出合作社,社会各界对现实的不满情绪和对政府批评意见增多,而不少共产党的干部用革命战争年代处理敌我矛盾的办法处理这些社会问题,造成了矛盾激化。党和国家的领袖毛泽东把这些矛盾归结为——部分共产党人执政过程中存在的官僚主义、宗派主义和主观主义,解决问题的办法:一是党内整风,二是正确处理人民内部矛盾。

1957年4月27日,中共中央发出《关于整风运动的指示》;5月4日,毛泽东为中央起草的《关于请党外人士帮助整风的指示》规定:先请党外人士帮助共产党整风,对共产党的缺点错误进行批评,待共产党整风成功,再推动社会各界整风。毛泽东对这次党内整风有乐观的估计,依照共产党的崇高威望和治国业绩,中国不会发生类似"匈牙利事件"式的严重情况,他真诚地希望党外人士帮助全党整风,并且希望通过社会上和报刊上的公开批评,在党内形成一定压力,促使党的各级领导人正视、改正缺点。各民主党派帮助共产党整风座谈会召开后,毛泽东曾听取中央统战部的情况汇报,并要《人民日报》把这些意见公开发表出来。他相信,这种做法一旦成为制度,就会在全社会造成一种生动活泼的政治局面,化解各种社会矛盾,从而有利于社会主义制度的发展。

此后几天,党外人士帮助共产党整风进入高潮,各种意见在不同场合纷纷提了出来,一些比较尖锐的意见还配上醒目标题在报纸上发表，更增加了批评的气氛和力度。这种批评形式当时叫做"公开鸣放"。

5月14日，毛泽东被"公开鸣放"中的一些言论所震惊，在中共政治局常委扩大会议上，他对党内整风作出新指示："对于党外人士的错误批评，特别是对右倾分子的言论，目前不要反驳，以便他们畅所欲言。我们各地的报纸应该继续充分报道党外人士的言论，特别对右倾分子、反共分子的言论，必须原样地、不加粉饰地报道出来，使群众明了他们的面目，这对于教育群众、教育中间分子，有很大好处。"把右倾分子和反共分子相提并论，问题的性质已经严重升级。这就是后来引蛇出洞和诱敌深入、聚而歼之的策略。

此时，中央统战部陆续召开了7次民主党派人士座谈会，北京高等院校中的鸣放情绪更为激烈。5月19日，北京大学贴出了第一张大字报，4天后，大字报激增到了几百张。很多大字报要求学校取消党委负责制，要求言论、集会、结社绝对自由，要求彻底开放一切禁书，反对必修政治课等等。5月底，北京出现了高校跨地区串联和一些学生准备上街游行的迹象。这些情况令人产生错觉，似乎共产党正在失去控制局势的能力，中国也要发生"匈牙利事件"。

6月6日，毛泽东为中共中央起草了《关于组织力量反击右派分子的猖狂进攻的指示》；6月10日，他又起草了《关于反击右派分子斗争的步骤、策略问题的指示》，从此全国形成反右派运动的局面。到7、8、9三个月，反右运动不断扩大，全国约有55万人被划为右派。

作为一个中学生，苏高礼当时无法知道整风"反右"的这些内幕，凭着做人质朴、善良、正直的天性，他认真对待学校领导交给的社会工作，从未想过整人，事实上他也不会整人。在帮助党组织整风时，苏高礼诚恳地向党交心，彻底批判了自己存在的资产阶级和小资产阶级思想，批评了嫌当学生干部社会工作多，耽误了专业课学习的坏思想。他说："这说明自己为人民服务的思想树立得还不牢固。"

在中央美院及附中师生中，争论最普遍的问题是艺术的内容与形式的关系问题，一些人根据对毛泽东《在延安文艺座谈会上的讲话》精神的理解，提出政治高于一切，作品的内容是第一位的，要与政治和阶级斗争相联系，要表现、服务于工农兵，美术的艺术形式要服从、服务于政治需要，进而否定"花虫鱼鸟"的艺术价值和作用。

对此，苏高礼有自己的观点。他认为：作品的内容和形式应该是统一的，不存在谁服从谁的问题，内容好而形式不过关也不是好的作品。相反，有了好的主题内容之后，形式决定一切。例如，俄罗斯以列宾为代表的巡回画派的作品，不仅具有批判揭露资产阶级的内涵，而且在形式上有很高的艺术性。当然，他对当时一些教条式、图解政治的作品也谈不上有多么反感，总是从积极的方面来理解。毕竟共产党提倡"百花齐放，百家争鸣"，但对极左思想给艺术创作、发展带来的危害，还将有一个逐步加深认识的过程。

对中央美院的反右运动和后来的整团活动，苏高礼对三件事记忆犹新。

第一件事：中央美院党委书记、副院长江丰提倡创建"革命画派"，这应该是一个比较左的观点。但不知何故，这位来自延安鲁艺的党委书记被打成了右派。

很快，学校放了暑假，苏高礼和往年一样回石家庄看过父母，赶往老家南阳胜村作画去了。

第二件事：秋天开学，苏高礼听说班里有一名同学被划成了右派，并被下放劳动。这名同学暑假留在学校参加反右运动，据说，他给学校党组织提意见：油画系主任因为不是共产党员就不掌实权，而系里的秘书是党员就掌实权。实际上油画系的主任是共产党员，而油画系秘书恰巧不是党员。于是，人们说他的言论和大右派储安平污蔑共产党是"党天下"的言论如出一辙，因此被划为右派。一个中学生因一句话就被打成右派，荒唐之极！

第三件事：同班男同学、共青团员刘敏庵在整团中自杀了。一天，学校领导交给苏高礼和团支部书记丁士中一项任务，帮助刘敏庵抛弃错误思想提高觉悟。刘敏庵是一个很有绘画天分的学生，但反右以来情绪反常，他和苏高礼、丁士中谈话时情绪十分激动，发泄地说："我参加共青团就是为了反对你们，他们只代表少数人的利益。"这些与社会相悖的语言让苏高礼、丁士中十分震惊，他们怕刘敏庵出事，一再劝说他要冷静，不要说这些过头话，并没有给他施加精神压力。

没想到，不久刘敏庵就失踪了，学校派人找遍了北京城也不见人，又派陈伟生老师带着苏高礼去天津找人，结果还是无功而返。几天后，学校领导向师生宣布：刘敏庵的妈妈是曾国藩的后代，因在北京火车站发表反动言论被判刑，病死在监狱里。刘敏庵到天津给妈妈上坟后，在铁路上卧轨自杀了。

刘敏庵自杀给全班同学心里蒙上了浓重阴影。

后来，学校领导传达了中央文件和毛泽东的讲话精神：反右派斗争，实际上是关于要不要社会主义道路、共产党领导、无产阶级专政和民主集中制等重大问题的全民大辩论。"只要我们在辩论中胜利了，就将大大促进我国的社会主义改造与社会主义建设"。同时，还提出要用十至十五年的时间，为国家打下巩固的物质基础和人才基础，建成社会主义社会的目标。

身边发生的三件事交织在一起，

使苏高礼意识到社会政治运动矛盾的尖锐性和复杂性，对这三件事他都有不同看法，但不敢说出来。他想：共产党和毛主席怎么可能犯错误呢？

十三

1958年，全国各地搞起了声势浩大的工农业生产大跃进运动，新中国当家做主站起来的人民渴望富强，提出"超英赶美，一天等于20年"的口号。于是，全民大炼钢铁，到处都有小土高炉燃烧着熊熊炉火，农业生产放卫星亩产万斤的喜报上了《人民日报》。这些来自工农业生产的好消息震撼着苏高礼，他来不及辨别真伪，愿意相信这些都是真实的，渴望用自己的画笔歌颂这些日新月异变化中的美好事物。

1958年秋天，苏高礼从中央美院附中毕业，被保送到中央美术学院，成为五八级的大学生。

但是，他在中央美院附中的同班同学只有三分之一上了美院，其他人都分配了工作。苏高礼所在的油画系，二十几名新生中只有4个人是从附中升上来的，其余都是来自各地的工农兵学员。可见"工农兵学员"并不是十九年后"无产阶级文化大革命"中的发明。上级主管部门称此举为"掺沙子"，这些"掺沙子"进入中央美院的学生，艺术感觉、基本功较差，日后绝大多数与美术界无缘，不知去向。

中央美术学院师生和乡亲们在模式口校区大门前合影，第二排右1为苏高礼 1958年

在中央美院附中四年的学习开阔了苏高礼的眼界，对他人生观、艺术观的形成有着重要作用。附中老师教学中，对素描对象的要求是写实、调子具体、质感逼真，这使他的写实能力得到很大的提高。由于他课下、下乡体验生活、假期回老家做了大量写生和素描练习，提高了观察生活、在生活中捕捉和生动表现对象的能力。在生活中采撷艺术之美，对他一生的艺术创作都有重要影响。

中央美院为五八级新生分专业时，苏高礼没有学自己喜欢的国画专业，

苏高礼（右）和同学冯怀荣（左）在模式口采访农家 1958年

中央美术学院黄钧先生（中间戴眼镜者）在模式口校区教室辅导学生壁画临摹课，黄钧先生身后为苏高礼 1958年

而是选择了所不熟悉的油画专业，他当时的想法是先学好油画，再把油画的理论知识和先进技法借鉴到国画中。

在大跃进中，中央美院提出教学改革方案——在京郊石景山区模式口农村买了一处院落，安排油画系、版画系一、二年级学生搬出帅府园5号，到此地进行教学。在模式口农村办学是一种政治需要，学生们主要画一些速写和歌颂大跃进的宣传画，再不就是参加农业劳动和社会活动，美院正规教学受到很大冲击。

在模式口农村，苏高礼被分配在果树队参加劳动，学会了嫁接果树、种植葡萄，还参加了深翻土地、植树造林劳动。再就是画一些宣传大跃进的壁画，晚上在农村夜校教当地农民学习文化、画画。他善于和农民打交道，很快和果树队技术员张永明成了好朋友，张永明让自己的小儿子张玉昆认苏高礼为义父。

苏高礼在模式口画的一批速写及创作稿，加上当时回老家画的一批写生作品，得到了油画系主任艾中信的表扬和鼓励，线描成为他长期坚持的艺术造型手段。

十四

1959年9月，中央美术学院大一学生苏高礼再次确认了对马列主义、毛泽东思想的信仰，第二次向党支部提出入党申请，入党介绍人——班里一名工农兵学员通知他："党支部很快

水彩画《幸福院》 1958年 中国美术馆藏

水彩画《刮树皮》 1958年 山西博物院藏

就会讨论发展你入党。"

这时,中央美院开始推荐在校学生参加留学苏联的考试,人事部门领导找苏高礼谈话:"你愿意到苏联留学学习壁画吗?"

苏高礼答:"我服从组织安排,学什么都成。"

新中国成立以后,面对来自西方国家的经济封锁,为了培养社会主义建设需要的大批管理人才和专业人才。1950年《中苏友好同盟互助条约》签订后,"以苏为首、以俄为师"成为新中国成立之初的奋斗目标,"苏联的今天就是我们的明天"的口号响遍全国。在这个大背景下,从1951年至"文化大革命"前,新中国陆续向苏联、东欧社会主义国家派遣了1万多名留学生,学习他们先进的科学技术、管理经验、文化艺术知识。

苏高礼是新中国派出的第六批留苏学习美术专业的学生,属于国家文化部的长期派遣计划。在他之前,中央美术学院已先后派出罗工柳、李天祥、钱绍武、林岗、武必端、冯真、邓树等教师到苏联列宾美术学院进修美术。从1960年起,开始选派在校学生留苏学习。这年全国推荐留苏学习各种文化艺术专业的年轻学子有三四百人,在全国考察了8个美术专业的学生,最后苏高礼、曹春生、刘兴厚等3人被录取。

很久以后,苏高礼听到了一种说法,中央美院人事部门找他谈话前,曾想推荐高年级一位学长赴苏学习壁画专业,领导征求意见时,他说:不想学壁画,只有学习油画专业他才去。

此时,苏高礼虽为中央美院油画系学生,但还没用过真正的油画材料作画,他是凭着一幅水粉画被选中的,对到苏联学习的壁画专业更是一无所知,所能联想到的是中国山西永乐宫、甘肃敦煌莫高窟的壁画,还有就是民间庙宇、住宅影壁墙上的绘画。其实,他和那位学长都想错了,到苏联学习壁画的前提是必须先学好油画专业。

根据中共中央"学习好、纪律好、身体好"的指示,留苏预备部的任务主要有三项:对到预备部学习的学生进行强化俄语培训;进行严格的政治审查;保证学生身体健康。当时有一种说法:一名留苏学生一年的花费,等于12个富裕中农的年产值;50年后,有媒体报道称:当时留苏学生一年的花费,相当于共和国一个部长的年收入。一次,周恩来总理在中南海接见赴苏联留学生时说:"你们每一个人出去学习,国内要花培养25个大学生的钱,因此,你们一定要好好学习。争取考5分,如果考4分在党支部要受批评,考3分的话自己背着铺盖卷回来。"

苏高礼始终认为,自己是那种不善于学习语言的人,在留苏预备部最感压力的是俄语课程,总想得到5分,但每次考试都是4分,最好的成绩有过4加。1960年6月,留苏预备部组织学生到北京郊区参加麦收劳动,回来后学生们以诗歌颂扬这次劳动,还出版了自己刻印的诗集，苏高礼特意为诗集画了一套石版画插图。不久，苏高礼顺利通过了俄语考试。

苏高礼初到留苏预备部时，参加俄语学习的学生有400多人，到出国前夕，人数一下子减少了四分之一，原因是中苏两党的政治关系已经存在严重裂痕，国家有关部门出于政治考虑，取消了类似文学、编剧、导演等专业的留学派遣计划。

刚放暑假，苏高礼接父母住进了中央美院的招待所，一连几天带他们游玩了北海、景山、故宫、颐和园等昔日皇家园林，还特意借来照相机给他们拍摄照片，老两口玩得很尽兴。苏惠夫妇看到儿子有了大出息，内心充满喜悦，这是苏惠生平第一次来北京，也是最后一次。

随着出国时间的临近，苏高礼心里还有一件事情放不下，他要到苏联学习6年时间，自己走后父母谁来照顾？

一年前，父亲写信告诉他菊姐已经结婚。与菊姐初恋失败后，苏高礼在美院附中和大学都收到过女同学画着心形图案表示好感的信，但他始终不肯与任何女同学谈情说爱，固执地认为恋爱和婚姻是两回事。他对自己说："我将来会结婚，但那只是过日子。"他一生对菊姐都怀有好感。

陪父母回到石家庄后，他看到了菊姐的妹妹淑姐，心中不由一动，认为比自己小4岁的淑姐——李淑珍是未婚妻的最佳人选。从到北京读书后，苏高礼虽然很少见到李淑珍，但基本情况还是知道的，她考上了石家庄师范学校，没毕业即被河北省女子体操队招走当了运动员，后来她代表河北省参加全国体操比赛时腰部受伤，省体委安排她在石家庄市体校当了教员。

第二天，苏高礼找到李淑珍，稍作寒暄便直奔主题："我要去苏联留学6年，将来画画也要经常外出，家里的老人要靠你来照顾，你要是能够接受这些条件，咱们就正式确定恋人关系。"

面对苏高礼的表白，善良的李淑珍爽快地答应了。因为，两家的老人是多年知根知底的好朋友，苏高礼又是这条街上最有出息的小伙子，将来留学苏联更是前程似锦，即便是请人介绍对象，这种条件也是无可挑剔的。客观地说，苏高礼找李淑珍确实有父母需要人照顾的实际考虑，他自信自己是对家庭和未来婚姻负责任的男人。

处理完这件事，苏高礼立即赶回中央美院参加为期两个月的美术专业俄语培训，老师是张荣生和彭鸣远。他开始和李淑珍经常通信，李淑珍作为未婚妻出入他家，名正言顺地照顾未来的公婆，他可以放心地去苏联了。

9月中下旬，国家为留苏学生统一配发了服装及用品，主要有毛料中山装、西装、呢子夹大衣、厚大衣、单皮鞋、半高腰皮靴及衬衫等物品，足够未来几年用的。这些都是苏高礼从未用过的高档生活用品，他在感谢国家培养的同时，更感到肩上的压力。

第四章 在列宾美术学院的日子

十五

1960年国庆节前夕，23岁的苏高礼在新建成的北京站登上了开往莫斯科的国际联运列车，整列车厢里都是留学苏联或东欧其他国家的中国年轻人。值乘这趟列车的是苏联包乘组，列车员个个彬彬有礼，车厢是一流的软卧4人包房，硬木内饰上涂着钢琴上才有的高级油漆，天鹅绒的窗帘、雪白的桌布、柔和的灯光，给人一种高贵的恍如隔世的感觉。

在留苏预备部时，领导传达了毛泽东主席在莫斯科大学的"世界是你们的"著名讲演内容。1957年11月2日，毛主席率领中国政府代表团访问苏联，参加庆祝十月革命40周年活动及64国共产党或工人党代表会议。11月17日，毛主席到莫斯科大学礼堂看望中国留学生，他站在讲台上大声说："同志们，我向你们问好！"台下响起暴风雨般的掌声。接着又说："世界是你们的，也是我们的，但归根结底是你们的！"可大多数留苏学生都听不懂他那浓重的湖南口音。见大家面露困惑，毛泽东解释说："世界就是World。"

但大多数留苏学生没有学过英语，仍然听不懂。

于是，毛泽东转头问时任中国驻苏大使刘晓："世界用俄文怎么说？"

刘晓回答："是米尔。"

毛泽东就说："米尔是你们的，当然，我们还在，也是我们的，但归根结底是你们的。你们年轻人朝气蓬勃，好像早晨八九点钟的太阳。中国的前途是你们的，世界的前途是你们的，希望寄托在你们身上！"台下顿时掌声、欢呼声雷动。毛泽东的演讲，久久激励着留苏学生报效祖国的赤子之心，成为一届又一届留苏学生的座右铭。

苏高礼听过传达，心中升腾起滚烫的冲动。

站台上没有亲人为苏高礼送行。他抬起头，能够看到秋夜闪烁的繁星，内心充实并充满了憧憬。火车拉响了汽笛声，列车上开始广播那首著名的苏联童声合唱歌曲《莫斯科——北京》，进行曲的旋律加上纯净优美的童声，让人的内心变得单纯而崇高。

外出旅行是一件令人愉快的事情。更何况这是一次全新的开始，留学生们个个肩负国家的嘱托，他们不停地说着、笑着，年轻的脸上流溢着兴奋骄傲的神采。已经是青年钢琴家的留苏进修生刘诗昆来到包房聊天，他对苏高礼说："我们到苏联学习，但绝不能忘记祖国。"

苏高礼庄重地点了点头。

从北京乘火车到莫斯科要走7天，在中国境内的时间只有一天，从东北的满洲里口岸出境。列车进入苏联境内后，沿着贝加尔湖行进。秋天的阳光下，湖水倒映着蓝天、白云，岸上有大片茂密的白桦林，雪白色的树干、金黄色的树叶上，闪耀着明快的令人愉悦的光泽。偶尔可以见到俄罗斯式红色或绿色尖顶的小木屋，屋门口站着扎白围裙的苏联女人和玩耍的儿童……列车仿佛行进在一幅长长的画卷中。

穿过西伯利亚茂密无垠的大森林，铁路两旁的村庄、城市渐渐多了起来，使人感到苏联的经济确实要比中国强大很多，苏联辽阔的国土给苏高礼留下了深刻印象，就像列车上播放的苏联作曲家杜那耶夫斯基的作品——被称为苏联第二国歌的《祖国进行曲》唱的那样：

我们祖国多么辽阔广大，
它有无数田野和森林。
我们没有见过别的国家，
可以这样自由呼吸。
我们没有见过别的国家，
可以这样自由呼吸。

列车餐车供应俄式西餐，面包、黄油、奶酪、果酱、鱼子酱、红菜汤、牛肉饼、土豆泥、空心粉、加糖的红茶……有些留学生吃不惯这些东西，苏高礼却一下子就适应了，还第一次知道了"小费"为何物。在国内大家不论做什么工作都是"为人民服务"。而在苏联的餐车上，服务员为留学生送一杯红茶却要收小费，这是修正主义的，还是资本主义的东西呢？想到这里，他紧闭着的嘴角微微向下动了一下。

这7天令人难忘的旅途，是苏高礼此后6年留学生活中最惬意的日子。

莫斯科到了。

200多名中国留苏学生下了车，被早已等在站台的中国驻苏联大使馆干部和来自莫斯科不同学校的老留学生接走。苏高礼等二三十人很快换乘另一趟列车，他们要到列宁格勒学习美术、音乐、语言、化学专业，此外还有一些留学生要去敖德萨上学。

9个小时后，列车停在了列宁格勒火车站。苏高礼见到了来迎接他们的列宾美术学院的中国学长，他们有的正在搞毕业创作，有的毕业后为了完成中国文化部交给的任务，在苏联各博物馆临摹一批名画而延期回国。

后来，苏高礼在假期也参加了继续临摹名画的队伍，先后在莫斯科的特列奇亚格夫博物馆临摹了弗鲁贝尔的《玩纸牌的吉卜赛女人》（局部），在普希金博物馆临摹了凡·高的《放风》。他们临摹的这批名画送回国后，曾多次进行巡回观摩展览，在全国各院校美术教学中发挥了重要作用，最后收藏在中央美术学院美术馆。

没过几天，苏高礼见到了帮助集体农庄收获土豆归来的苏联同学，这种收土豆的劳动与当时中国学生到人民公社参加麦收劳动一样。但是，苏高礼几乎听不懂苏联师生的俄语，只觉得他们讲话语速太快。

十六

列宁格勒（苏联解体后称圣彼得堡）位于波罗的海之滨，是沙俄彼得大帝时期开始修建的城市，最初叫做彼得堡，被称为俄国观看欧洲的窗户，1924年列宁去世后改称列宁格勒。著名的涅瓦河穿过市内纵横的河道汇入波罗的海，河道上建有几百座别具特色的桥梁，是这座城市一道独特风景。

列宾美术学院创建于1757年，位于涅瓦河畔的瓦西里岛，全称圣彼得堡国立列宾绘画、雕塑与建筑艺术研究学院，它与巴黎的中央美术学院一样，是世界著名的四大美术学院之一，主要教学目标是培养尖端的美术人才。200多年来，这所学院培养出一大批杰出的现实主义绘画大师，包括列宾、苏里柯夫、谢洛夫、弗卢贝尔，以及菲迅、玛依辛科、梅尔尼柯夫等。

油画是17世纪传入俄罗斯的。150年后，欧洲现实主义画派在俄罗斯得到充分发展，俄罗斯油画具有了属于本民族的风格特征。列宾，这位世界闻名的油画大师就是俄罗斯绘画民粹派的代表人物，他主张艺术要走进生活，反映生活；艺术要为社会、为人生、为人民。

苏高礼第一次走进列宾美术学院，受到了极其强烈的震撼。学院门前对称摆放着两个大型古埃及人面狮身像，显示着俄罗斯绘画来自世界与欧洲文艺复兴的文化传承。学院主体建筑是一座巨大方形、中间有天井的罗马风格楼房，里面除了陈列许多世界级大师的作品外，还有100多年来本学院教授、学生创作的经典绘画、雕塑作品，是一座琳琅满目、积淀厚重的艺术殿堂，再加上藏书丰富的图书馆，使这所美术学院具有世界一流的教学条件和氛围。比如，希腊、罗马雕塑馆陈列着许多精美作品，是学生们练习素描的天堂。当年中央美院的教学环境与之相比，有很大差距。

到列宾美术学院留学前，苏高礼最喜欢的苏联画家是普拉斯多夫。这位普拉斯多夫大叔，一生居住在苏联集体农庄里，他创作的绝大多数作品都在反映农村生活，显得阳光而深刻、朴实而健康。他的这种画风影响了一代苏联画家，其中特卡切夫兄弟在这条创作道路上取得很大成就，弟弟后来担任了苏联美术家协会主席。苏高礼在中央美院附中时,曾用从牙缝里省下的钱买下普拉斯多夫的画册反复揣摩,作品中的情感是俄罗斯的,绘画语言也是俄罗斯的,其中《拖拉机手的晚餐》《纳粹的飞机飞过》等作品对他影响深刻。他感到内心和普拉斯多夫大叔是相通的,看到他的各种农村题材作品时,总会想起心中的太行山。

在列宾美术学院的最初两年,苏高礼必须接受并通过严格的素描、速写、油画写生与创作训练,只有这样,第三年才有资格进入梅尔尼柯夫的壁画工作室继续深造。

班里的同学都是苏联各美院附中考来的佼佼者,每个人都有扎实的素描、速写、色彩基础,学习对他们没有很大压力。而新入学的中国留学生,一、二年级首先要在中年女教师娜塔莉亚的辅导下进一步学习俄语,逐步适应苏联的美术教学方式。苏高礼是那种天生不具备语言才能的人,不像有些中国同学很快就能和苏联师生聊天交流,他全靠死记硬背努力适应。一个月后,他也听懂了基本的生活、教学用语,又过了较长一段时间,才完全听懂了苏联老师的讲课。

在列宾美术学院留学的,还有来自社会主义阵营朝鲜、蒙古、越南、波兰、阿尔巴尼亚等国家的学生。一届又一届的中国留学生都在为了祖国而学习,被公认为最勤奋、最刻苦、最守纪律、成绩最好的学生,经常受

苏高礼与司徒兆光(左)、王克庆(右)在列宾美术学院校门前合影 1961年

到苏联老师的表扬,学习精神和成绩令许多苏联学生自愧不如。相比之下,有的外国留学生不仅基础差,而且仿佛只知道享受生活和交女朋友,学习成绩可想而知。

学习生活无疑是紧张的。苏高礼每天早晨8点起床,9点开始上课到14点15分,午饭45分钟,15点继续上课到19点,晚饭后还要整理笔记、预习功课到24点睡觉。好在他的宿舍

苏高礼与张华清(中)、李骏(右)在列宾美术学院学生宿舍门前合影 1960年

旁有一个面包房,早餐能买到新出炉的面包,午餐花40戈比在学校吃。

很快,苏高礼在亚麻布上画了第一幅油画,画的是学院请来的模特——一个留胡须男人的头部肖像。对于只用过水粉颜料的苏高礼来说,这幅油画是他艺术道路上的新起点。

列宁格勒的冬季十分漫长,昼短夜长,白天的天空还经常是铅灰色的,不像中国北方大部分地区冬季有较多的阳光。针对这种自然条件,列宾美术学院有独特的课时安排,每天11点天光转亮到15点黄昏来临,这段时间都是色彩课;素描只能在9点到11点或15点到17点的灯光下进行,俄语课、各种理论课和政治课也穿插在这两个时段里。列宾美术学院为一、二年级新生配备的素描、速写老师——年近60岁的卡别依科教授,个子不高,胖胖的宽脸盘显得善良慈祥。他教学经验丰富,有一套固定的教学程序,能够很快把学生引入自己的教学体系,使学生迅速提高素描、速写能力。

苏高礼是学习刻苦、不肯多言的中国学生,《联共布党史》、《辩证唯物主义和历史唯物主义》是必不可少的课程,加上《解剖学》、《绘画透视原理》、《俄罗斯美术史》、《世界美术史》等美术基础理论课程,苏高礼都拿到了5分。这与王宝康、马运洪、董祖贻等学长的帮助分不开,他们不仅把学习这些课程的笔记借给他参考,而且在每门课程考试前还对他进行辅导。

此时,鉴于中苏两党的紧张关系,苏联有关部门规定:中国留学生离开所在地超过40公里必须向政府部门申请备案。但在课堂上,苏联老师并没有放弃对中国学生的倾心教导与严格要求,只是不再像50年代那样请中国学生到家里做客。苏高礼的素描、速写成绩大多是4分,他觉得自己与有油画童子功的苏联学生相比始终有一些差距,因此对素描、速写下的功夫更多一些。

就总体而言,当时的苏联共产党对国内艺术界的控制要比中国宽松,人们甚至可以在公开场合批评国家领导人赫鲁晓夫和米高扬,苏联同学私下对苏高礼说:"我们不相信我们中央的话,你们也别相信你们中央的话,咱们之间是同学、朋友,是友好的。"苏高礼听后不作附和,苏联同学也不计较,他们知道中国留学生的纪律,大家似乎都有一种友好相处的默契。

苏高礼还是遇到了一次例外。一个星期天,卡别依科教授请苏高礼等

中国留学生访问苏联雕塑家柯年科夫 1962年

中国学生到家中作客，招待大家吃点心、水果，他回忆起教过的所有中国学生，逐一介绍每个人的特点。卡别依科教授说："中国学生和其他国家的学生不一样，有些国家的学生喜欢喝酒、泡姑娘，而中国学生尊重老师，每个人都很刻苦，都是好样的。"说罢，脸上做出幽默滑稽的表情。之后，他开始给大家评析作业，主要是在绘画方法上的提示，让学生充分思考，决不强求。他还让学生参观自己的画室。苏高礼看到苏联政府分给画家的住房很讲究，主要是那间带有天窗的画室，作画条件令人羡慕。

苏联的素描教学讲究结构形体准确，有着极严格的教学要求，主要解决绘画的造型基础问题。例如：在人体解剖课上，老师甚至到了死板的地步，不允许大家有丝毫的差错。而这些苛刻的要求，确实让学生尽快掌握了人体结构。在卡别依科教授的指导下，苏高礼画了大量素描习作，主要是人物头像、半身像、全身像，用以解决绘画造型准确的技巧问题，最初是细节写实、真实刻画，在解决了"准确"的前提下，他记住并努力达到卡别依科教授的要求："素描应该是越画越简洁的。"

这一时期，列宾美术学院的图书馆是苏高礼最爱去的地方，那里陈列着意大利文艺复兴时期绘画三杰——达·芬奇、拉斐尔、米开朗琪罗的一批素描作品的复制品，他多次临摹米开朗琪罗的十几幅素描作品后，对欧洲绘画的素描造型有了更深理解。

列宾美术学院的素描、速写教学还有一个特点，那就是每周没有文化课的晚上，在一间阶梯教室里安排人体模特速写，不分年级的所有学生都可以自由出入画速写。这种开放式教学方法令苏高礼感受颇深，对消化课堂学到的知识、技巧格外重要——有助于迅速抓住绘画对象动态的、充满生命力的瞬间，帮助学生提高人体速写能力。同时，这个瞬间只应该是整体的，而不是多细节堆砌的，这是绘画艺术的本质特点之一。

列宁格勒的埃尔米塔什博物馆（也称冬宫博物馆）收藏了大量欧洲历代绘画大师的优秀作品。其中，对荷兰也是欧洲17世纪最伟大的画家之一伦勃朗的肖像画、风景画、风俗画、宗教画、历史画的精品收藏，其艺术价值甚至高于法国卢浮宫的收藏水平。列宁格勒的俄罗斯博物馆则收藏了俄罗斯历代绘画大师的经典作品。每次观看这两个博物馆展出的经典作品，都令苏高礼震撼，痴痴地品味，真是提高一个艺术家审美水平、形成正确审美观的最好课堂。

苏高礼对伦勃朗的代表作《浪子回头》颇有感觉，画面上一个游手好闲、不务正业、衣衫破烂、疲惫不堪的儿子跪在父亲面前，父亲伸出双手安慰接纳了他，正是这双手和人物的神态传达出人性的震撼力，反映出荷兰社

临梵·高作品《放风》 1960年 中央美术学院美术馆藏

会中、下阶层人民的生活状态。它告诉人们：家人决不会嫌弃一个犯了错误而真心悔改的孩子，父亲的双手仿佛在诉说对浪子的宽容。每次到埃尔米塔什博物馆，他都会久久凝视这幅作品，黄色、金红色的和谐搭配让画面显得高贵，更重要的是伦勃朗不抠细部，写意式着力发掘精神内涵的表现手法，让人受到深层次人文精神的感动。对学画者而言，认真反复欣赏临摹前人、大师名作，就是与之进行心灵对话，这是提高艺术表现力事半功倍的捷径。

此后几年，每到节假日他都尽量来这两个博物馆欣赏大师们的作品，通过临摹古典主义、现实主义、印象派、后印象派、野兽派的代表作品，苏高礼对他们的艺术语言、风格有了准确认识，这对日后形成自己的艺术语言和风格，起了滴水穿石般的重要作用。

十七

当俄语不再是学习、交流的障碍，苏高礼的留学生活渐渐丰富多彩起来。

每晚下课后，中国留学生回到宿舍自己做晚饭，宿舍楼里有带煤气的厨房。在商店花40戈比能买到一袋西伯利亚生产的速冻饺子，里面装有40个货真价实的牛肉馅饺子，足够一个人吃得饱饱的。赶上节假日，中国留

苏高礼（左1）、张华清（左5）、曹春生（左6）参加苏联师生庆祝"五一"游行合影 1961年

学生们还会做饺子、馅饼、面条、炒菜，饭菜的香味常常令苏联同学和其他国家留学生咽口水。

列宁格勒漫长的冬季终于过去了。春天的到来让苏高礼兴奋。1961年5月1日，中国留学生和苏联师生一道参加了列宁格勒市纪念国际劳动节游行。确切地说，这种游行更像是迎接春天的集体散步。上午9点多，列宾美术学院院长、党委书记、党团积极分子和各国留学生穿西服打领带走上大街，打着横幅标语和红旗，大家不用呼喊口号，只是神情安定地坦诚谈心。苏高礼仔细听着，对苏联的

苏高礼（左1）与在列宾格勒学习美术、音乐专业的中国留学生合影 20世纪60年代

社会生活有了更多了解。

列宾美术学院方形主建筑后面有个森林公园，中国留学生每天都到这里晨练跑步。周六晚上，列宁格勒其他学校的十几名中国留学生都来到列宾美术学院，苏高礼和大家在学院的地下体育馆篮球场打一场球，再一起洗热水澡，在浴室用中国话聊天是难得的放松。

学生宿舍楼里设有乒乓球台，苏高礼他们经常和苏联同学比赛，获胜者经常是擅长小球、反应灵活的中国留学生。

苏联人民对中国留学生是友好的。

一位叫留达的年轻俄罗斯姑娘，旅游时认识了几位中国留学生，她倾倒中国留学生温文尔雅、勤奋刻苦的品质，发誓一定要嫁给这样的人，从此经常来找中国留学生玩，勇敢追求自己喜欢的中国小伙子。后来，她追求的中国小伙子学成回国，她依旧来列宾美术学院找中国留学生，她热情、善良、严肃的态度，受到中国小伙子们的尊重和友好对待，但不曾有人敢和她谈及感情。这是出国纪律所不允许的。

五一节后不久，一位名叫瓦良的苏联大婶带着小女儿达玛拉到中国留学生宿舍作客。瓦良大婶家住列宁格勒郊区的高尔基农场，1917年俄国十月革命前夕，列宁和高尔基为了躲避追捕曾在这里避难。

早在1958年秋天，列宾美术学院的中国留学生和苏联学生曾帮助高尔基农场收获土豆，之后还要烧掉荒地上的树枝、杂草做肥料。大火燃起后，瓦良大婶突然找到中国留学生张华清，拉着他走向自家住的木屋，焦急地说："赶快停止烧！你们快把我家的房子烧着了！"

张华清走近一看，大火离她家房子只有二三十米远，虽说一般情况下不会烧过来，但需要派人在房子四周防护。他立即叫来几名中国同学分头把守，防止风把火苗吹向房子，并用俄语大声对瓦良大婶说："您放心，我们是中国人，保证您和您家的财产安全，我说话算数，从现在起我和您一起站在这里！"

一个小时后，大火熄灭了。瓦良大婶说："我服了。你们中国人，干得好！"还执意请大家到家里喝咖啡，从此她全家与中国留学生结下了很深的友谊。瓦良大婶从他们身上认识了中国，开始收听北京对苏联的俄语广播，中国留学生组织活动也经常邀请她参加。她和家人成了每一届中国留学生的好朋友，在她眼里每个中国孩子都一样出色。

瓦良大婶的篮子里装满了好吃的，苏高礼他们更是倾其所有，大家围在一起吃饭、饮酒、做游戏、跳舞、唱歌。大家还做起"给自己画像"的游戏，每个人轮流把一张纸蒙在脸上，用笔画出自己的眼睛、眉毛、鼻子、嘴等面部特征，然后让大家欣赏，引来阵阵捧腹大笑。

接着，达玛拉用纯朴优美的嗓音唱起俄罗斯民歌《纺织姑娘》：

在那矮小的屋里，
灯火在闪着光，
年轻的纺织姑娘坐在窗口旁，
她年轻又美丽，
褐色的眼睛，
金黄色的辫子垂在肩上，
她那伶俐的头脑思想得深远，
你在幻想什么，美丽的姑娘？

一位中国留学生唱起中国歌曲《我的祖国》，在场的中国留学生立即合唱起来：

一条大河波浪宽，
风吹稻花香两岸，
我家就在岸上住，
听惯了艄公的号子，
看惯了船上的白帆。
这是美丽的祖国，
是我生长的地方，

苏高礼（右1）、冯真（右3）、张华清（右2）与瓦良大婶在宿舍聚会 20世纪60年代

在这片辽阔的土地上，
到处都有明媚的风光……
这是强大的祖国，
是我生长的地方，
在这片温暖的土地上，
到处都有灿烂的阳光！

天色渐晚，瓦良大婶和女儿还要赶回高尔基农场的家，干杯、祝福、拥抱，欢乐的人们久久不肯散去……

苏高礼和衣躺在床上，用两只胳膊将头垫起，《我的祖国》的歌声还在耳边回荡，他突然不可抑制地思念起远在石家庄的父母和未婚妻淑姐。他在给淑姐的信中写道："你的信给我带

苏高礼陪瓦良大婶参观中国美术作品展 1963年

来安慰和快乐，会给我送来新鲜空气，送来祖国的空气。"前几天，父母随信寄来了照片，他看到他们显得瘦弱、疲惫，这让他忧心忡忡。他知道国内发生了严重自然灾害，父母和未婚妻的日子一定过得很苦，而他无法为家里分忧，感到痛苦和无奈。自己在苏联学习固然十分紧张，但毕竟衣食不愁，每月国家发给45卢布津贴（后来提高到60卢布），但规定必须用在学习和生活上，不允许将结余的卢布寄回家或购买高档商品。

这是国家的纪律。

学习，只有刻苦忘我的学习才能冲淡这种痛苦。

一个星期天，苏高礼来到列宁格勒市中心的一家书店，他开始用每个月节省的津贴购买美术画册和资料。因为，当时苏联印刷出版的画册质量比国内好，将来带回国都是宝贵资料。到毕业回国，他陆续带回的画册、资料能装满2个书架，花掉的卢布能买十几台苏联生产的佐尔基或基辅等品牌的照相机。

十八

1961年夏天到了，列宾美术学院组织一年级学生来到苏联南方黑海北岸的克里米亚半岛，这里的阿鲁布卡小镇是一处疗养胜地，镇中心有一栋2层小楼是学院的外光写生教学基地。苏高礼等20多名学生来此写生，小楼管理员一家负责给大家做饭。

阿鲁布卡小镇气候炎热、风光独特，令从列宁格勒来的学生们着迷。你看，那格外明亮的阳光、深蓝色的大海、白色的山丘、湛蓝的天空、千姿百态的云朵、温暖潮湿的空气、白墙红屋顶的别墅掩映在树荫中、房屋前面白色或深红色的木栅栏、静静的街道、恬静生活的人们，给人别致而异样的犹如世外桃源的感觉。这一切，让这些未来的画家产生了强烈的创作欲望。

这次外光写生教学分成两个阶段：首先要完成老师指定的写生作业；接下来更多的是让学生自主写生创作。苏高礼的研究重点是找到准确的地域色——苏联南方海边外光下的色彩表现。

按照老师的安排，苏高礼画了素描《矿工》、油画人物《树荫下的少女》。此外，更多时间是他与曹春生背着油画箱自主写生，他画了《阳光下》、《黑海岸边》、《浪拍岸》、《礁石滩》、《男孩》等一批作品。其中，他根据深夜看黑

苏高礼与苏联同学在阿鲁布卡外光写生 1961年

在阿鲁布卡写生 1961年

海的记忆画了一幅小油画《忆月夜》，表现了罕见的紫红色月亮的海景，写意的手法加上大胆的用色，使整个画面显得深沉而别具韵味，这既是真实的黑海，更是他心中的黑海。

苏高礼在阿鲁布卡做了一件违反纪律的事情。

一天晚上，小镇露天放映一部美国电影，这部电影表现了奥地利音乐家施特劳斯的故事，影片中多瑙河的美丽风景实在迷人。按照中国驻苏联大使馆规定，不允许留苏学生看外国电影，苏高礼和曹春生悄悄看后相约保密。苏高礼认为这是一部不错的影片，一切真正的艺术都是相通的，影片中的音乐、摄影取景和色彩、后期制作剪接的艺术水准很高。

苏高礼对苏联同学的写生作品多有借鉴，他们大胆使用明亮、鲜艳的颜色，以表现南方充足的阳光，洋味十足的表现手法让他开阔了眼界，他至今保留着几位苏联同学送给他的写生作品。他由此悟出一个道理：一个画家要根据和重视内心感受，要以充满激情的心态对待写生，要大胆提炼、表现内心的感受。离开自己的感受，去表所谓的客观真实，永远也达不到艺术表现的生动和魅力。

1962年夏天，由著名画家比缅诺夫教授带队，苏高礼和他的苏联同学再次来到黑海之滨，这次是在旅游城市索契现场写生教学，大家住在一所学校的教室里。

在过去的一年里，苏高礼学画似乎进入了忘我的境地，两年的积累催生着一次重要飞跃。这次在索契写生他有两个目标：

（1）在研究外光色彩的同时，体会和表现苏联南方人居环境的意蕴和风情，突出更多的生活内涵。他创作了《歌》、《牧马》、《一条小河》、《大男孩》、《盛夏》、《日照码头》、《晚霞》等。在这批作品中，能够看到南方温

油画《索契》 1962年 山西博物院藏

油画《阳光下》 1961年 中央美术学院美术馆藏

暖的空气在阳光下、阴影里流动,海边湿润的空气中游船即将靠上小码头,烈日升腾的热浪拥抱着的海港,洒满金黄色夕阳的现代化海港,阳光透过薄雾照着的小山村,草地上、树荫下悠闲吃草的马匹,树荫下长椅上坐着的度假游人,被阳光晒得皮肤通红的小男孩,清晨的天边挂着白色的月亮,树叶上反射着明亮而令人愉快的光芒,静谧的海滨公园里的沙滩、草地、鲜花、海水、舢板和游人……所有这些写生作品都有着准确的艺术表达。

（2）研究风景写生的语言状况,重点借鉴西方绘画大师的手法来进行练习,融会贯通地进入风景画创作的境界。他创作的《海滨公园》具有莫奈的风味,《栅栏》中熟练使用了列维坦的灰色调,《山路》则是凡·高手笔的尝试;另两幅画面较大的作品《晨山》和《索契》则完全借鉴了马尔凯的眼光,画面透明而富于轻松感。这说明,他

油画《山路》 1962年 中央美术学院美术馆藏

不仅已将大师们的绘画语言熟记于心，而且还有选择性的借鉴和创新，这是他绘画技巧的重大突破。通过实践，又仿佛冥冥之中，苏高礼意识并明确了一个道理：艺术语言代表着一个画家独特的艺术表达方式，也是他的作品不可替代的、特有的艺术价值。艺术语言的形成，是一个画家走向成熟的重要标志。

两次到苏联南方黑海地区作画，苏高礼创作了大量写生作品，作品中不同意境韵味的准确表达，表明阿鲁布卡和索契是他绘画艺术走向成熟的起点，充满了一个中国年轻画家日渐成熟的创作激情和技能。

这年他25岁。

十九

1962年，在列宁格勒音乐学院学习钢琴、作曲专业的中国留学生殷承宗，在莫斯科参加了第二届柴可夫斯基国际钢琴比赛，比赛中他技惊四座，观众反响热烈，评委高度评价："殷承宗有着对音乐的深刻理解和无懈可击的技巧"，"殷以他的才华征服了莫斯科人"。尽管在中苏关系恶化、政治因素介入的背景下，殷承宗的成绩位居第二名（第一名是苏联人阿什肯纳吉），但赛后苏联有关部门特邀他在各地巡回演出了五六十场。苏高礼在列宁格勒常与殷承宗见面，殷承宗获奖对他是很大的激励，他决心把专业课学得更加扎实，不断向更高目标登攀。

1962年秋季开学，苏高礼顺利进入A.梅尔尼柯夫（全名：安德烈·安德烈耶维奇·梅尔尼科夫）壁画工作室学习，他是A.梅尔尼科夫成立工作室后教的第一个中国学生。

A.梅尔尼科夫教授严厉、不爱多讲话，在列宾美术学院虽然没有院长或系主任的头衔，却是学术上的权威，对进入工作室的学生要求十分严格，这种严格不仅是入门难，而且贯穿学习全过程。他对苏高礼说："我担任助教时，带过好几位中国学生，他们的表现都很好，希望你也是这样的。"

不久，A.梅尔尼科夫教授看过苏高礼一些作品后，又对他说："50年代，我两次到中国写生和短期教学，我很欣赏中国画，建议你在油画创作时多采用薄画法，这对吸收中国绘画优秀的民族传统会很有帮助的，可以画出你自己的特点。"

苏高礼长久地思索着，为什么导师将薄画法和中国绘画传统相联系呢？他很快就明白了，中国画不管是工笔画还是写意画都讲究用笔的感觉，采用薄画法创作油画就是用笔"书写"的方法，借此能够表现出用笔的力度和趣味，会使作品具有中国味道。如果采用厚画法将色彩"摆"在画面上，则很难达到这种效果。

在A.梅尔尼柯夫壁画工作室，教素描、速写的卡拉廖夫教授个子不高，圆圆的脸，亚麻色的头发，喜欢

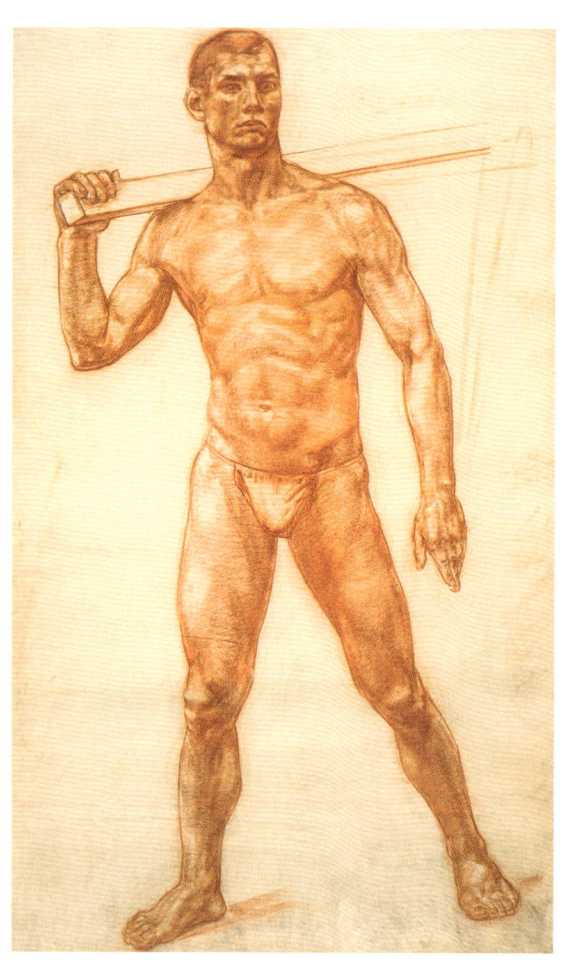

素描《行走的人》 1965年 中央美术学院美术馆藏

素描《双人体》 1964年 中央美术学院美术馆藏

喝酒，脾气很好。他常在学生的素描、速写作业上画上许多小插图，引导大家更具体地认识形体结构和形象艺术处理手法。他向苏高礼强调，素描、速写不能只有形体的外表结构线，更要画出人体的动态特点，画出他们在运动中的形态。也就是说，你画的对象的具体骨点、肌肉、筋腱，是怎样穿插在人体中起作用的，从而使人体具有很强的生命力。

苏高礼按照卡拉廖夫教授的方法反复进行实践，一段时间后，他的素描、速写作品不断受到表扬。他认识到：素描、速写在绘画形体造型上的重要性还在于——光有对骨点、肌肉、筋腱等认识仍然不够，你必须把所表现对象的特点，概括成对于结构形体的认识，通过结构、形体的刻画塑造形象。这样画出的作品能够给人鲜活的感受，表现出蓬勃的生命力。

一天，在列宾美术学院进修雕塑专业的王克庆，借给苏高礼一本《艺用人体结构》，书是50年代国内人民美术出版社出版的，32开本，作者是美国画家伯里曼。苏高礼看过伯里曼的观点和插图感到很有收获，经常把

油画《木工》 1963年 中国美术馆藏

这本书带到工作室研读,卡拉廖夫偶然看到后,发现伯里曼的观点与自己的教学观点很接近,索性把书借走参考,过了一年才归还。其间,卡拉廖夫和苏高礼在素描、速写方法上多有探讨,他对卡拉廖夫的教学方法也了解得更加全面、记忆得更加深刻。

从1960年底,苏联政府单方撕毁了所有援华经济项目协议、撤回全部技术专家,中国开始偿还大笔债务起,到1963年中苏关系彻底恶化,越来越深地影响着中国留学生的学习和生活。

列宾美术学院为了阻止中国留学生在宿舍聚会,将他们分散插到苏联学生宿舍居住,苏高礼在插住的宿舍除了看书、睡觉外,很少与苏联同学交谈。但是,苏联同学却喜欢与中国学生成为室友,理由有两个:一是中国留学生讲卫生;二是中国留学生在宿舍里很安静。

在此政治背景下,中国驻苏使馆留学生处加强了对所有留学生的思想工作。列宾美术学院、列宁格勒音乐学院和列宁格勒大学化学系的中国留学生编成了中国共产党的基层支部,留学生即便不是党员也必须参加党支部每周的会议或政治学习,大家都绷紧了思想上反修防修的弦。国内遭受自然灾害期间,国家为了节省经费,寒暑假不安排留苏学生回国休息,而是要求他们假期集中到驻莫斯科大使馆学习,以便及时掌握大家的思想动态。

苏高礼也绷紧了反修斗争的弦。一次,苏联老师在政治课上给大家讲解中苏分歧的实质,按照苏联官方的口径进行批评:"中国政府想要通过战争在全世界实现社会主义。"苏高礼和曹春生在课堂与这位老师展开辩论:"我们国家报纸上发表了中共与苏共论战文章,同时刊登了你们苏共的文章,这些老师你都不知道。因为,你们国家的报纸什么都不刊登,所以你说的观点是错误的。"

苏联老师说:"你们是学生,是来听课的,要听我讲!"

下面的苏联同学有些不满地插话:

"老师,你应该听听中国人是怎样讲的。"

下课后,苏高礼和曹春生找到学院党委负责人说:"你们的老师讲课中攻击我国政府,我们提出严重抗议!"不久,由于苏联各高校都发生了中国留学生与苏联老师、校方的类似冲突,苏联政府索性取消了中国学生的政治课。

苏高礼按时参加党支部的活动,但心里还是认为,这种不断重复的政治学习占用时间过多,影响了大家的专业学习。

第五章 虎头山来了留苏大学生

二十

1963年6月，国家恢复了留苏学生每年暑假回国休假制度。一则国家和人民已经基本战胜了3年自然灾害，国民经济正在逐渐好转，可以承担回国休假的经费支出；二则更重要的是，需要强化留苏学生回国休假期间的政治学习。

6月5日，苏高礼和工作室的苏联同学来到位于列宁格勒西南250公里的普斯科夫古城，进行教学实习。

古城中有很多建于14—16世纪的教堂和修道院，在斯尼达阔尔斯基教堂里，带队的老师要求每个学生临摹几幅有代表性的壁画，苏高礼临摹了天使尼格莱依等一批壁画。还完成了斯尼达阔尔斯基教堂的月夜写生。这里教堂壁画的艺术表现手法，不同于莫斯科、列宁格勒大教堂的壁画。莫斯科、列宁格勒大教堂的壁画，与中国庙宇的壁画有一个共同之处——都属于重彩工笔的绘画；而普斯科夫古城的教堂壁画，虽然也使用色调单纯的红土矿物颜料，但却表现出很强的写意性，既传神又潇洒，是俄罗斯少有的14世纪古代绘画艺术遗产。

在普斯科夫古城，苏高礼与苏联同学住在一所租来的大房子里，大家睡在地铺上，每个人轮流给大家做饭。轮到苏高礼做饭时，他做了改良的中国式红菜汤和炒菜，再配上主食面包，不想苏联同学们吃得津津有味，赞不绝口。晚上临睡前，苏联小伙子们都要大谈社会上流行的政治笑话，有时还会谈及与女朋友做爱的经历，并不避讳苏高礼。

临摹教堂壁画作业结束后，苏高礼接到通知只身赶回列宁格勒，准备返回祖国休假。

离家近三载的游子想家了。

7月，刚到达北京的苏高礼不顾漫长旅途劳顿，立即换乘火车回石家庄看望父母，见到他们的身体和精神都已经恢复，终于放下了心。让他扫兴的是没见到未婚妻淑姐，她到厦门照顾刚刚生下女儿的菊姐去了。

随后，苏高礼赶回北京参加文化部组织的形势与政策学习，学习结束回中央美院看望过几位老师后，便自己安排采风创作，回老家扎进了太行山的怀抱。

8月上旬，不是太行山区最美的

油画《野兽派和中国窑洞》1964年
中央美术学院美术馆藏

油画《夏庄》 1964年 中央美术学院美术馆藏

季节,但家乡的一切都让苏高礼感到亲切和陶醉。太行山区与苏联南、北方截然不同的光线和景物,让他有一试身手的欲望——用在苏联学到的绘画方法表现家乡的色彩和景物,继续摸索不同地域环境的色彩语言。

一段时间以来,苏高礼对法国绘画大师塞尚(1839—1906)和凡·高(1853—1890)的艺术特点做了比较性分析:被称为"现代绘画之父"的塞尚,其绘画特点是对表现对象的冷处理手法,不仅在使用冷色彩上,而且在表现内容上非常冷静和理性;与之相反,梵·高使用色彩则是热处理,表现内容充满大胆、热烈的激情。他对这两位大师的艺术特点都很喜欢,都有所借鉴,但又似乎更偏爱塞尚一些。

在太行山区,他先后画了《夏庄》、《玉米地》、《野兽派和中国窑洞》等写生作品。在《夏庄》和《玉米地》这两幅作品中,他尝试运用塞尚对造型和色彩的概括手法,即在描写客观对象时进行主观的艺术概括,形成了特有的味道和意境。而在《野兽派和中国窑洞》中,他又借鉴法国野兽派绘画大师马蒂斯(1869—1905)的眼光,大胆使用夸张色彩和简练的笔触塑造形体,对客观对象做减法和平面装饰性的处理,使画面显得随意而童趣,通过概括性的描写和对意味的掘求,太行山普通的民居窑洞有了更贴近原本意味的表达。

这些尝试使他更深地认识到:画家强化素描、速写、色彩基本功训练是一个漫长过程,对艺术语言的探讨,则是一种积极的充满主观能动性的训练,这对画家未来的艺术创作是极为重要的。

通过对各个画派的比较,苏高礼认为:东方绘画艺术的发展脉络是从工笔重彩到写意再到文人画的,发展到文人画已经有了意象变形。而西方的古典主义画派就像中国的工笔画,印象派就像写意画,发展到野兽派、立体派(毕加索为代表)就像文人画了。所以说,东西方绘画艺术这两大发展

苏高礼与未婚妻李淑珍在北京站合影 1964年

脉络有共同的东西。

再过几天又要回苏联了。

未婚妻淑姐从厦门赶到北京与苏高礼相聚，俩人高兴地逛公园、转商场、参观北京站，到处拍照留念……

他的心情彻底放松了下来。

二十一

10月初，苏高礼出现在A.梅尔尼科夫工作室时，引起苏联同学们一阵"乌拉"的欢呼声。

苏联同学称苏高礼为高利（音），不仅因为他的名字用俄语叫着顺口、好记，而且"高利"与苏联作家肖洛霍夫名著《静静的顿河》中主人公格里高利的后两个发音相同，以至于有些同学根本不知道他姓苏，大家都亲切称呼他"高利"。

"高利，我们以为你不回来了！"一位男同学开着玩笑，"你看，我们正在练习素描。我说，真应该把赫鲁晓夫和米高扬请来做人体模特，省得他们一天到晚没有事情做。"

苏高礼以一贯的沉稳对大家说："我在这里的课程还没有学完呢，所以，就回来啦。"

"乌拉！"

10月26日，苏高礼在写给淑姐的信中还介绍：

……自习时间除学理论课外，读读文件，念念诗词，我现在正在读《宋词选》等书。我既喜欢那些情绪开朗、英雄气概的诗篇，也喜欢那些传达优美的大自然、抒发诚挚的爱情的诗篇。读诗词对我的学习大有好处，它教我以一个艺术家的眼光看待生活，表现生活。

又一个寒冷的冬季来临了。

苏高礼在习作课上继续画素描、速写、油画，临摹古典传统壁画；在创作课上进行中国民族舞蹈、苏联民族舞蹈的装饰壁带设计，绘制建筑物装饰图形，用陶片、大理石片、彩色

画稿《中国民族舞蹈——跑旱驴和民乐》（装饰壁带画局部）　山西博物院藏

玻璃等材料镶嵌作画，再有就是实用材料临摹米开朗琪罗的湿壁画、做多色层壁刻临摹希腊瓶画，这些都是壁画专业研究生的必修课。

导师A.梅尔尼科夫教授是个不好糊弄的主儿，他每周坚持两次查看学生的创作课作业，多次强调要大家重视画面的形式感处理，即作画首先要讲究画面的构图，要特别重视画面的物体轮廓——剪影效果所构成的画面和形式感。苏高礼理解导师的要求，这就是要他重视画面构成的形式意味和美的质感。一幅不平庸的作品，当有其构成形式上的特质。

一天，苏高礼陪同驻苏使馆的一位领导同志，参观埃尔米塔什博物馆和俄罗斯博物馆。苏高礼历来做事认真，他毫无保留地向这位领导讲了自己对达·芬奇、伦勃朗、毕加索、塞尚、梵·高、列宾、苏里科夫等绘画大师作品的喜欢、理解和探讨心得，还介绍了一些现代派画家的艺术特点。

领导同志听过后微笑着说："看来苏同学真是学了不少东西呀！"

没过多久，列宁格勒留学生党支部经过集体讨论，大家一致同意苏高礼加入中国共产党。但支部意见上报驻苏大使馆留学生管理处后，犹如泥牛入海。其实，当时留学生管理处的审查结论是：苏高礼受苏联修正主义文艺思想影响严重。这个未被批准入党的原因，自然不可能让他知道。

申请入党就是要接受组织考验，考验过程中思想渐渐由单纯、虔诚到成熟，有时还会五味俱全，过长的考验过程甚至会让申请人开始讨厌变得圆滑的自己。更何况在那个极左氛围盛行的年代，对苏高礼这样身处修正主义大本营的学生。苏高礼认为，没被批准入党是因为老家的富裕中农成份问题。从1958年申请入党起，他就有长期接受考验的思想准备，政治信仰一经确立是不会轻易改变的，日久见人心，来日方长。

莫斯科相继发生了两起中国留学生"叛逃"事件。

第一起是一名中国学生与苏联大学教授的女儿恋爱，后来与大使馆失去了联系，几经查找没有下落。第二起是一名留学阿尔巴尼亚的中国学生，途径苏联回国时，向苏联政府要求政治避难。

此外，殷承宗的苏联导师对他照顾有加，不仅提供单独的琴房，还让他替自己给学生上课，甚至被要求毕业后留在苏联工作。留学生中发生的一系列反常现象，引起中国政府的高度重视并采取相应防范措施。

于是，个别与苏联师生接触过密的留学生放假回国后，被留在国内不再回到苏联继续学习，这无疑出自于政治上的考虑。苏高礼没有想到，几乎就在殷承宗被安排回国的同时，与他天天见面的曹春生也不再返回苏联。曹春生是学习雕塑专业的，性格开朗，在苏联师生中人缘好，苏联同学曾为

苏高礼（右）、司徒兆光（左）课余读国内中文报纸和听国内广播 1962年

他举办生日聚会。他对曹春生的离去很不理解，坚信曹春生对祖国、对中国共产党是忠诚的。

曹春生走后，苏高礼说话做事更加谨慎。驻苏使馆领导告诉大家：学习成绩并不是主要的，反修防修才是最主要的政治任务。苏高礼告诫自己：要始终保持政治上的警醒，决不能犯错误。

1964年，美国扩大入侵越南战火，中国坚决支持越南人民的反美斗争，在莫斯科、列宁格勒的中国、越南留学生共同举行了反美游行。苏高礼没接触过越南学生，但依然和几十名中、越留学生打着标语，在列宁格勒主要街道上唱歌、高呼口号。没有想到的是，不久越南学生突然不再理睬中国学生，原来是越南政府下令本国学生不得再与中国学生来往，此乃越南党和政府讨好苏共、苏联政府的姿态。

早在春季开学时，A.梅尔尼科夫就要大家开始考虑毕业创作方案。他个别叮嘱道："高利，你的毕业设计一定要有中国味道。"他还要求所有学生，在毕业创作中思考社会性问题和人民群众的情感，将壁画的语言与主题性绘画内容结合在一起。

壁画是多样性的艺术形式，苏高礼喜欢纪念碑式的壁画。作为毕业创作作品，他一定要选择表现新中国社会主义革命和社会主义建设的主题，艺术表现上要色彩明快，要具有史诗般的效果。为此，它应该是一个大作品，已经想过了几个方案，但总不满意。

4月21日，苏高礼接到了未婚妻的来信，淑姐最近生了病。他当晚回信：

"生了病就要好好认真对待，你躺下来休息几天完全正确。""淑姐，我所以这样强调这些，是觉得我们的生命和健康不仅仅属于个人，而是属于革命，所以在我们还活着的时候，健康的时候要抓紧时间多做工作、多劳动，彭加木等同志应该是我们的榜样。"

他还告诉淑姐：在列宾美术学院

"虽然生活上有一些困难，比如吃的东西很单调，每天和土豆、豆汤打交道，没有菜，没有面，肉也少，我们就想办法改善烹调技术，在单调

中国、越南留学生在列宁格勒街头举行反美游行 1962年

中求多样。但我们的情绪很好，我们从广播和报上读到国内外的各种情况，给我们很大鼓舞。"

这封信真实反映了他当时的生活状态。

写完信躺在床上，临睡前的思绪信马由缰，他一会儿想起父母，一会儿想起在平定老家作画，一会儿又想起和淑姐在北京游玩的往事……

突然，一抹灿烂的秋阳闯进苏高礼的脑海。那是去年北京金秋上午的阳光，透过北京站二楼高架候车室最南端的5扇大玻璃窗，洒在奶黄色的水磨石地面上，令人感到生动愉悦。那天，他给从厦门赶来北京的淑姐在大玻璃窗前拍摄了逆光像。

对！就是这5扇大玻璃窗。苏高礼终于找到了感觉，为北京站设计5幅巨大的玻璃镶嵌画，四季不同的光线透过玻璃画面会产生不同的色彩表达效果。

玻璃镶嵌画是欧洲壁画中独有的艺术品种。相比较而言，欧洲其他国家的玻璃镶嵌画一般采用平板彩色玻璃镶嵌，而在苏联则有一种使用较厚的浇注成型彩色玻璃的镶嵌，其艺术表达效果也更好些。这种较厚玻璃镶嵌画国内罕见。

他进一步想道：新中国的所有社会工作都是"为人民服务"。这5幅玻璃画面应该分别表现新中国"工农兵学商"在社会主义建设中的典型工作场面，这样就把中国所没有的玻璃镶嵌画艺术形式——装饰性、壁画史诗般的效果与社会主义革命、建设的实践内容统一了。苏高礼毕业创作选择玻璃镶嵌画还有一个想法，就是把制作玻璃镶嵌画的工艺带回祖国。

第二天，苏高礼略带忐忑地向A.梅尔尼科夫汇报了这个毕业创作方案，以严厉著称的导师听后微笑着说："很好。高利，按你的想法去做吧。"毕业创作的主题和形式被导师肯定，剩下的事情就是创作反映主题的典型画面，而寻找设计这些画面的灵感，则必须建立在扎实的采访、写生、提炼的基础之上。

二十二

1964年暑假，苏高礼回国参加文化部组织的政治学习后，来到北京长

油画《车间》 1964年 中央美术学院美术馆藏

辛店二七机车车辆厂体验生活，画了几幅车间工人劳动、设备的写生，但总觉得用工人制造火车头的场景表现"工"的形象缺少时代感。

在毕业创作"工农兵学商"5幅画稿中，"兵学商"已经有了腹稿，分别是全民皆兵军事训练、学生下乡社会实践、货郎走街串巷送货上门为人民服务的场景，但工和农的构图始终定不下来。

一天，苏高礼在报纸上看到大庆石油工人先进典型、铁人王进喜的事迹报道后很受感动，并得知国家几个月前已经发出了全国工业学大庆的号召，要求中国工人阶级像大庆石油工人那样埋头苦干，不为名、不为利、不依靠外国、自力更生地发展国家工业。他立即选定以石油工人打油井的场景来表现"工"的形象。

如何确定"农"的构图呢？

苏高礼回中央美院查找资料时，在1964年2月10日出版的《人民日报》上，看到了新华社记者采写的通讯《大寨之路》和配发的社论《用革命精神建设山区的好榜样》，得知与老家相邻的昔阳县出了一个农业先进典型——大寨人民公社大寨生产大队。多年来，大寨大队领导班子带领社员开山凿坡、修造梯田（高产田），不仅增加了土地面积，而且粮食亩产增长了7倍，使原本极度贫穷的小山村发生了巨大变化，全国农村正在开展"农业学大寨"活动。对！"农"的构图应该是大寨

陈永贵在虎头山规划建设方案（前排右1陈永贵，后排站立者苏高礼）1964年

农民战天斗地夺高产的场景。

很快，苏高礼带着文化部的介绍信，与另外3名留苏学生曹春生、刘兴厚、司徒兆光来到大寨采访，看到的是整齐的水平梯田，田里几乎看不到一棵杂草，谷子、玉米等庄稼的长势比平原地的庄稼还好。特别是大寨大队社员们积极乐观、艰苦奋斗的精神面貌，给留苏学生们留下了极其深刻的印象，更令自以为十分熟悉晋中太行山区生活的苏高礼震撼。

中午，公社干部带他们来到大寨大队党支部书记陈永贵家，家里人说陈永贵先是到公社开会，回来又直接

留苏学生刘兴厚（左1）、司徒兆光（左3）、苏高礼（右1）在大寨与陈永贵（左2）合影 1964年

去地里干活了，要把开会耽误的工补上。苏高礼一行一直等到一点多钟，才见陈永贵扛着锄头回家吃午饭。这件事给苏高礼留下了深刻印象。

当时的陈永贵，绝对想不到自己日后能当上国务院副总理，他对留苏大学生来采访格外重视，详细介绍了大寨创业历史，一下子赢得了大家的好感。苏高礼认为：大寨是现阶段中国贫困山区因地制宜发展农业生产、解决农民吃饭问题的好榜样。

留苏大学生们采访过陈永贵，却没有住在大寨。原因有两个：一是大寨已经名声在外，前来采访的记者、参观者很多，住在大寨会干扰他们进一步体验生活和进行美术创作；二是当时山西省农业战线先进单位有两面红旗，一面是位于虎头山下的大寨大队，另一面是位于虎头山上的井沟大队，井沟大队建造梯田付出的努力更大，但受自然条件限制，修建的梯田连不成大片，更主要的是缺水，没有水怎么发展农业生产呢？与之相比，虎头山下大寨的七沟八梁一面坡还有一些发展空间。但是，井沟大队社员的精神面貌和大寨大队社员是一样的，所不同的是大寨后来又成了全国农业战线的红旗，井沟大队还是省里农业战线的红旗。苏高礼和3位同学都认为，既然下乡采访就应该住在条件艰苦的井沟大队的虎头山村。

虎头山村有30多户农民，是井沟大队的一个小队，队长贾元锁年龄与苏高礼相仿，是个有头脑、朴实能干、做事公道的年轻人，在村民中威信很高。

4个留苏学生的到来，是虎头山村前所未有的大事，他们受到了各家各户贵客般的接待。贾元锁的母亲腾出自己的新窑洞给他们住，贾元锁每天尽量安排他们到条件好一些的农户家吃派饭。所谓条件好就是偶尔能吃上一顿白面，但吃的最多的还是一种叫"石条"的饭，也就是玉米面、豆面再掺进一点榆树皮面做成的面条，煮熟后浇上炖蔬菜吃，差一些的浇上腌酸菜、煮黄豆或煮黑豆加盐拌着吃，这在当时的晋中山区已经是好饭食了。留苏学生按照国家对下乡干部的规定，每人每天支付0.14元和一斤粮票。

留苏学生们每天或下山到大寨采访，或在虎头山村和社员一起劳动，吃饭时还能了解农民日常生活。大家惊奇地发现，这里的农民日出而作、日落而歇，每天干繁重的活计，吃简单的食物，喝下雨储存下来的窖藏水，住由人类穴居演变来的窑洞，但家家户户活得真实而快乐。更主要的是，他们坚信跟着共产党一定能过上好日子，并以每年多交公粮支援国家社会主义建设而自豪。这是何等的精神境界呀！

又一天繁重的劳动结束了。

晚饭后，有些腰酸腿疼的苏高礼躺在炕上，突然想起了俄国19世纪的革命民主主义者、哲学家、文学评论家别林斯基,他一生不仅宣传革命民主主义的思想,而且还系统总结了俄国文学发展的历史,科学阐述了艺术创作的规律,提出一系列重要的文学和美学见解。他曾说:

"美都是从灵魂深处发出的,因为大自然景色不可能具有绝对的美,这美感隐藏在创造或者观察他们的那个人的灵魂里。"

看来,别林斯基把对于美的创造和发现提升到灵魂高度深有意味。在现实生活中,美的创造者和发现、表现者不同,前者创造美的实践活动有时是非刻意完成,但发现者、表现者对于这种美的感知、表现却必须充分发挥主观能动性,经过双方灵魂(思想创造、行为内容)上的契合与对话,后者才可以从本质上提炼、升华,艺术地表现出前者创造的生活之美。因此,作为新中国培养的艺术家必须深入到生活中去,下乡或到工厂体验生活最重要的一条,就是和被采访对象感情上的"真亲近",了解他们的喜怒哀乐,解决了感情上的问题,艺术创作中的形象是好解决的。

通过在虎头山村的生活,苏高礼更加了解了太行山区的农民,他们以诚实、拼命般的劳作不断改造恶劣的生存环境,一点一点地创造新的生活,他们质朴、坚忍、诚恳、豁达的情操是那样美好,这种美是值得艺术家们

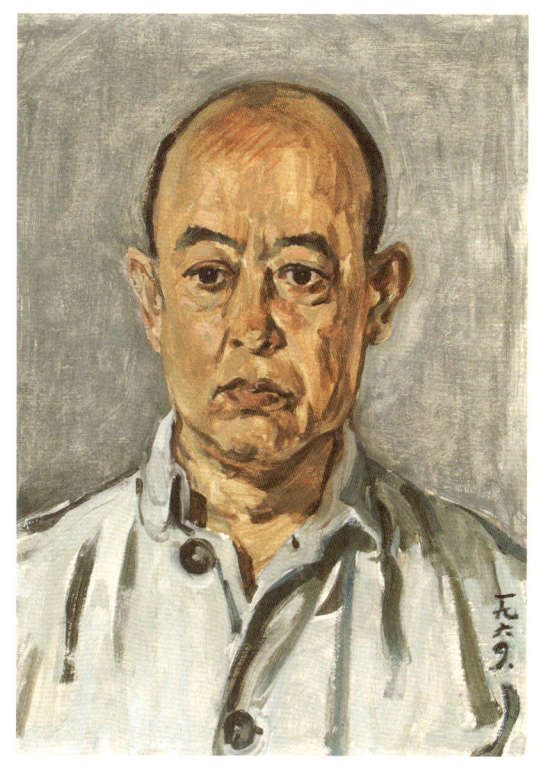

油画《父亲》 1964年

大声讴歌的。此时,"农"的形象已在苏高礼脑海里基本定稿,这就是虎头山农民开山凿石修造梯田的形象。

留苏大学生们从心里感谢贾元锁这位虎头山村的当家人,苏高礼由此和贾元锁结下了终生友谊。此外,还创作了《元锁像》、《名叫太和的老农》、《贾贵兰》等作品。实习期间,他抽空回石家庄家中画了《母亲像》和《父亲》

苏高礼(右)临摹永乐宫壁画 1963年

油画《名叫太和的老农》1964年
中央美术学院美术馆藏

像。还去了一趟位于山西芮城县北3公里的永乐宫，临摹了两幅仙女壁画，拿给苏联师生看后受到好评，其中一幅被列宾美术学院收藏。

二十三

秋季开学不久，苏高礼在列宾美术学院完成了"工农兵学商"素描草图，拿给A.梅尔尼科夫教授看后，导师只要求他对一些局部细节做了修改。

随着中苏关系继续恶化，苏高礼早已做好随时回国的思想准备，但他依然把学习和毕业实践安排得很满，考试成绩对他并不太重要，但要尽可能多带一些学识、资料回国，为了学习国内所没有的浇注玻璃壁画倾注了大量心血。

1965年，他还设计了一幅用黑、白色大理石片镶嵌的《鲁迅先生头像》，这也属于壁画材料实践课的范畴。随后，他到壁画实验室使用砂轮刀具切割了许多形状各异的大理石薄片，再把切割好的薄片黏在设计图纸上，图背面做好浇注水泥的铁框，待浇注的水泥凝固清洗干净，一幅生动传神的《鲁迅先生》头像终于完成，先后花费两个月时间。接着，他做了一小幅玻璃画的试验，画面是当时与共产主义战士雷锋齐名的英雄战士王杰的头像。还有一幅大寨农民陶片镶嵌画。

1965年初夏，中国美术家协会领导、漫画家华君武和中央美院油画系主任艾中信来苏联参加学术会议，他

大理石镶嵌《鲁迅先生头像》1965年
中央美术学院美术馆藏

们特意到列宾美术学院看望几位留学生。苏高礼汇报了自己的学习情况,艾中信对他说:"你是学壁画的,回国后油画系请董希文教授成立一个壁画工作室,你去那里工作,给他当助手。"苏高礼听后很高兴,对未来充满了美好憧憬。

年底,"工农兵学商"毕业创作终于定稿,他坚持用较厚的浇注彩色玻璃来制造,因为光线透过厚彩色玻璃的艺术效果既生动又结实。经过列宾美术学院批准,苏高礼可以选其中一幅画的局部,按原比例制成4平方米的玻璃壁画。他决定制作"农"的局部,直到1966年夏季毕业前都在忙这件事情。

列宁格勒壁画研究所是苏联烧制彩色玻璃的权威机构,苏联国内许多玻璃画都是在这里制造的。制作玻璃壁画的各色玻璃是怎样烧制的呢?道理大家都懂,就是在熔化的玻璃里面加上不同比例的金属粉凝固而成,核心技术是加入不同金属粉的具体比例。

一天,苏高礼找到负责烧制玻璃

在列宾美院创作玻璃画《工农兵学商》1965年

工作的大婶说:"我的作品最终要在中国完成,我需要制造各种彩色玻璃的配方数据。"那位四十多岁的苏联大婶温和地回答:"高利,不成的。我们接到通知,彩色玻璃配方是机密,不能给你的。"

毕业前夕,"农"的局部在列宁格勒壁画研究所镶嵌完成,按照学院规定,

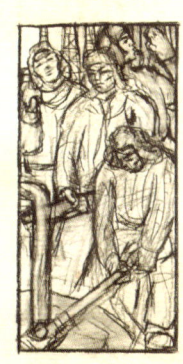

苏高礼毕业创作草稿《工农兵学商》 1965年

北京站二楼候车大厅的玻璃窗 1964年摄

所有学生的毕业作品都要长久保留在列宾美术学院,这幅玻璃画苏高礼不能带回国。透过外光苏高礼长久欣赏着"农",那些战天斗地、开山造田的太行儿女身上,散发着圣洁的绚丽色彩,虎头山上获得的灵魂震撼令他终身受益。

按照苏高礼的想法,这5幅玻璃画在构图艺术处理上还显粗糙,他渴望将来能够在国内完成全部作品,并安装在北京站二楼候车室那5扇大玻璃窗的位置。他不难想象"工农兵学商"将闪烁着更加丰富的色彩,表现出更加生动的形象!

他真的有些陶醉了。

6月初,列宾美术学院1966年毕业答辩如期举行。

答辩大厅里摆放着所有应届毕业生创作的优秀作品和临摹作品,在场的专家要对这些作品进行综合评价。轮到苏高礼答辩了,他的"工农兵学商"设计稿和玻璃壁画"农"的局部,以及学习期间有代表性的作品摆在专家面前。

导师A.梅尔尼科夫教授走上讲台说:"高利是一个学习十分刻苦的中国学生,他不仅完成毕业创作,还进行了壁画材料的实验,这表明他已经是一个合格的毕业生。请各位评审。"

苏高礼答辩时用流利的俄语说:"我首先感谢苏联老师对我的教导",接着他详细介绍了毕业创作和其他作品的创作体会,最后说:"几年来,在这里学到的丰富的美术方面的知识,都将成为我今后从事美术工作的财富。我会继续在这条艺术道路上探索,为我的祖国和人民服务。"

在场的苏联专家只是点头,没有人提问。

没过几天,苏高礼拿到了硕士毕业证书,毕业创作成绩4分,毕业证上还写有"……授予油画家和美术教育家称号"的字样。

为了不给导师A.梅尔尼科夫教授和其他师生找麻烦,苏高礼没有向他们告别,很快托运了全部行李,行李中最多的是美术书籍、画册,再有是他几年来创作、临摹的作品。

在列宁格勒火车站,瓦良大婶和达玛拉姑娘意外出现在站台上,不知道母女俩从哪里得到的消息,特意赶来为他们送行。苏高礼被深深感动了,他和还差一年毕业的司徒兆光等与她们拥抱告别,没有任何政治背景,只有来自民间的友谊和祝福。

再见了,慈祥善良的瓦良大婶。

再见了,美丽热情的达玛拉姑娘。

再见了,列宁格勒——列宾美术学院……

第六章 "文化大革命"困惑中的艺术坚守

二十五

6月中旬，莫斯科开往北京的国际联运列车载满了中国留苏学生，他们中大部分人还没有毕业，这次全部被召回国。值乘的是中国铁路联运车班，车厢里经常播放一首周恩来总理1965年亲自修改过的歌曲《大海航行靠舵手》，唱起来朗朗上口：

大海航行靠舵手，
万物生长靠太阳，
雨露滋润禾苗壮，
干革命靠的是毛泽东思想。
鱼儿离不开水呀，
瓜儿离不开秧，
革命群众离不开共产党，
毛泽东思想是不落的太阳。

苏高礼觉得这首歌写得好，认可这些通俗形象的道理。在列车上，他还听广播员全文朗读了1966年5月16日《中共中央关于开展无产阶级文化大革命的通知》和毛泽东写的《炮打司令部——我的一张大字报》，对这场运动感到几分好奇。性格决定他不爱出任何政治风头，这场运动既然被称为无产阶级文化大革命，那就应该是摆事实讲道理，用马克思列宁主义、毛泽东思想改造每个人的非无产阶级思想，更好地建设社会主义新中国。

列车就要进入中国国境了，在蒙古首都乌兰巴托车站停车时，苏高礼到站台上散步，又想起了"工农兵学商"的厚玻璃壁画。对！回国就向文化部汇报，找铁道部联系，争取把这个作品搞出来。

回北京的第二天，苏高礼到文化部接受指示。接待他的干部匆忙中说："组织分配你到中央美院工作，抓紧处理一下子个人的事情，7月1日到学校报到。"在中央美术学院报到后，人事处分配苏高礼到油画系工作，专业对口让29岁的他很高兴。

中央美院的现状和列宾美术学院的艺术氛围形成了巨大反差，苏高礼又有了恍如隔世的感觉。但有一点是真实的，他每月有了48元的工资收入，后来又调整到62元，在同龄人中这已经是"高工资"了。

此时，校园里已经贴出了不少大字报，中央美院附中的红卫兵在校园里大搞"破四旧"，目标是教具组那些西洋石膏像，还有多年搜集保存下来的民间工艺品和木雕，他们认为这些都是封、资、修的东西，必须全部砸烂彻底消灭。

中央美院版画系主任武必端教授2006年出版自传《刻痕》，其中有如下记载：

"这些堆成小山的艺术品、文物，在燃起的熊熊大火中化为了灰烬，这令人痛心！有些是徐悲鸿先生费尽周折从法国买回来供学生画素描的教具，有些头像虽然是名家作品翻制的，但也是十分珍贵的。那几名学院领导和名教授们，每人头上顶着一个西洋石膏像教具，在红卫兵的逼迫下围着火堆转圈。"

苏高礼厌恶红卫兵各种过激的"革命行动"，他深知这些被毁教具、文物的价值，难道无产阶级文化革命就是不要前人的优秀文化艺术成果吗？没几天，他不经意间竟被卷入了北京高校间的所谓"对联事件"大辩论，受到一次大惊无险的冲击。

这场大辩论的起因是1966年7月29日，原最高检察院副检察长谭政文的儿子、北京工业大学大三学生谭力夫贴出一副对联：老子英雄儿好汉，老子反动儿混蛋。横批：基本如此。对联贴出后立即引起巨大轰动。谭力夫认为，他的父亲是老革命、高级干部，作为儿子的他肯定也是好样的。反之，如果谁的父亲是"牛鬼蛇神"，他的子女肯定也是反动的。

8月1日，这副对联在北京大学、清华大学、中国人民大学、中央美术学院等高等学校贴出，引起更大轰动，传抄、辩论者比比皆是。消息迅速传到了"中央文革小组"组长陈伯达的耳朵里，陈伯达8月2日凌晨接见两派持不同意见的红卫兵代表时表示：这副对联不全面，实际上是封建社会"龙生龙，凤生凤，老鼠生儿打地洞"的翻版，批判了"血统论"。

正是这种"血统论"和"阶级划分"的极左观点，在"文化大革命"期间造成了人民群众的分裂，那些"红五类"出身的学生认为，只有他们是革命的，只有他们才有资格保卫毛主席，捍卫无产阶级革命路线。他们中的狂热分子所在红卫兵组织"联动"（全称：首都红卫兵联合行动委员会），展开了残忍的"血统论"斗争，除了已打倒在地的"黑五类"（地、富、反、坏、右）以外，又加上黑帮、臭老九，统称为"牛鬼蛇神"，被红卫兵抄家、揪斗、游街示众。这种造反举动后来发展成了打、砸、抢，搞得社会各界人人自危……

20世纪80年代，已经是一名职业军人的谭力夫在《人民日报》上发表文章《谈谈我这个老红卫兵的遭遇》，文章中说：

"'文化大革命'初期，由于政治上的幼稚和'自来红'的优越感，一些中学红卫兵错误提出了'老子英雄儿好汉，老子反动儿混蛋——基本如此'这个形而上学的对联，在一次辩论会上，我引用了这副对联，这是错误的"。

谭力夫的这个认识是发自内心的，他在"文化大革命"初期也经受了磨难。1966年12月18日，谭力夫被逮捕入狱。为了遏制"血统论"在全国恶性发展，"中央文革小组"准备在北京召开万人批斗大会，彻底批判"血统论"，批斗"血统论"的首席发言人谭力夫。后来，周恩来出面干预、制止了对谭力夫的公开批判，谭力夫被释放出狱后，不再参加任何红卫兵组织。

苏高礼不同意谭力夫的观点。他认为，中国共产党的阶级路线是不唯成份论，重在个人表现，一个人不能选择自己的出身，但可以选择要走的人生道路。此时，美院一位老师写了一张反驳"对联"观点的小字报并征集同事支持，最后有苏高礼等6人签名。

很快，一批外校坚定鼓吹"血统论"的红卫兵来到中央美院辩论，辩论中一些师生遭到他们恐吓追打。同时，这批外校红卫兵还联合美院附中的红卫兵，执意查找在小字报上签字的人，扬言要实行"红色恐怖"，当时最常见的手段是拳打脚踢、皮带抽，轻者鼻青脸肿，重者皮开肉绽。在正义师生帮助下，6名在小字报上签名的老师顺利离校，苏高礼躲到了石景山模式口农民朋友家里避难。

几天后，躲过外校红卫兵"追杀"的苏高礼回到石家庄。

10月1日，他和淑姐结婚了。处于"文化大革命"非常时期的他们，没有拍摄结婚照，没有举办婚礼，新房就是淑姐闺居的那间小屋，床头上方挂着他们在北京站拍的合影。苏高礼的细腻感情体现在送给妻子的礼物上，那是他在苏联时放大的一些两人照片，并细心用卡纸制成了影集，影集封面上用毛笔写着："此集照片得于1963-1964-1965年，均摄于我们的首都北京，1966年整理成集赠予淑珍同志留念，以纪念十月一日和幸福的日子。"

婚后，苏高礼回中央美院上班无所事事。

10月16日，他便与两个年轻老师王征华、张佩义离京大串联去了，反正各地都有红卫兵大串联接待站，坐车、吃饭、住宿都不用花钱。他们大串联的路线是北京—石家庄—太原—西安—延安—成都—重庆—贵阳—昆明—广州—杭州—上海—北京。

一路走来，根本谈不上学习各地开展"文化大革命"的经验，全国到处都在"文化大革命"动乱初期的躁动中，破四旧、抄家、批斗走资派和"地富反坏右"分子，所有的企事业单位都有"造反派"和"保皇派"不断升级的派性斗争，倒是这种犹如旅游的大串联，让他着迷于各地如画的风景和不同的风土人情。

年底，回到北京的苏高礼渐生疑虑："文化大革命"的混乱局面仍在逐渐加剧，如果各地学生不上学、机关不上班、工人不做工、农民再不种田的话，全国人民吃什么、用什么呢？社会主义建设还搞不搞？

1967年2月，苏高礼在大寨和井沟大队待了一个多月。

一天，七八名天津市的女中学生串联来到大寨，得知井沟大队的个别人对大寨大队有意见时，便提出要到大寨大队去造反。苏高礼对她们说："我生在农村，还不敢说真正懂得农村。你们生长在大城市，对中国农村又懂得多少呢？再具体到太行山区的农村，你们知道的就更少了。如果换上我们在这里修梯田，成年累月在石头缝里刨食的话，我们能够坚持多久？所以，我们要用伟大的马列主义、伟大的毛泽东思想的辩证唯物观点看待大寨，大寨的基本经验——艰苦奋斗、为国家多做贡献的精神是主流，这难道不值得提倡吗？当然大寨的工作难免有缺点，我们可以通过批评的方法帮助改进，而不要通过造反的方式彻底否定。"听过这番话，几名女中学生无言以对，急得直掉眼泪，自然打消了造大寨大队反的念头。

在井沟大队，苏高礼还帮助虎头山村的农民朋友，排练了女生舞蹈《不爱红装爱武装》、三句半、诗词朗诵等文艺节目，正月里为乡亲们演出。这次他没有作画，在当时的政治背景下

油画色稿《解放》——中国援建项目几内亚国家会堂壁画 1967年

他也不能作画。

1967年秋天，苏高礼接了意想不到的任务——到中国历史博物馆为非洲几内亚国家会堂创作大型壁画。

原来，几内亚国家会堂是中国政府的援建项目，有关部门决定由中国画家为会堂创作7幅壁画进行装饰。"文化大革命"前，中央美院版画系已经组织老师实地写生和设计线稿。"文化大革命"开始后，原创作人员受到冲击，中央美院为了完成任务又组成了油画家林岗、国画家姚有多、版画家李宏仁和苏高礼参加的创作小组，苏高礼主要负责设计色彩样稿。

7幅壁画中，《解放》和《美丽的家园》两幅的面积较大。《解放》高4米，画面上3个挣脱了殖民统治枷锁的黑人男女，高举象征胜利的步枪、镰刀，敲响象脚鼓，大声呐喊欢呼自由，背景采用中国传统壁画的贴金装饰，传递着非洲人民战胜殖民主义者的战斗激情；《美丽的家园》高2米、宽4米，

是一幅非洲田园风景画，意在表现非洲人民对于家乡的热爱。《解放》和《美丽的家园》是他留苏回国第一次参加集体创作的作品，色彩样稿至今被很好保留着。

这期间，苏高礼每天在历史博物馆作画，内心是安静的，暂时摆脱了无所事事的日子。

二十六

1969年，全国企事业单位一片混乱，国民经济已经十分脆弱，中小学开始复课闹革命，大学院校复课遥遥无期。为了控制局势中央派军队进驻各单位，名为支持左派，实质上就是军管。

在过去两年里，苏高礼参加了中央美院的一派群众组织——中央美院革联红旗，该组织成员的主体是教职员工中的党员和积极分子，为几内亚创作壁画的同事都在其中，他们不主张造美院党委的反。他贴过大字报，整理过专案材料，参加过毛主席最新指示发表后的连夜游行，不曾有过激言行。已经两年没摸画笔了，他对这场"文化大革命"已经十分厌倦，留苏归来大干一番事业的激情，在无奈中变成了一种奢求、一种企盼。

1968年，苏高礼家发生了两件大事：第一件是3月20日，他和淑姐有了一个可爱的女儿，苏惠给孙女起名苏志红，他对父亲说："叫海红吧，愿她的人生像大海一样宽阔。"第二件是年初，苏惠得了严重的"肺心病"，住院医治无效于秋天去世，后来分析苏惠得的应该是肺癌，是长期劳累和依赖香烟所造成的。夜深人静时，苏高礼想起父亲为生活一生奔波，更深体会到父亲的乐观豁达、富于远见对自己潜移默化的影响。父亲走了，他和妻子一定要照顾好上有老母、岳父母，下有幼女的家庭。

1969年春天，中苏两国军人在黑龙江省边界珍宝岛发生军事冲突，全国与苏修打仗的备战气氛日渐浓重，中央一些被打倒的高级干部被疏散到外地监督改造。早在1967年底，北京就有知识青年自发上山下乡落户。之后，上山下乡变成了政府行为。在一年多时间里，大批高、初中毕业生不管自愿与否，陆续被分配到外省农村接受贫下中农再教育，时间社会各界人心惶惶。

立秋前后，北京69届初中毕业生又几乎全部分配到新组建的内蒙古、黑龙江生产建设兵团，在反修前线"屯垦戍边，寓兵于农"；北京的国家机关及所属单位纷纷受命在外地筹建干部学校，中央美院教师将要下放农村的传言越来越盛。此时，中央要求各派革命群众组织实行大联合，但中央美院的两派总是联合不起来。

年底，美院革命委员会负责人开会宣布：周恩来总理指示，中央直属艺术院校教师全部下放到河北省农村，在当地驻军管理下劳动锻炼，改造非无产阶级思想，并继续进行大批判和抓"5·16"反革命分子。

不久，中央美院（此时改称为：中央五七艺术大学美术学院）几十名教师被编成了一个连，下放到河北省邯郸地区磁县的东晟村，分班住在老乡家。（注：实际上就是干校）当地驻军27军（1591部队）派来了几名军代表，每个班还配有一名战士，负责教育管理这些北京来的"臭老九"。但就整体而言，军代表们对这批来自中央美院的艺术家还算比较温和。苏高礼所在的油画系被编为第八班。

油画系党支部书记闻立鹏是现代著名诗人、文史学者、民主斗士闻一多先生的小儿子。抗战胜利后，闻一多出任民盟中央执行委员，兼任《民主周刊》社长。1946年7月15日，在云南大学举行的李公朴追悼大会上，闻一多发表了抨击国民党独裁统治的著名讲演，当晚被国民党特务暗杀。闻立鹏为有这样的父亲而自豪，解放前就参加了革命，是个真诚而不张扬的人，像父亲一样具有诗人的激情和艺术气质。闻立鹏是中央美院革联红旗的负责人之一，他始终主张两派群众组织大联合。但军代表执意认为：闻立鹏是炮打无产阶级司令部、整江青同志黑材料、搞黑专案的造反派，故按"5·16分子"在干校组织批判斗争，先后被隔离审查20个月。

关于"5·16分子"一词，绝大多数经历过"文化大革命"的人都知道，但对其实质又大都说不清楚。按照现在比较权威的说法：大约在1967年夏，首都高校中极少数红卫兵以"5·16兵团"名义，提出所谓"打倒带枪的刘邓路线"的政治口号。口号一经提出立即受到毛泽东的强烈批评，此举被称为"反军"。在"文化大革命"中军队支左、军管期间，军代表实际上成了当地革命委员会的掌权者，但他们根本不熟悉地方事务，在领导各地政府、企事业单位时无力控制局面。所以，抓"5·16分子"又成了军代表维护自身权威整人的大筐，凡是对他们有意见或被认为有威胁的人，都会按"5·16分子"批斗专政，后果十分严重，极大损害了解放军的威望和军民关系。

苏高礼不同意军代表组织批判闻立鹏，晚上睡觉前发了几句牢骚，同睡在一条土炕的几名老师听后未置可否。但第二天，没有任何历史污点的他突然被调离八班，转到版画系老师编成的第五班，从此离开了本应生活在一起的油画家们。

五班的班长是美术理论家王玉池，还有李桦、黄永玉、杨先让、彦涵、王琦、宋元文等一批版画界知名的先生，苏高礼从此白天与他们一起劳动，晚上同睡在一条炕上，成了黄永玉的邻铺。黄永玉是个活跃分子，出工路上他教大家唱样板戏，有时半夜诗兴大发，会立即在被窝里打亮手电记录下来，每次值夜班俩人都分在一组，成了能

全家福 20世纪70年代

说心里话的好朋友。黄永玉坦然面对"政治苦难"的乐观、幽默心态，给他留下了深刻印象。

1970年10月，苏高礼和淑姐又有了一个儿子，取名苏海江。他在干校回不了家，家里一大摊子事全撂给了妻子。

初来干校劳动很累，特别是对那些六七十岁的老先生，每天下地干活是很沉重的负担。好在干校食堂伙食还不错，美院教师中不乏美食家，美食家们轮流下厨做饭，大家就能吃到不同风味的饭菜。军事化管理使大家外出受到严格限制，干校没有洗澡条件，只好每周末去县城的浴池洗澡，每次军代表都要求大家排队一起去，一大群著名画家、教授在浴池走廊排长队等着洗澡，也算是磁县当时的一道风景。

1971年8月的一个星期天，苏高礼刚从县城洗澡回来，就被军代表叫到办公室布置任务，派他和著名版画家李桦去邯郸市工人文化宫，为一个"业余美术创作学习班"讲课。他很愿意承担这种工作，起码能够暂时摆脱干校单调乏味的生活，他们不敢误人子弟，热心为当地培养美术工作骨干，自然受到学员们的尊重。

9月14日，李桦和苏高礼接到干校军代表的来信。

李桦、苏高礼同志：

你们辛苦了！来信已收到。

你们这次外出，担负着宣传毛泽东思想，执行捍卫毛主席革命文艺路线的光荣任务。也是一个向工农兵学习、认真接受再教育、改造世界观的好机会。希望你们抓紧毛主席著作学习，用毛泽东思想统帅好自己的一切言论和行动，在改造世界观上狠下功夫。谦虚、谨慎，全心全意做好工作，搞好与地方同志的团结，圆满完成任务。在九月二十四或二十五日立即返回连队。

此致
敬礼！

连长刘东茂、政指曹来德
一九七一年九月十四日

一连几天，黄永玉高兴得直哼小曲，轮到值夜班他悄悄告诉苏高礼："中央出大事了，林彪坐飞机叛逃苏联，飞机坠毁在蒙古国东部的温都尔汗，林彪摔死了。大快人心呀！"黄永玉的上层社会关系多，是中央美院的消息灵通人士，能将此消息告诉苏高礼是极大的信任。苏高礼嘴严对外只字不提此事，但不久全干校几乎人人皆知，一直追查"5·16分子"的军代表竟然听之任之。

不久，干校正式传达了批判林彪反党集团的文件，全国开展了批林批孔运动，军代表们对"臭老九"的管束反倒宽松了些。在一个小笔记本上，苏高礼记录了黄永玉当时作的五律诗《讨林贼》：

鬼腔□未尽，魅形诈益工；
巧笑饰险欲，冲冠缺发丰。
天才千遍曰，后倨有前躬；
借问师者谁，缪丑千岁凶。

黄永玉告诉苏高礼："缪丑乃秦桧也！"

1972年初，磁县文化馆举办美术学习班，干校派苏高礼和著名版画家彦涵去讲课。3月的一天，已经回到干校的苏高礼接到磁县文化馆的信，落款处签着10个名字。信中写道：

"我们已经分别月余……我馆在你们的热情帮助下，先后举办了四次美术学习班、一次文物展览，为我馆培养了许多美术人才，使我们终生难忘。"

春夏之交，苏高礼和著名版画家周令钊、国画家宗其香被派往27军某团（1585部队），为团部大礼堂绘制大幅毛主席标准像。

水粉画《夜读》 1972年 山西博物院藏

苏高礼在磁县画了一幅水粉小画《夜读》（42cm×32.4cm），这是他创作的唯一反映干校生活的作品。画面采用当时流行的说明性表现手法，真实记录了干校的生活环境——墙上挂着世界地图，带领章帽徽的军装和老师们的衣服挂在一起，墙角有铁锹和草帽，在砖头和木板搭成的矮桌上，点燃的蜡烛被一个打开成90度的画夹遮挡着，烛光下一个衣着工农化的知识分子在学习《毛泽东选集》。其实，在干校严格的军事化管理下，大家深夜学习《毛泽东选集》大都是表面文章，有头脑的画家都在思考自己专业的东西，再不就是写信、写文章、填词作诗，极"左"的政治强权管不住艺术家们的思想创造。

在干校无事可做时，黄永玉指导

苏高礼做了一套木匠工具——刨凿斧锯，几件工具做得像模像样，特别是那把斧子，锋利的斧刃、线条优美的硬木把、包住斧头的褐色牛皮套，很是讲究。此举只是为了消磨时间，他并不打算学习木匠手艺。

接下来，中央美院干校教师们获准迁往获鹿县秦庄公社的前东毗村，此处离省会石家庄市30公里。刚安排好宿舍住下，军代表立即让苏高礼和著名油画家王式廓给前东毗村生产大队部画宣传画，俩人决定画一幅1.5米宽的壁画《节日的天安门》。

古稀之年的王式廓是在延安参加革命的老画家，他和老伴一起来的干校，能有一个画画的机会格外高兴。这位老前辈一生追求艺术和信仰马列主义，他的作品中往往体现出一种凝重，表现歌颂、控诉、激动的情绪亦如此，最著名的代表作是反映土改运动的素描作品《血衣》。多年来，他有一个愿望，就是完成油画创作《血衣》。

《节日的天安门》完成后，赶上干校的休息日，苏高礼把王式廓夫妇请到石家庄的家里吃便饭，老两口兴致勃勃地欣赏他从苏联带回来的画册，当晚留宿在苏高礼的岳父家中。

看到王式廓高兴的样子，苏高礼想起一件往事。到干校之前，1968年底，驻中央美院工人毛泽东思想宣传队曾交给苏高礼和汤池一项任务——外调王式廓的历史问题。

王式廓的主要历史疑点有二处：

1. 王式廓有穿国民党军队校官军装的照片。

2. 1942年，在陕甘宁边区整风（延安整风）中，康生开展了"抢救运动"，有人检举王式廓给某特嫌人员画过像。对此，康生曾做出批示：查查王式廓夫妇是何许人？现在，康生是中央"文化大革命"领导小组副组长，这一纸批示被人从王式廓档案袋里翻出来后，成了中央美院阶级斗争的一件大事。

为此，工宣队组成了两个外调小组，派汤池到东北外调，派苏高礼和一个工宣队员到南方外调，临行前工宣队头头对苏高礼说："王式廓有严重历史问题，你要按照我们的口径做出外调结论，不然就会影响你申请入党。"

苏高礼和那个工宣队员在南方调查了一大圈，回来向工宣队头头汇报："我们找的所有外调对象都证明王式廓没有历史问题。穿国民党校官军服确有其事，发生在抗战初期，当时王式廓在郭沫若领导的国民政府政治部三厅工作，那里有不少共产党员工作，当时大家都穿国民党军服；对王式廓为特嫌人员画像的问题，证人证实他们只是一般认识，而且该人早就平反了，现在是国务院的高级干部"。随后，汤池和苏高礼恭敬地把外调材料放在工宣队的办公桌上。

不久，中央美院又有人贴出大字报，声称还要继续下深水捞大王八，暗指不能放过王式廓的问题。

想到此处，苏高礼躺在床上没有

一丝睡意。

一天，军代表传达上级领导指示，要求每人都创作一幅反映干校生活的作品，并可以进行"每周练"，即每星期六下午画画，这让好久没摸画笔的画家们感到异样。

不久，27军抽调几十名擅长美术的官兵，在军部办美术培训班，干校派艾中信、李琦、钟涵、刘伯舒、杨先让、苏高礼等轮流讲课。

在干校期间，苏高礼重点读了毛泽东的《矛盾论》和《实践论》，试图运用辩证唯物主义和历史唯物主义的观点，弄懂一些"文化大革命"中始终困惑自己的问题，他对事物"螺旋式发展"规律，对"对立统一"、"由量变到质变"、"坏事变好事"等哲学观点有了深刻认识，逐渐形成了清晰想法：伟大领袖毛主席也会犯错误。中国共产党也会犯错误。

二十七

1972年初冬，中央美院干校的画家们感到了犹如初春的暖意，画画在前东毗村干校已经合法化，虽然大家表面上还很拘谨，但心思却渐渐活跃起来，逐渐有人结帮搭伙或找农民当模特画肖像，或画风景写生。黄永玉特意用宣纸画了大幅《梅花》，题写了毛主席诗词《咏梅》送给苏高礼，"……俏也不争春，只把春来报，待到山花烂漫时，她在丛中笑。"寓意深刻。此

油画《河北人家》 1973年 石家庄美术馆藏

画至今挂在他的家里。

这是一种深藏内心的喜悦。苏高礼把它记录在了写生作品《河北人家》里。初冬湛蓝的天空，明快的阳光带着暖意，洒满了农家小院，房屋白色外墙上挂着成串的红辣椒，屋门两侧过春节时贴的大红对联依旧鲜亮，门前晾晒着冬储大白菜，屋前地里翠绿的冬小麦充满生机。《河北人家》表达了中央美院画家们对政治上春天早些

油画《前东毗小姐》 1973年 中国美术馆藏

到来的期盼。

1973年1月18日,苏高礼接到杨先让从北京寄来的信,说他在北京参加了董希文的追悼会,这位中央美院油画系资深教授患的是咽喉癌,生前最后一句话问夫人:"这月党费交给李文同志了吗?"苏高礼看后沉思良久,董希文教授是他最崇敬的油画家,是坚持探索"油画中国化"取得成绩的第一人,他感到十分惋惜。

5月的一天,已经73岁的王式廓告诉苏高礼,他准备到河南巩县采风写生,以便完成油画《血衣》最后的创作。5月下旬,巩县传来消息——王式廓作画时突发心肌梗死辞世。王式廓曾经说过:"画家一定要深入生活,观察人表现人。要通过一张画看出一个人的家史。"这是他不懈的艺术追求。但是,人生苦短,王式廓最终没能完成倾注了二十多年心血的油画《血衣》,他内心应该是痛苦的;然而,在画架前、在对艺术无止境的追求中结束一生,或许又是一种幸福。

不久,军代表又派苏高礼到石家庄市区的"白求恩国际和平医院",为医院的"白求恩纪念馆"创作一幅油画作品。为了搞好这次创作,白求恩国际和平医院组织苏高礼等人沿着河北平山—山西五台山—河北唐县白求恩曾经生活、工作过的地方采访,采访中画了许多速写和人物肖像。

例如,在唐县向老乡详细了解白求恩牺牲前后的细节,重点画了白求

油画《橡皮树》 1973年

恩牺牲时居住房子的写生,为一批接触过白求恩的老乡画速写,同时还画了一些小幅风景油画写生。在五台山画了《太行山人》、《山里女人》、《太行老汉》、《太行大叔》、《五台山白塔》、

油画《张占秀老人像》——给白求恩做饭的农民
1973年 中央美术学院美术馆藏

油画《太行老汉》 1973年 中国艺术研究院藏

《小河穿街过》；在唐县画了《张占荣老汉》、《老人像》、《女人家》、《花盆村》等共计二十余幅油画，而采访中人物速写画得更多些。

此后几个月里，苏高礼设计出多幅《白求恩临终前写信给党中央》的素描草图，院方审定通过了草图第二稿。他在创作《白求恩临终前写信给党中央》的同时，还把医院里摆放的花木搬到画室写生，前后画了两大幅静物写生《橡皮树》和《秋菊》。《橡皮树》的构图和色彩表现出一种老到沉稳，画面看上去很安静；《秋菊》的构图和色彩表现出一种热烈的情绪，画面看上去比较松动。他通过这两幅风格不同的作品，进行了绘画语言的探讨。

《白求恩临终前写信给党中央》终于完成了。在河北农家的土炕上，病中的白求恩下半身盖着黄军被，上半身倚靠在炕桌前，左手中指缠着厚厚的绷带，右手握着钢笔写信，深邃的目光平视前方。但是，按草图第二稿画出来的白求恩，不像病情垂危的人。苏高礼还是喜欢草图第一稿中侧面的白求恩，憔悴中流露出的坚毅神态更加真实。但对这种"命题作文"式的创作，他没有选择的主动权。

从年底到1974年初，他抽空回了一趟平定老家，画了《清晨的小河边》、《夏庄小学》、《昇》、《大核桃树》、《东阁远眺》、《挖烧土》等一批风景写生和素描作品，同时还画了数十幅素描

素描画稿《白求恩临终前写信给党中央》（为石家庄白求恩纪念馆作）之一 1973年 中央美术学院美术馆藏

素描画稿《白求恩临终前写信给党中央》（为石家庄白求恩纪念馆作）之二 1973年 中央美术学院美术馆藏

人物肖像。他"文化大革命"后教的第一个研究生戴士和，将这批素描称为"本色农民"。

没过几天，苏高礼得到了一个坏消息：几年前自己将留苏创作的一批油画、素描作品，存放在北京一位朋友家，后来在红卫兵抄家时下落不明。

二十八

1974年春季，中央美院中断教学8年后，开始招收第一批工农兵学员，通知苏高礼参加教学组工作。当时的文化部要求，74级工农兵学员不能在教室里画模特，不能在灯光下完成绘画作业，要实行开门办学，把课堂设在以农民画闻名全国的陕西省户县，要以创作带习作。

户县地处关中平原腹地，在西安市西南38公里。那里的农民画源于历史悠久的民间绘画，与当地剪纸、戏剧、舞蹈、民间社火、竹马、旱船、龙灯等民间艺术形式有着深厚渊源，具有浓厚的乡土气息和鲜明的地域特色。主要特点是：内容多为人物、动物、花鸟等题材，采用白描表现形式，构图简洁而饱满，想象大胆而丰富；讲究装饰性，注重色彩对比，以鲜艳的色彩夸张描述，追求强烈的直观效果；风格浪漫稚拙，浑厚质朴。

1958年，户县的农民画家们为了宣传大跃进，开展了"壁画化"、"诗画墙"等活动，以诗配画、漫画的形式服务于充满"超英赶美"激情的政治形势。其后，户县农民画以写实、半写实、单线平涂的形式，配合社会主义教育运动的忆苦思甜活动，编绘阶级教育的"三史"图画，出现了一些像《一件血衣》、《四代人的命运》等连环画；同时热情歌颂贫下中农战天斗地、耕耘丰收的社会主义生活。有关部门和领导把这种带有政治属性的绘画定名为农民画。

到了"文化大革命"中期，户县农民画开始向专业绘画靠近，其形式为年画、版画、国画，在内容上则更加强调以党的基本路线为纲，围绕党的各项中心工作，紧密联系三大革命斗争实际，以反映革命的时代精神。1973年7月，国务院文化组（文化部）主办由户县农民画家170余幅作品组成的"户县农民画展览"，先在西安、上海等八大城市展出，10月在中国美术馆展出后，又陆续在哈尔滨、合肥、南宁、昆明、乌鲁木齐、太原等城市展出，据称观众达250余万人。

新华社当时报道称：户县农民画"以鲜明的主题，纯朴的感情和别具一格的艺术特色，生动地反映了户县人民战天斗地，改造山河的斗争生活，洋溢着浓郁的生活气息，表达了他们决心在无产阶级专政下继续革命，为社会主义多做贡献的豪情壮志和革命理想。它们令人信服地说明，在伟大领袖毛主席领导下的新中国，劳动人民正在成为社会主义文化的直接创造者"。

这就是74级工农兵学员到户县开门办学的政治背景。

4月2日，中央美院举行工农兵学员开学典礼，当时文化部的于会咏、王曼恬参加，王曼恬讲话鼓励大家到户县后，要认真向农民画家学习。参加开学典礼的还有吴印咸、王子成、常宽等。

5月15日，74级工农兵学员分为3个班，分别在户县的光明、庞光、秦渡3个人民公社正式开课。苏高礼被分到设在秦渡公社秦三大队的教学组，这个班共有12名工农兵学员，教学组中还有武必端（版画专业）、刘勃舒（国画专业）、薄松年（美术史论专业）3位教员。

在户县的教学安排如下：工农兵学员要以学为主，学工学农，劳动不少于一个半月，不多于两个月。美术教学上"以创作带习作"，学习临摹农民画，还要画壁画、画光荣榜、画三史（个人史、家史、村史）连环画、出墙报和黑板报。师生们每天五点半起床出操、洗漱、听新闻联播，七点半吃早饭，八点十五分上课；下午课后，十七点半吃晚饭，二十点十五分晚自习，二十二点熄灯。不难看出，当时教与学的生活都十分紧张。

苏高礼等负责的12名学员绘画基础参差不齐。因此，武必端、刘勃舒、苏高礼必须因人施教、个别辅导，基础好的直接进入素描提高、创作教学，基础差的必须从基础素描ABC开始。

苏高礼感到时间格外紧张，他除了素描、速写作业辅导外，还要重点负责水彩、水粉画色彩教学，为学员修改创作画稿，而这种修改有的近乎重新创作。

教学之余，他还要给农民画家上培训课。

户县农民画的创作取材于生活，即便在反映表现三大革命实践主题时，也显得无拘无束、自由表达、真诚执着。师生们对此都很佩服，大家与农民画家刘荃琴、刘志德（其作品《老书记》是户县农民画的代表作）、李成轩、谢登营、史希琴、高梦发、曹全堂、张春露等相处交流得十分融洽。

但是，这种"开门办学"把艺术创作必不可少的深入体验生活扩大化、单一化、绝对化，却与中央美院多年形成的培养专业画家的方法相悖。如同一方水土养一方人一样，农民画家毕竟是业余画家，他们的画可以成为中华民族艺术百花园中的一朵野百合或山菊花，甚至可以称为一个绘画流派，国家级美术院校组织教学也可以借鉴、吸收其中的一些创作表达方法，但绝对不能以此为蓝本成为教学的主流。

苏高礼认为，培养专业画家要有规迹（规律和轨迹），必须要有扎实的素描、速写、色彩的基本功训练，这对于专业画家锤炼艺术语言格外重要。"以创作带习作"对具有相当基础的专业画家是可行的，专业画家可以学习借鉴农民画的艺术特点；对农民画家也是可行的，他们创作农民画并不需要很强的绘画基本功。但是，让新入学的工农兵大学生以学习农民画和"以创作带习作"为专业学习起点是不妥的。"文化大革命"前，中央美院为学生安排社会实践课是有条件的，即在素描、速写教学告一阶段后下乡进厂，到大自然中进行外光写生、创作教学，真正做到为日后创作积累素材。

教学组的老师对帮助秦渡公社秦三大队画光荣榜很重视，这需要给评为先进的农民画肖像，他们要求每个学员都画，并择优贴在光荣榜上，借此也能对学生进行比较正规的素描、速写基础训练。

10月底，户县的教学工作结束。

这段时间，苏高礼忙于教学，只创作了一幅以农民画为榜样的水粉画《农村大批判》，再现了"文化大革命"后期户县农村批林批孔的场景。同时，也是一次学习农民画艺术的实践。

在秦渡公社秦三大队，师生们像当年的老八路那样帮助农民们下地干

水粉画《延安·北京知青窑洞》 1974年 山西博物院藏

活、挑水、扫院子……建立了很深的感情。师生们离开的那天，全队农民放下了手中活计赶来送行，不少人挥泪相别。即便在这种极左环境下，在户县的教学也并非一无是处，有心人同样会有自己的人生积淀，关键要看你怎样把握。

11月15日，中央美院户县教学组全体师生来到延安参观，进行革命传统教育和写生训练。

这是苏高礼第二次到延安。这次他以"阳光·延安"为主题，创作了《枣园毛泽东故居》、《杨家岭毛泽东故居》、《凤凰山毛泽东故居》、《王家坪毛泽东故居》、《杨家岭中央小礼堂》、《延安—北京知青窑洞》等6幅水粉画。今天，赏析这批写生作品时，不难发现他试图并成功表达的是：（1）阳光的魅力，暖黄色的魅力。色彩的丰富与其他同类色的微差变化；（2）画面空间到位不仅要求形，同时要求色。这是苏高礼在努力恢复画笔的表现力。

时任中央美院版画系主任的古元

水粉画《农村大批判》 1974年 上海龙美术馆藏

教授是个老延安（后任中央美院院长、中国美术家协会副主席），他1938年参加革命，1939年进入延安鲁迅艺术文学院美术系学习，曾在延安创作出一批极具代表性的经典版画作品，被中央美院第一任院长徐悲鸿称为"中国艺术界中一位卓绝之天才"。古元对这6幅写生作品评价很高，认为《枣园毛泽东故居》画得最好。回到北京，中央美院举办师生汇报画展，展后被古元称赞的《枣园毛泽东故居》不翼而飞。

二十九

1975年春季开学，74级工农兵学员教学班换老师带队到山西省文水县开门办学，中央美院安排苏高礼个人进修和艺术创作。

5月4日，苏高礼第5次来到大寨。从1964年创作浇注玻璃壁画"农"开始，他始终把大寨大队和井沟大队当作生活、创作的基地，不断思考、感悟着，一直想搞出一个大作品，但始终没有找到最合适的主题。这次到大寨，中央美院派出了强大阵容——由李天祥、林岗、詹建俊、黄润华、刘伯舒、卢沉、钟涵、庞涛、傅天仇、苏高礼组成创作组，为大寨展览馆创作反映大寨创业史的组画。

苏高礼分到《申请入社》、《石灰窑旁学毛选》两个主题，《申请入社》表现的是陈永贵带领没有壮劳力的老少组农民申请成立农业合作社的情景；《石灰窑旁学毛选》是反映"文化大革命"中突出政治的题材。苏高礼在大寨还有另一个任务——定时为大寨小学美术组11个孩子辅导美术，讲课内容为：教孩子们通过临摹他人画作、写生和创作，掌握表现革命内容的儿童画本领；初步掌握校内外进行美术宣传的本领；适当教授绘画的技法和知识。

6月6日，苏高礼突发严重腹泻、胃疼住进了大寨卫生院，刘院长的诊断是胃炎，要他服用"舒肝养胃丸"和"痢特灵"两种药，结果胃疼了整整一宿，打止疼针都不顶用。

这段时间苏高礼确实太忙了。住院的前一天，他白天在武家坪参加修梯田、送肥劳动，晚上帮助大寨小学美术组一个叫卧虎的孩子修改幻灯片，睡前还要按中央美院规定学习毛主席《在延安文艺座谈会上的讲话》和马克思的《哥达纲领批判》两篇文章。

对《哥达纲领批判》苏高礼读得似懂非懂，只记住了两点：（1）"劳动是一切财富和文化的源泉"这一概念是错误的，其要害是回避生产资料所有制问题，企图掩盖资本主义制度下劳动人民受剥削的根源。（2）马克思说："在资本主义社会和共产主义社会之间，有一个从前者变为后者的革命转变时期。同这个时期相适应的也有一个政治上的过渡时期，这个时期的国家只能是无产阶级的革命专政。"他想，这大概就是"文化大革命"无产阶级专政条件下继续革命的理论根据。

对《在延安文艺座谈会上的讲话》苏高礼已经读过多次,他赞同毛主席的"我们鼓励革命文艺家积极地亲近工农兵,给他们以到群众中去的完全自由,给他们以创作真正革命文艺的完全自由"的观点。一个画家只有到生活中去,到群众中去,才能解决好艺术源泉的问题,才能解决好如何为群众服务的这个根本性、原则性的问题。多年来,他选择家乡和大寨、井沟作为创作基地就是具体的实践。

住了4天卫生院,腹泻、胃疼、恶心、头晕的症状开始减退,苏高礼刚想出院,不料身上突然生出许多红色斑点。刘院长看过说:"这是过敏性血斑,内脏里也有,是荨麻疹的并发症,也要治一治。"

在大寨的同事们纷纷到卫生院看望他,李天祥带来了几个梨,同时带来了他的油画箱;卢沉带来了麦乳精,3元多一小铁桶,是苏高礼月薪的1/20;庞涛送来橘子汁;钟涵送来一斤糖。晚上,大寨小学美术组的孩子们结伴来看望他。同事们的关心和孩子们的问候,让苏高礼内心感到很温暖。有了油画箱,身上出满红色斑点的苏高礼决定再住几天。

从病房隔窗望去,是大寨大队虎头山下的养猪场和层层梯田,也是一幅绝美的太行山区的田园风光。黄土地在阳光下层次分明,层层梯田和果

油画《参观大寨》 1975年 中国美术馆藏

树园顺着山势呈现出一条条优美的曲线，山上的树木已是深绿，梯田里尚未拔节玉米嫩绿一片，大片绿色包围着养猪场，白色的围墙也显得生动，大寨农民艰苦奋斗的杰作与虎头山和谐一体。苏高礼先画了一幅《从大寨医院病房望窗外》的素描作品，接着又在同一角度创作了油画《虎头山下的大寨田》。

5月15日早晨，苏高礼结账出院，共花了住院费3.6元、药费8元、饭费2元外加4斤粮票。上午，赶到昔阳县城讨论大寨创业史画稿，他承担的《申请入社》、《石灰窑旁学毛选》两幅构图基本通过。

麦子熟了，苏高礼到大寨参加割麦劳动，谁知借来的镰刀是钝的，割麦子变成了砍麦子，一天下来手掌上"收获"了两个大血泡，最后大血泡被磨破直流水。这年大寨小麦的收成不错，旱地亩产四五百斤，水浇地亩产达到了七八百斤，在全国都是名副其实的高产。

8月9日，黄润华老师收到国画系老师焦可群从北京写来的信，信中介绍了毛泽东对电影《创业》的批示。信中还透露：现在大家都在兴高采烈地学习批示，北京文艺界掀起了整顿的浪潮。

事情的来龙去脉是：1975年7月初，毛泽东与复出主持工作的邓小平谈话，批评"百花齐放都没有了"。

油画《大寨梯田》 1975年 中国美术馆藏

随后，胡乔木向邓小平汇报：长春电影制片厂拍摄了反映大庆石油工人事迹的电影《创业》，春节公映后备受群众欢迎，但文化部却下令禁演。文化部这样领导全国文艺工作，很难达到繁荣创作、百花齐放的目的。

7月18日，在胡乔木巧妙安排下，《创业》的导演张天民分别给毛泽东、邓小平写了内容相同的信，讲述了影片《创业》公演后的遭遇，申明对来自上层的"十条批评意见"的意见。张天民说，《创业》是部好影片，它不是毒草。恳请毛主席让影片重新上演。

邓小平及时把此信转送了毛泽东。

7月25日，毛泽东写下批示："此片无大错，建议通过发行。不要求全责备。而且罪名有10条之多，太过分了，不利调整党的文艺政策。此信增发文化部及来信人所在单位。"

这个批示立即在全国文艺界引起连锁反应，"文化大革命"中长期受压制、遭打击的文艺工作者奔走相告，纷纷以这个批示为武器，用各种方式揭发批判文化部那些自恃有后台的人，这些人"文化大革命"中专横跋扈，第一次处在被公众批评、揭露的地位。

中央音乐学院一位青年教师写了题为《在学习会上的发言》的大字报："主席的《7·25批示》惊天动地……说出了我们的心里话。""主席批示是一把火，伟大的马克思主义真理之火。谁想扑灭都是办不到的。""你们搞这个《十条》，一不要马克思主义，二

苏高礼在辉县写生 1975年

不要民主集中制，三不要群众路线，四不要无产阶级纪律，你们是目无王法！这么搞，究竟是为什么呢？究竟怀着一颗什么心呢？"实际上剑锋直指江青。

苏高礼并不缺乏对于政治的敏感。毛主席重提"百花齐放"是一个准确无误的绿灯，大家对文艺界的整顿充满了渴望和信心。

很快，创作组最后一次集体讨论"大寨创业史"中的全部作品，认为苏高礼的两幅只需稍作调整就可以定稿。会后，詹建俊问苏高礼："你在苏联学的是洋油画，怎么现在画起土油画来了？"詹建俊的意思是他这两幅作品色彩不够鲜亮。

苏高礼听后感到高兴，他一直在寻找表现太行山景物的地域色彩和技巧，这说明他的努力有了一些结果，但这种表达是否准确？还有待进一步检验和提炼。

9月4日，"大寨创业史"创作组全体返京。"大寨创业史"组画虽然属

油画《石姑娘水库》 1975年 中国美术馆藏

石姑娘水库 1975年摄

于命题作文，但艺术水准还是比较好的，这些作品"文化大革命"后去向不明。此次，苏高礼在昔阳创作的作品还有：《参观大寨》、《武家坪庄稼地》、《大寨渡槽》、《高架渡槽》和《大寨人》肖像等，真实记录了当时的大寨，现在已经成为一段历史的记载。

秋季是太行山一年当中最美的季节。

10月中旬，苏高礼、闻立鹏、潘世勋、王征骅接到了另一个任务，到河南省辉县为人民美术出版社的《连环画报》创作题为《太行山上石姑娘》的连环画，共16幅。

河南辉县所在的太行山区严重缺水，当地农民落实毛主席"水利是农业的命脉"的指示，学大寨干实事，多年来大力兴建水库、水渠，收到了很好的效果，是一个与林县红旗渠一样的好典型。在辉县水利会战队伍中，活跃着一支由六十多名年轻姑娘组成的突击队，这些姑娘像男人一样开山放炮、凿石垒坝、开渠修路，被誉为"石姑娘"。就像在大寨对开荒修造梯田的年轻姑娘被称为"铁姑娘"一样。所以，人民美术出版社决定将她们的事迹改编成连环画向全国发行。

10月22日下午，苏高礼等四人一路颠簸到达辉县县城。第二天，看过县委宣传部提供的《石姑娘和万子荣女队长》材料后，来到一个叫作上八里的地方。该地马头村旁有一座石姑娘参加建设并于1974年底基本竣工的"石门水库"，他们立即投入了紧张的写生、采访工作。

石门水库水深9米，存水2万立方米，每年产鱼60万斤，使500亩旱地变成了平均亩产800斤的水浇田，再加上水库旁那些石头砌堰的梯田，看起来非常壮观。

直到1976年1月上旬，他们一直在辉县的大山里写生、采访，最后在陈家院水库安营扎寨，住在水库大坝尽头转向泄洪口支撑大坝的小山头上，这里有一座堡垒式建筑——水库管理站。

油画《安全帽》 1975年 中央美术学院美术馆藏

油画《上八里的大寨田》 1975年 山西博物院藏

他们住下后，先后到老虎嘴下的大坝、老爷岭、跑马岭石门山沟、豫晋交界的嘴上大队等地采访写生，苏高礼创作了《上八里的大寨田》、《秋柿红似火》、《高峡起平湖》、《石门水库》、《斜阳》、《铁锤钢钎穿太行》、《山腰有通途》、《余晖也煌》、《陈家院水库》、《陈家院小学》、《陈家院水电站》、《值班》、《石姑娘水库》、《新绿》、《绿镜》、《日升库水白》、《夕阳映太行》、《山下隔岸村远》、《逆光》等大量风景作品，太行山里那些普普通通山峦、梯田、水库、麦田、树林、学校……在他的笔下千姿百态，充满灵性，美轮美奂。同时，他还画了《安全帽》、《青年女干部》、《辉县姑娘》、《石姑娘队队长》等一批人物肖像。

在此基础上，他们顺利完成了每人4幅连环画《太行山上石姑娘》的创作任务，由人民美术出版社《连环画报》刊发后，河南美术出版社还出版了每张4幅的4条屏年画发行。

"文化大革命"十年里，苏高礼利用所有的作画、讲课的机会，不断思考、努力练笔、努力提升自己的艺术感觉和作品品位，他在前东毗、平定老家、大寨、辉县除了完成创作任务外，挤时间创作了大量风景、人物写生作品，特别是在辉县创作的作品——画面沉稳厚重、色彩浓郁、构图比较饱满，在造型、色彩、语言、创作技巧上已基本成熟，初步形成了自己的绘画风格。

这批风景写生油画代表了一个时

油画《秋柿红似火》 1975年 山西博物院藏

代,在作品中不难看出人的创造与大自然和谐相处,表现出中国农民在当时生产力条件下,为了过上好日子付出的坚忍不拔努力,为社会主义建设做出的巨大贡献。特别是在辉县创作的这批作品,其艺术水准实现了一个飞跃,是他锲而不舍实践"油画中国化"的新起点。

分析苏高礼70年代的作品,人们还能看到法国画派、俄罗斯画派等绘画大师们渐次模糊的影子。对他而言,这是一个不断理解、消化、借鉴、创新的过程。因为,借鉴好的绘画形式本身就是包容性很强的学习过程,这种学习与借鉴不能一味模仿,一切借鉴的尽头必须是螺旋上升回归自己的真实感觉。

一个画家只有抛弃一切功利念头,才能积极、耐心地寻找属于自己的绘画形式和色彩语言,才能最终达到随心所欲、自由表达的境界。而这个境界的制高点,许多画家终生未能越过。

他将以格外勤奋的耕耘冲击这个制高点。

第七章 为"油画中国化"负重拼搏

三十

1976年是共和国大悲大喜、政治局势剧烈动荡的年份。1月8日,共和国首任总理周恩来病逝,预示一个政治时代即将结束。苏高礼素来敬仰周恩来的人格魅力,对他的逝世有发自内心的悲痛,十分担忧国家的前途。

恰恰在这个历史节点,已近不惑之年的苏高礼经过留苏、"文化大革命"十几年苦行僧式的求索,进入了确立绘画风格的创作高产期。

清明节前夕,北京大批群众自发到天安门广场悼念周恩来,控诉"四人帮"祸国殃民的罪行,很快遭到"四人帮"及爪牙残酷镇压,被定性为天安门反革命事件,史称"四五运动"。

连日来,苏高礼几次到天安门广场感受民众心底迸发的革命激情,倾听民众压抑多年的正义呐喊。4月5日夜晚,苏高礼又一次来到广场抄诗词、听演讲,此时的广场人山人海,犹如一个巨大的正义战胜邪恶的行为艺术舞台。这个不起眼的矮个子中年男人,冷静地用眼睛、用心为每个场景写生,思绪犹如波涛汹涌的大海,许久才默默离去。

一个小时后,天安门广场被警察和首都工人民兵戒严……

三十一

4月下旬,中央美院派闻立鹏、赵友萍、苏高礼带领油画系13名工农兵学员,前往河南省林县开门办学,这些学员中有些是苏高礼在户县教过的,这次到林县是进行油画创作教学。同时在林县开门办学的还有国画系、版画系的师生。

林县处于河南、山西、河北三省

苏高礼与闻立鹏先生(右)、潘世勋先生(中)在太行山区写生 1975年

交界处，是植被稀疏、石厚土薄、十年九旱、水贵如油的贫困太行山区，世代生活在这里的人都在为水而战。抗战时期，当地曾修建过一条不太长的"英雄渠"，以解决饮水、灌溉之需。从1954年起，时任县委书记的杨贵又带领全县修建了一批分散的水利工程，受到当地人民群众的称赞拥戴。

1958年11月1日，毛泽东坐火车视察全国在河南新乡火车站短期驻留，在专列上接见了部分地、县两级主要领导干部，他握着杨贵的手说："林县的杨贵，我知道你，听说你治水很有一套嘛！"

杨贵回答："毛主席，我做得很不够，目前林县还有一些人吃不上水呀。"接着，他详细汇报了林县大炼钢铁和兴修水利工作。毛泽东听后反复说："水利是农业的命脉，要把农业搞上去，必须大兴水利。"

1959年，林县遭遇前所未有的大旱。杨贵心急如焚，大旱使他意识到本县境内已经找不到水源，于是带领调查组到山西境内寻找新水源。调查组来到山西平顺县石城镇附近的一处峡谷，大家猛然听到峡谷中传来巨大水流声，看见了波涛翻滚的浊漳河。于是，杨贵做出了前无古人的决策——"引漳入林"，林县人发誓劈开太行山，拦腰斩断浊漳河逼水上山，彻底解决水源问题。

此后，林县人民经过10年苦战，在太行山的悬崖峭壁半腰开山洞、建渡槽……修建了总长1525公里的红旗渠，整个灌溉工程共修建48座水库、364座塘堰；修建各种建筑物12408座，其中包括凿隧洞211个，架设渡槽151座；在每条支渠上还建起了数量不等的小水电站和提水站，在全县形成了以红旗渠为主体的灌溉体系，使土地灌溉面积增加到54万亩。

70年代，周恩来接见国际友人时自豪地说："新中国有两大奇迹。一个是南京长江大桥，一个是林县红旗渠。"一些国际友人参观红旗渠后惊呼："这条人工天河是一个世界奇迹。"因此，中央美院决定到林县开门办学，要求师生创作作品，讴歌新中国的这一壮举，同时完成教学任务。

1976年5月，太行山的色彩变得日渐生动丰富，再加上有"红旗渠"鬼斧神工般的身姿缠绕依偎，在不同的光线下呈现出不同韵味，令苏高礼充满欣喜。

5月3日，闻立鹏、赵友萍、苏高礼带领油画系学生到达林县河涧公社弓上水库工地，苏高礼与几名学生住在水库附近的占头村，闻立鹏、赵友萍分别带其他学生住在水库管理所或其他村子里。

按照教学计划，第一个3周时间，师生们要参加劳动体验生活，采访了解第一手资料及构思创作草图；第二个3周时间，分成若干二、三人小组深入采访搜集具体创作素材，画出较完整的构图互相观摩交流；之后用一个月时间，集中精力完成创作。

弓上水库是林县灌区的一个重要工程，水库虽已建成，但配套工程施工还在进行。苏高礼了解到，在"红旗渠"的各处工地上都有青壮年男子组成的除险队，队员大都是共产党员和共青团员，他们常年腰系粗绳悬挂在崖下排除可能滚落的危石，工作最危险、最艰苦，个个都是建设"红旗渠"的英雄。

在"红旗渠"青年洞管理所，苏高礼认识了三十多岁的所长任羊成。当年青年洞工程施工难度极大，任羊成始终在这里干排险，苏高礼决定以他为原型创作一幅题为《越是艰险越向前》的作品。这是继创作《白求恩临终前写信给党中央》后，他单独创作的第二幅大作品。

苏高礼进行油画创作有严谨的步骤，一定要在充分写生、画出色稿的基础上再正式创作。《越是艰险越向前》是一幅大画（175cm×135cm），画面中心位置上，一位排险英雄身系粗绳从崖顶荡进凹进山体的施工处，凭借惯性冲向一处危石，双手紧握长柄铁钩奋力钩除凸起的石块。画面左下角是太行山的一处峰峦，蓝天上流动的云朵仿佛也在帮助排险英雄荡向危石。整个画面上色彩反差强烈，人在动，云在动，充满动感和力度，形象地刻画出排险英雄们为建设"红旗渠"付出的艰辛，具有不可复制的鲜明时代特色。

7月20日，中央美院3个系的师生联合展出在红旗渠创作的作品，座谈总结在林县开门办学的收获。这些作品受到了河南人民出版社的重视，转年9月，出版社对外发行了小型画册《红旗渠赞》，每本定价0.7元。画册上精选师生油画、国画和版画作品33幅，油画系学生李延洲的《创业年代》、老师闻立鹏的《胸有朝阳》和苏高礼的《越是艰险越向前》入选。《越是艰险越向前》运回中央美院后，因画幅太大被苏高礼寄放在一间教室里。一天他去教室，猛然发现画不见了，好在手里还留有这个作品的色稿。

连日来，苏高礼忙于辅导学生和创作《越是艰险越向前》难得空闲，座谈总结会后轻松了下来。傍晚，他

油画《农民李锁林》 1976年

油画《除险队员》 1976年 山西博物院藏

油画色稿《越是艰险越向前》 1976年 山西博物院藏

和正在做饭的房东大婶聊起家常，大婶随口说："俺娘家在山那边的壶关县（属山西省），那儿景色可美呢。"苏高礼灵机一动，按计划师生们7月30日返回北京，何不利用剩余时间去壶关县写生！晚饭时，几位学生异口同声地响应这个想法。他决定大家先在占头村休整两天，然后徒步去壶关。

休整的第一天，苏高礼创造了一天画4幅写生的最高纪录。早饭前，他在村口画了风景《日月同辉》；上午画了人物肖像《房东兰菊大婶》；下午进山画了风景《蓝山绿坡》和《山有多高水有多高》，而且每一幅都是精品。

在林县期间，他的写生作品还有《日照新村暖》、《英雄渠》、《老窑底瀑布》、《大山里的梯田》、《石板沟的清晨》、《库水清清》、《梯田》、《向上望》、《山腰有条渠》、《占头村》、《占头村村口》、《茶饭庄》、《坝》、《大地堰》、《太阳进山》、《小拐沟立崖》、《山高谷深路远》、《红旗渠之一》、《红旗渠之二》、《弓上水库》、《山村小水电》、《晨曲》、《占头村之二》、《占头村和弓上水库》、《同行》、《雨过山石重》、《从红旗渠望涉县－晨》、《从红旗渠望涉县－午》。此外，还有《劳模赵二妮》、《女赤脚医生》、《新媳妇》、《初为人母》、《除险队员》、《占头村的女娃》等人物写生作品。《从红旗渠望涉县》两幅画作于同一角度的不同时间，苏高礼娴熟把握、表现了不同光线下同一景物的异样效果。用实践证明了光源对于画面的决定性作用,以及色调在传达画面情感中的决定性影响。

两天后,苏高礼带领一些学生兴高采烈地出发了,其他教学小组的学生听说他们去壶关写生,队伍又增加了几个人。几十里山路走下来,大家都画了一、二幅写生作品。

傍晚,一行人来到占头村女房东的娘家——太行山深处一个不知名的小山村投宿,主人对出嫁闺女介绍来的客人热情接待,给师生们做了小米粥、玉米面窝头和自产的蔬菜,睡觉用的被褥也很干净。

在往返两天时间里,苏高礼画了《同行》、《深谷羊肠道》、《通幽之路》、《顶光》等作品。《同行》画的是穷山恶水中自然流淌的小河、人工修成的水渠与公路同行,寓意明了,并自然而然地点明作品的主题。《通幽之路》表现了太行山深处幽静的小山村,近景大块农田是翡翠绿的,山清水秀不见水,一条通向大山深处的土路令人遐想。

《顶光》与在林县画的《梯田》一样,是在探讨太行山区中午阳光的透明感。画这两幅作品时,苏高礼想起在苏联索契画《晨山》的情景,那也是为了表现阳光的透明感,同样都吸收了野兽派画家马尔凯的表现手法,前者追求的是俄罗斯风情,后者充满了地道的中国北方味道,表达效果迥然不同。这说明他已经可以快速捕捉、准确表现不同的地域色彩了。

在林县,苏高礼每天辅导学生、完

油画《从红旗渠望涉县——晨》 1976年 中国美术馆藏

油画《从红旗渠望涉县——午》 1976年 中国美术馆藏

油画《山村小水电》 1976年 中央美术学院美术馆藏

油画《同行》 1976年 山西博物院藏

成创作紧张工作之余,竟然还画了40多幅写生作品,不难想象当时何等忙碌。多年后,中央美院教授李延洲回忆:

"在林县,苏老师带我们这些学生外出写生,他几天就能画出一批写生,换一个地方又是一批画,比我们勤奋。我们一路追随着他跑,及时看到他的画,也跟着他画,专业水平得到很大提高。"

7月28日,唐山发生特大地震。中央美院急召在林县的师生返校。

今天,该怎样看待苏高礼"文化大革命"中在大寨、辉县、林县进行的这些艺术创作呢?应该看到,大寨、辉县、林县人民舍命创造的这些奇迹是不可重复的。就像公元前256年李冰父子在成都平原建成的都江堰一样,这些福泽惠及子孙后代的壮举是中华民族自强不息精神的生动写照,永远值得大力讴歌,而不管它们出现在什么年代。

当年的一代画家们追随、表现大寨、辉县、林县人民的伟大创举,既是时代的需要,也是艺术创作源于生活、表现生活的必然。这些作品经过岁月筛选,足以多角度地反映共和国成立之初那段激情燃烧的日子,能够留存下来才是不可多得的经典。

20多年以后,杜键教授撰文说:

"六十年代他在山西平定县画的《羊倌》、七十年代在河南辉县画的《石姑娘》等人物,以及在华北地区画的许多风景,都让人回忆起那个令人心情十分复杂的年代。是人民巨大的承受力和乐观精神,使我们国家越过了那个历史阶段。苏高礼在画这些作品时,由于他自己是融合在这些生活中的,他的真诚使这些作品十分自然地获得浓郁的时代气息。"

实践证明,人类改造大自然必须因势利导、顺势而为。共和国成立初期农业生产力低下,大寨农民面对土地资源匮乏、土质很差、靠天吃饭的恶劣生存环境,在荒山沟拼死修建了成片的高产梯田,不仅吃上了饱饭,还积极多交公粮支援国家建设、改善了当地生态,这种拼搏精神在改革开放的今天依然令人敬仰,给人启发。

至于"文化大革命"期间,一些人在极左政治路线主导下,开展的全国农业学大寨运动则犯了严重的、甚至致命的错误,狂热的人们不顾大自然客观规律，围湖造田、围海造田、开垦草原、开垦湿地的"学大寨"的结果，严重破坏了当地生态环境，最终遭受了自然界的无情报复。凡事皆有度。任何受人推崇的事物一旦超越本身所能承载的极限，都会走向自己的反面，全国学大寨造成严重错误不应该由大寨人负责。

三十二

1976年9月9日，毛泽东主席逝世。

此时，苏高礼和中央美院人事处长马绵书正在河北省的石家庄、邯郸地区招收新生。这也是中央美院招收的第二届工农兵学员，马绵书负责政审，他负责考察被推荐新生的专业水平。

在辛集县、深泽县、井陉县、邯郸矿区考察多名被推荐人员后，在深泽县录取了王国斌、李彦朋两名新生。后来，王国斌成了河北师范大学美术学院油画系教授，李彦朋则是河北省画院版画专职画家、副院长。

在邯郸矿区，苏高礼考察了一个叫韩玉臣的年轻工人，他们到工厂调查时，领导、群众反映很好，但因家庭出身问题政审不合格未能录取，苏高礼感到惋惜，嘱咐韩玉臣千万不要放弃自己当画家的梦想。

9月18日15时，苏高礼、马绵书在韩玉臣所在的工厂，参加了全国悼念毛泽东主席的追悼会，一些工人在会场哭泣，苏高礼默默排队站在工人后面，却怎么也哭不出来，像几个月前在天安门广场一样，面无表情，冷静地看着、思索着。毛主席呀，你不该发动"文化大革命"，不该是让人顶礼膜拜的神。

刚回到北京，美院一位领导找到苏高礼说："辛集县教育部门写信反映马处长和你这次招生是否有走后门现象？为什么不给辛集县名额？他们说，辛集县推荐的学生从来都是上北大、清华、外语学院的，怎么就上不了中央美院？"

苏高礼坦诚地说："辛集县推荐的人专业课考察不合格，不能录取。"

"原来是这样呀！"领导听后一笑。

1976年10月6日，"四人帮"终于倒台了。不久，全社会进行拨乱反正，社会生活终于回到了正常轨道。

历时10年的非正常社会政治生活更能够鉴别一个人的品格。"文化大革命"前，苏高礼像许多理想主义的同龄人一样，自觉规范言行，要求自己做共产党忠诚驯服的工具；"文化大革命"后，再看当时的自己则显得幼稚。他在"文化大革命"中，政治上不跟风、不整人，不讲大话、空话、假话，一直理性地思考对待周围的一切，在政治上逐渐成熟。

——毛主席发动"文化大革命"的目的是为了防修反修，防止中国走资本主义道路，为了防止复辟倒退！但是，这种搞法真的可以反修防修吗？

——中国的社会主义革命和建设

是前无古人的社会实践。但领袖是人不是神，领袖也会犯错误，甚至会导致全党、全国犯下严重错误，这在中国共产党的历史上多有教训。10年"文化大革命"左到极致，使社会陷入整体性的混乱、停滞、休克。毛主席说的"天下大乱"真能达到"天下大治"吗？搞这种无产阶级文化大革命真能推动社会进步吗？

——新中国成立后，党和政府曾向各社会阶层宣传普及辩证唯物主义和历史唯物主义理论，用"为人民服务"的宗旨要求党员和党周围的积极分子，带领全国人民为建设好新中国的伟大理想努力工作。但是，这些信仰和主张快速向社会普及的过程中，难免变得通俗实用，任何政治词汇一旦过分使用甚至可能被庸俗化，在社会上变成被一些人投机取巧的浮躁语汇。例如，对"为人民服务"这个词汇，"文化大革命"中那些整人的迫害狂、野心家、投机者们，哪个不是高呼"为人民服务"却做下龌龊勾当的呢？又如，树立辩证唯物主义和历史唯物主义世界观的话题，"文化大革命"每个人"斗私批修"都会郑重提及，而多年后能较好把握、坚守此信仰的人中，相当一部分人竟是在历次政治运动没有话语权，被视为"改造重点"的正直的知识分子。

——他认为，马克思列宁主义、毛泽东思想的基本原理是正确的，这是他的信仰所在，不会改变。像所有追求真理的先进知识分子一样，信仰的确立大都经过了由感性到理性的过程，再加上走出象牙塔深入社会变革和生产实践，人就会渐渐变得坚定而深刻。一个政治上成熟的人决不能盲从，判断事物正确与否的标准只有一个，这就是要符合社会发展的规律和人民群众的利益。

——他依然积极申请加入中国共产党。为了自己的信仰，作为国家花重金培养的画家和教师，他甘愿付出终生不悔。

三十三

粉碎"四人帮"后，中国美术界面临着一个共性问题——

"如何在绘画感觉上拉开与'文革美术'的距离。'文革美术'除了在样式上形成对思想的禁锢外，同时在感觉上统一了画家的口味。"（范迪安语）

中国美术界拨乱反正的实质是什么？苏高礼认为，是彻底摆脱"文革美术"极左思维模式的精神束缚，恢复艺术精神自由，重新找回被压抑、被破坏的艺术感觉。

基于上述认识，"文化大革命"结束的最初几年，中国的油画家们都不约而同地选择了"乡土写实主义"，他们走向全国各个角落体验生活中的真实，强化写生训练，这种共识和努力为几年后的中国油画画风转变做了必不可少的准备。在这个时期，苏高礼和闻立鹏等中央美院教师更是抓住一切机会强化写生训练。

闻立鹏回忆说：

"文化大革命"后期起，"我先后和李天祥、赵友萍、杜键、李化吉、马常利、高潮、潘世勋、王征骅等一起到祖国各地写生作画，同行时间最长、次数最多的是和苏高礼。那些日子里我们结伴而行，身背沉重的画箱、背囊、水壶，手提画夹、画板、画凳，像放飞的鸟急匆匆自由地飞向远方，每天起早贪黑奔忙在山野、农村、牧场，追赶着星星，追赶着太阳，顾不上脸上、身上的油彩，顾不上脚上、腿上的泥垢。老乡们说，远看像群要饭的，近看像是照相的，一问原来是美院的。他们哪里知道这群备受屈辱的美院教师们，为的是夺回已经损失的十年光阴，赶快恢复生疏了十年的技艺手笔呀！"

应该说，苏高礼在这条路上走得更加坚定不移。在"恢复艺术感觉"上，他实际上比许多画家动得更早些，从1973年受命创作《白求恩临终前写信给党中央》起，他就有意识在写生和创作中进行大胆尝试，不断摸索具有自己特色的表现方法。

1977年9月2日，苏高礼与闻立鹏、杜键、马常利、高潮等再次到太行山区写生，由于他们带有国家文化部和中央美院介绍信，所到地的党委宣传部门都积极推荐路线、地点，提供方便。

这次写生的第一站是山西昔阳县。第二站是革命老区山西左权县。第三站是位于王屋山区的河南济源县，这个县有一个全国民兵工作先进集体留庄民兵营，同时还是兴修水利的先进县。

他们这次利用教学空闲结伴写生，是为了验证他们探讨"油画中国化"过程中萌发一个想法——组成一个"太行山画派"的可行性，即以太行山作为主要创作源泉，今后重点画太行山，表现太行山区的景物和人民群众的精神风貌。

到太行山区写生的条件是艰苦的。

9月22日，他们结束了在昔阳大寨等地的写生，返回北京补充休整。在昔阳苏高礼画了《后庄新村》、《出工前》、《窑洞和花》《参观南垴大队》、《出工图》等作品。

9月27日，他们来到左权县，在石匣、麻田、西隘口等地写生，苏高礼画了《左权将军故居》、《八路军医院旧址》、《秋忙》、《石匣水库》、《玉米和山》、《绿色的天》、《场》、《欢歌喧不住》、《柿林小渠》、《麻田村口之一》、《麻田村口之二》、《西隘口村》、《种麦忙》、《菜园》、《逆光》等作品。

10月21日，他们从左权经河北邢台到石家庄补充休整。3天后从石家庄经郑州前往济源县的王屋山。

立冬前后，王屋山区别有韵味的风光，激发了他们的创作灵感。到11

油画《后庄新村》1977年 中国美术馆藏

油画《麻田村口之二——邓小平故居》 1977年

月25日，苏高礼先后创作出《大寨梯田》、《安沟村》、《黄背角村之一》、《黄背角村之二》、《秋日满院辉》、《凹背山》、《云遮日》、《阳台宫晚照》、《工地大厨》、《总干渠洞口》、《雾重古柏》、《王屋山水库》、《万重山兮——云》、《落日山水好》等风景写生，还有《青工》、《水库民工》、《农民技术员》、《厚生》、《能手》、《老民兵》等人物写生，共计40多幅写生作品，大获丰收。

12月1日，河南省美术家协会邀请他们来到新乡市，与河南省的美术工作者座谈油画创作的体会。之前，他们在济源县曾与业余美术爱好者进

油画《左权将军故居》 1977年 中国美术馆藏

油画《晌午饭》1977年 山西博物院藏

油画《场》 1977年 中国美术馆藏

油画《凹背山之秋》 1977年 山西博物院藏

油画《黄背角村之一》 1977年 中国美术馆藏

行座谈和油画绘画写生示范,《县城小演员》就是他这次画的示范作品。

这次历时3个月的写生,苏高礼的作品有两个新突破:

第一,找到了代表太行山区、王屋山区的鲜明的地域色彩。特别是在济源创作的《黄背角村之一》、《黄背角村之二》和《安沟村》等作品中,初冬的金色阳光洒满农家院落,给人、黄土地、砖墙瓦顶、树木等景物镀上了结实、朴素、响亮、华美的金黄色。与欧洲印象派画家的风景画相比较,苏高礼创造了属于自己的、带着太行山浓郁乡情的颜色。这种金黄的地域色写生技法浸透了他对太行山、对故乡的游子深情,不仅具有纯正的油画语言,而且具有装饰性的趣味,强化了色彩的表现力。

第二,在济源创作的《水库民工》、《农民技术员》、《厚生》等人物写生作品,在表现手法上,将中国传统绘画线造型和西方油画色彩体面造型相结合。对用这种手法表现人物,他已经琢磨了许久,让线进入色彩体系,融入色彩关系之中,是"油画中国化"过程中的有益尝试,好处是能够更加简练、生动地表达充实的人物特质,突出人物的真实感,这与西方人物油画强调体与面关系所形成的充实和真实感异曲同工。《厚生》是一幅逆光人物作品,画面上较粗的轮廓线本身就有着面的表达效果,而这样作画的油画家当时并不多。

在艺术实践中,画家们对于"写生"的认识不尽相同。

苏高礼认为,写生对象是客观的,而色彩是主、客观结合的,是受作者情感支配的。写生不应该是照猫画虎,不应该仅仅是为以后创作保存"记忆素材";写生是在情感主导下,有主题思想和画面整体性结构的创作,写生也应该精雕细琢。每次写生创作他都不急于动笔,而是先记住景物特色并勾小样构图,这是对画家匠心和经验的考验;然后进入严谨创作之中,即根据构图运用挪动、剪裁、舍取、虚实等方法进行艺术加工,最终形成有主题思想、有情调意境、有完整结构、有谐调色彩、有细节雕琢的作品。正因为他坚持在"写生中进行艺术创作",所以,其作品内容鲜活,情感表达准确,具有厚重感。这种具有个性的地域条件色及让线进入色彩体系的技法,超越了他在列宾美术学院学到的技法,让他的绘画艺术实现了一次飞跃,由此形成的画风,构成了他一生油画创作的主流。

三十四

从1976年10月起,苏高礼在完成教学工作之余,开始挤时间创作大幅主题性油画,因为时间太紧张只能采用几个人合作的方式,好在他善于与别人合作。

一天,林岗到单身宿舍找苏高礼聊天。苏高礼说:"周总理逝世快到一周年了,我们应该创作一幅反映周总理在大寨的作品。"林岗是他老大哥式的同事加朋友,"文化大革命"初期,他们曾为几内亚国家会堂画《解放》和《美丽的家园》大幅油画壁画,后来又一起去了干校,再后来又在大寨体验生活,他可以同这位老大哥开诚布公地探讨各种问题。

粉碎"四人帮"带来的喜悦激发出了巨大的创作欲望,苏高礼的想法与林岗一拍即合,两人商定这张画要表现周总理在大寨农家炕头聊天的场景,并将作品的标题定为《周总理是我们的贴心人》。

一个艺术家的心灵只有挣脱极左思想的桎梏,真正理性地观察事物的发展变化,才能找到规律性的东西,才能打开自主进行艺术创作的空间。绘画造型艺术具有凝固性,这一特性决定其必须在深刻思考和深厚积淀的基础上反复提炼,直至表达出最真、最美、最传神、最经典的画面;绘画又是画家情感世界的独白,没有强烈的情感投入,绝对创作不出好的作品。

为了尽快创作出《周总理是我们的贴心人》,林岗和苏高礼多次设计起草画稿,后来林岗的妻子庞涛也加入了创作。由于大家都有在大寨体验生活的积淀,这幅长2.19m、宽1.55m的作品很快一气呵成。

1977年1月8日,周总理逝世一

油画《周总理是我们的贴心人》（林岗、庞涛、苏高礼合作）1976年

周年之际，油画《周总理是我们的贴心人》在中国革命博物馆展出，因与全国人民缅怀周总理的情绪紧密契合，观众好评如潮，《人民日报》等报刊立即给予发表，人民美术出版社、辽宁美术出版社印刷了大量单页年画向全国发行。

5月，此画又在中国美术馆"纪念毛主席《在延安文艺座谈会上的讲话》发表35周年美术展览"上展出，同时被收入《纪念毛主席在延安文艺座谈会讲话发表35周年画册》，山西省美术出版社也将此画收入《永恒的纪念》画册出版。

《周总理是我们的贴心人》是一幅现实主义的作品，没有任何夸张之笔，客观评价了周恩来在大寨的活动，即共和国第一代领导人改造世界、服务人民的真实写照，而不像现在有些人大谈为人民服务时，总让人感到缺乏坚实的事实支撑。苏高礼在大寨体验生活时虽没有见到周总理，但从大寨农民口碑相传中，早已深深感受到这

苏高礼与林岗先生（左1）、庞涛先生（左2）在作品前合影 2005年

油画《毛主席、周总理和朱委员长》（杜键、高亚光、苏高礼合作）1976年 上海龙美术馆藏

位伟人的人格魅力。在阳光般金黄的暖色衬托下，一代伟人与人民群众相处得那样融洽，人民群众爱戴怀念周恩来总理的情感表达自然贴切、感人至深。

2月，苏高礼又参与杜键、高亚光夫妇开始创作的另一幅油画《毛主席、周总理和朱委员长》，这幅作品的创意起源于"四五运动"之后，原打算"四五运动"一周年之际抬到天安门广场参加群众性的纪念活动，这个想法后来虽未实现，但苏高礼等还是帮杜键把他写的纪念"四五运动"一周年的大字报《人民万岁》贴到了天安门广场。

这是一幅长2.33m、宽1.57m的大画，画面上毛泽东和"文化大革命"中受到诬陷、如履薄冰的周恩来、朱德并肩站在祖国新开垦的土地上，背后是辽阔的充满碧绿生机的大好河山，寓意党和国家必须坚持集体领导，毛泽东是人不是神，这位被极左政治架空、神化了的人民领袖又回到人民中间，阴霾已经散去，历史翻开了新

苏高礼和杜键先生（左2）、高亚光先生（左3）在作品前合影 1996年

油画《家厨》 1977年

的一页，人民群众对祖国美好未来无限向往，前途一派光明。因此，这幅作品是3位画家出于社会责任的政治表态。

9月9日，这幅作品在中国革命博物馆举行的"毛主席永远活在我们心中——纪念毛主席逝世一周年画展"上展出，上海人民美术出版社、黑龙江人民出版社出版单页印刷品向全国发行，《广州文艺》杂志在1978年1月号插页刊出。

完成毛主席、周总理和朱委员长创作后，苏高礼开始回石家庄家中休假，顺便为家人画了几幅肖像，到夏秋之交先后完成了《女儿像》、《妻子李淑珍像》、《海江骑车》和《家厨》等4幅作品。这几幅画充满了对亲人、对家的情感，相比之下《女儿像》和《家厨》更出色一些。

《女儿像》的模特是9岁的女儿小红（苏海红），这幅作品的画面语言采用平面处理，装饰性较强，连衣裙和作为背景的浴巾形成红绿对比，连衣裙上的白色亮点与皮肤形成鲜明对比，女儿披散着秀发，手拿木梳仿佛正要梳头，表现出这个9岁女孩可爱略带倔强的个性，丰富的色彩与人物纯真的表情有着很好的呼应。这种画法在当时还是比较新鲜的，成为他的代表作之一。《女儿像》至今挂在他家二楼楼梯入口处，循梯而上墙壁上依次挂着他父母、妻子和儿子海江7岁时骑一辆小三轮车的画像。

《家厨》是一幅表现母亲家厨房的静物。老人家当时在石家庄租住两间平房，里间是卧室，外间是厨房，泛起黄斑的白墙已经斑驳，几块木板搭起的小床上铺着当时稀罕的绿色印花塑料布，无疑是一个漂亮的操作台。台面上摆着用了几十年的陶瓷盆罐、粮食口袋、案板菜刀、豆角辣椒

油画《女儿像》 1977年

南瓜……明快的光线照在这些物件上，充满了质感，让人感到久违的亲切。这就是20世纪七八十年代普通城市居民家厨房的缩影，真实形象地记录了人们生活的一个侧面。

三十五

1978年6月，中央美院油画系利用暑假，组织全体教师到甘肃敦煌莫高窟进行艺术考察实践。

莫高窟也称"千佛洞"，位于敦煌市东南25公里鸣沙山东麓的断崖上，洞窟始凿于公元366年（前秦建元二年），现存洞窟492个，壁画45000平方米，彩塑雕像2415尊，位居中国三大石窟艺术宝库之首（另为云冈石窟、龙门石窟）。1987年被联合国教科文组织列为世界文化遗产。

行前，主持油画系工作的罗工柳教授让大家思考两个问题：（1）我们来莫高窟干什么？（2）莫高窟艺术和油画有什么关系？

到达敦煌当晚，敦煌文物研究所所长常书鸿热情邀请教师们到家中作客。常书鸿是中国油画界的前辈，1927年留学法国学习油画，1936年毕业于巴黎美术高等专科学校后，回国任国立北平艺术专科学校（中央美院前身之一）教授；1944年，任国立敦煌艺术研究所所长，从此献身敦煌文物保护事业。共和国成立后，研究所确立了"保护、研究、弘扬"的六字方针，对石窟进行了彻底调查和维修保护，取得了石窟艺术、考古、佛教等方面的可喜研究成果。

常书鸿说："敦煌是多民族地区，少数民族是奔放的性格，接受外来东西也大胆，无拘无束，不像中原地区宫廷画家那样循规蹈矩。"千佛洞就是古丝绸之路驼队带来的南亚次大陆、西亚、欧洲一些国家及民族的绘画、彩塑艺术，与中原绘画、彩雕艺术大交融留存下来的文化瑰宝。为了大家参观临摹方便，常书鸿还发给人手一套钥匙，可以自由出入每个石窟选择临摹对象，这在今天是不可想象的。

宏伟壮观，丰富多彩，这是苏高礼对莫高窟的总印象。湛蓝的天空、金红色的晚霞下，他时常出现时空交错的幻觉，仿佛听到沙漠尽头传来悠悠驼铃声。他十分喜欢257窟西壁上的《九色鹿》和254窟的《舍身饲虎》两幅佛本生故事，它们都是北魏时期最经典的作品。

何谓佛本生故事？佛本生故事主要宣扬释迦牟尼佛前世或前若干世的各种善行，不仅内容曲折、生动，还包含有非常鲜明的善恶观念和丰富的伦理思想。故事内容大多生动健康，或教人处世之道，或讽刺统治者，或宣传忍让牺牲，旨在宣扬世法平等、众生皆可成佛等教义。

《九色鹿》故事大意：山林中有一只双角洁白、全身生有九种鲜艳毛色的九色鹿。一天，九色鹿在河边散步，

苏高礼在敦煌临摹壁画九色鹿 1978年 杨红太摄

油画临《九色鹿》1-4幅 1978年

看见激流中有人高呼救命，便纵身跃入河中，费尽九牛二虎之力将落水人救上岸来。

被救的人名叫调达，他向九色鹿叩头谢恩："我对天起誓，永做你的奴仆，为你寻草觅食，终生受你的驱使。"九色鹿说："我救你，并不是让你来做我的奴仆，快回家与亲人团聚吧。你只要不向任何人泄露我的住处，就算是知恩图报了。"调达发下毒誓："如果背信弃义，就让我浑身长疮，嘴里流脓！"

一天，这个国家的王妃梦到了九色鹿，突发奇想说："穿上用9种颜色鹿皮做成的衣服，我会显得更加漂亮！"她威胁国王立即派兵捕捉九色鹿，不然就死在他面前。国王无奈只好张榜重赏：有知九色鹿行踪或捕获者，赠国土一半，并用银碗装满金豆、金碗装满银豆。

调达认为自己当国王、发大财的机会到了，遂揭榜进宫告密，带领军队前去捕捉九色鹿。此时，九色鹿在开满鲜花的草地上睡得正香。突然，好朋友乌鸦高声喊道："九色鹿，快醒一醒吧，国王的军队捉你来了！"九色鹿惊醒一看，自己已经在刀枪箭斧包围中，调达站在国王旁边。

九色鹿坦然走向国王说："这个人快淹死时被我救下性命,他发誓不暴露我的住地,谁知道他言而无信,见利忘义。圣明的陛下,你如果同一个灵魂肮脏的小人滥杀无辜,岂不辱没了你的英名?"国王听后斥责调达背信弃义、恩将仇报,并下令国人都不得伤害九色鹿。此时,调达全身长满烂疮、嘴里流出脓血,臭不可闻……

　　接连几天,苏高礼在257窟临摹《九色鹿》,把这幅长卷壁画分别临摹在4张油画纸上。他认为,《九色鹿》通过连环画的形式,表现一个完整的故事,画面造型线条流畅,虽是人大于山的处理,但又能感到人在山里的活动,是人物画表现的很高境界;此外,点线面构成了富有音乐感的画面,马和鹿身上夸张的线条表现了美的真切,既讲清了故事又欣赏了艺术,不愧为敦煌具有代表性的中国壁画。他临摹的《九色鹿》至今挂在家里客厅墙上。

　　在对《舍身饲虎》素描写生时,

油画临敦煌藻井壁画《水上芭蕾》 1978年

油画临敦煌壁画《掌灯仙女》(局部) 1978年

常书鸿对苏高礼说:"《舍身饲虎》是壁画,但也很像油画,构图复杂、空间表现、人物形象生动等方面都类似油画技法,虎的表现则像铜器上的花纹。"对此他有同感:《舍身饲虎》的构图从内容出发,按艺术要求安排人物、山河,不受科学比例、透视的限制和制约,有明确的夸张,有典型的动作,表现了复杂的情节、复杂的时空、复杂的人物思想感情及关系。

　　所以说,壁画创作可以打破时空限制,把发生在不同时间、不同地点的事物、故事组合在一个画面里,突破单一透视原则把人物按不同大小相结合、相组合,呈现出时间延长、突出故事节奏的特点。总之,这两幅北魏壁画使苏高礼深受启发,对他日后的创作有重要影响。

在257窟，苏高礼还发现临摹了一幅他起名《水上芭蕾》的藻井画。这幅画很小，"藏"在许多大块装饰性图案中，画面蓝得清澈，水中有鸭子和莲花，4个裸体男人围成圈尽情地游泳戏水，动感强烈，形象生动，简直与现代体育竞赛项目水中艺术体操如出一辙。这幅画记录了北魏先民宗教以外的生活情景，与西方艺术大师马蒂斯的绘画造型有异曲同工之美。

此外，苏高礼还临摹了285窟的《辩法图》、220窟的《掌灯仙女》、57窟的《菩萨》、3窟的《吉祥天》等20多幅壁画（多为局部）。

该怎样回答罗工柳教授提出的问题呢？

6月25日，苏高礼在日记中写道，莫高窟作为中国古代艺术的大学校，艺术是成熟的，技术是多样而高超的，其中魏、隋、唐、元的艺术反映生活广而深，形象现实、鲜明、多样、生动，在宗教外衣下具有历史生活的真实写照。

敦煌画家走过的道路说明：

1. 不怕吸收外来艺术，必须吸收外来艺术；不怕继承新传统，必须继承新传统。

2. 生活是原料，大胆是艺术加工，而且必须艺术加工；艺术的生命力在于对生活深入细致的观察，极富于感性的形象渲染，极富于感染力的色彩渲染。

3. 反映生活内容要真，而不能假，真实的内容哪怕是细微枝节也是有力量的；艺术的力量在于对真实生活的概括、提炼，在于恰当的夸张，而不在于依样画葫芦的写真模仿。

关于莫高窟壁画的色彩特点：

限于当时只有少数矿物颜料，虽色种少而画面并不单调；底色的使用让画面主调明确，北魏红色底、唐代绿色底、隋代白色底，大色块上布局对比强烈的小色块和色彩线条；色种少而突出运用黑白（深浅）色块的对比，主要是黑白、红绿的对比为主，冷暖对比是不自觉的；使用相近色组织画面的调子。

关于莫高窟壁画的构图特点：

1. 歌颂型的画面采用对称、稳重、装饰的手法；叙述性的画面采用活泼、自主、动态、变化的手法；装饰顶和条带使用飞天、极乐天、动物、花草。

2. 人和歌颂型的动物大于景物，这是出于歌颂的需要，景物、动物、飞天起着陪衬作用，可大可小，自由安置，加强了画面动势，烘托着气氛。

3. 人物的动作强烈、典型，明确表达着思想情感，不受科学性即解剖、透视的限制，属于有根据的夸张。

关于"油画中国化"及形成个人风格问题，要从三个方面努力：

第一，掌握油画这一画种本身的

特点，对西方油画的传统、发展成就吸收消化，扬长避短，使之滋长中华民族传统艺术之特点。

第二，掌握中国画、民族民间艺术的传统特色、优点，使之和中国油画近半个世纪取得的成就融和，表达中华民族的情感，追求地道的中国的味道。说到底，"油画中国化"就是一个不断消化、吸收、创新、积累的过程，这是"油画中国化"成熟的标志。

第三，充分发挥个人的特色，形成独特艺术风格应该是在继承中的创新，而不是抄袭、搬用前人。

正如卢那卡尔斯基所说：

"个性是怎样构成的呢？那是将在自己存在的社会里所受的各种印象，以及由遗传而生得的倾向和萌芽，蓄积在特种的综合之中而成就的"。

因此，一个画家的艺术个性必然是思想修养、专业理论、绘画技能的综合体现。由此所形成的艺术面貌是一个艺术家成熟的标志。

形成自己的艺术风格不是容易的事情。一个创造性的大师对传统不仅要进得去，还要能出得来，一幅大师级的作品里既要有传统的印痕，更要有别出心裁的创新，两者的水乳交融是催生独有艺术风格必须经历的过程和结果。一个画家一辈子画了千百幅画，可以说大多数还是在练笔，其中真正充满博大精神，让人得以长久欣赏、回味、受益的作品，才可以称为经典之作。

苏高礼在莫高窟呆了20多天，收获巨大，尽管他饮用当地含盐碱量高的水后一直腹泻。

离开莫高窟后，油画系的教师分成两个写生小组，一组去甘南藏区，另一组到青海，苏高礼和闻立鹏、马常利在青海小组。

7月初，苏高礼等来到青海省会西宁。这是一座海拔2295米的城市，古称西平郡、青唐城，地处青藏高原河湟谷地南北两山对峙之间，属祁连山系，黄河的支流湟水河自西向东贯穿市区。在这里，苏高礼见到了1958年毕业于中央美院的学长朱乃正。朱乃正1958年在中央美院被打成右派，1959年分配到青海省工作，曾担任青海省美协副主席。（1980年调中央美院任教，后担任中央美院副院长和中国美协理事、油画艺术委员会主任、油画学会副主席。）当晚，他们深谈了两个问题：

第一，关于成立太行画派的问题。朱乃正对此大力支持，当场挥毫宣纸书写"太行山"三个字，落款为：

"1978年夏8月，立鹏、常利、高礼学友从敦煌来青海畅饮夜聚，高谈纵论，人生如此当有几何？谈中均忆及太行之印象，最后嘱余书。望他日定有太行画派之惊世。昆仑一牛乃正"。

第二，关于油画家老年改行画国画的问题。这在美术界不乏成功事例，最著名的画家是徐悲鸿和吴作人。一番讨论后，几人约定：既然学了油画，就都不要改行，大家要为"油画中国化"坚持到底。

青海藏区的风景和富有个性的人物令苏高礼心情激动。7月6日，苏高礼等来到湟中县海拔2696米的塔尔寺写生创作，先后画了风景写生《光照塔尔寺》等作品。

一天，苏高礼和闻立鹏来到祁连山麓的牛心山，褐色的山顶有洁白的积雪，半山腰开满黄色的油菜花，山下的草地一片青翠。真是风景这边独好。为了选择最理想的视角画下这绝美风景，他们爬上牛心山对面海拔4000米的山坡，闻立鹏出现心脏不适、呼吸困难等高原反应，但两人还是坚持作画，苏高礼画了一幅《牛心山》（中国美术馆收藏）。此外，他先后还画了《牛心山村》、《云涌牛心山》、《云雨燕飞低》、《乌云压青山》、《高原上》、《高原气象站》、《横流》、《青海湖》和人物写生《藏女》、《藏族汉子》、《卓玛》、《藏族中学生》、《眸》、《青海湖民兵》、《高原民兵索南加》等二十几幅作品。

8月初，他们返回西宁市，在青海文化局举办了写生作品观摩展，与青海美协进行艺术交流后返京。在青海月余，由于每天吃半生不熟的牛羊肉，苏高礼依然腹泻不止，常感到浑身乏力。

油画《牛心山》 1978年 中国美术馆藏

油画《白云无尽时》 1978年 中国美术馆藏

油画《野花塘》 1978年 刘迅先生藏

刚回到中央美院，油画系另一位资深教授、系主任冯法祀邀请苏高礼去黑龙江嫩江林区写生，同行的还有

油画《青海湖民兵》 1978年 中国美术馆藏

詹建俊、李俊和中央戏剧学院的两名教师,到黑龙江后又有几名当地年轻画家随行。冯法祀是毕业于延安鲁艺的老革命,他的老战友在嫩江林区任党委书记,可以为写生创作提供方便。

苏高礼在敦煌、青海连续写生已经身心非常疲劳,加上不间断的腹泻和营养不良,彻底搞垮了身体,刚到嫩江林区又突发急性眼结膜、鼻黏膜、口腔黏膜发炎及高热,即便这样他还抱病画了几张风景写生《白云无尽时》(中国美术馆收藏)、《黑土地》、《开垦处女地》、《嫩江支流》、《嫩江林区》、《野花塘》、《日照芳草绿》等作品。其中有几幅的画幅还大于往常为76.5×53.5cm,这些写生作品依然阳光、生动、结实,丝毫

油画《开垦处女地》 1978年 北京大都美术馆藏

看不出是抱病之作。《野花塘》后来被著名油画家刘迅收藏，他说："这是一幅连画家本人都不可能再重复的作品。"之后，冯法祀教授带领其他人前往五大连池创作，他实在顶不住了，只得提前返回北京。

在敦煌、青海、黑龙江写生创作的大量精品证明，苏高礼已经具备迅速捕捉地域特色和小风景画表现大场面的能力。

三十六

苏高礼勉强撑着回到北京就病倒了。

更可怕的是，一个多星期来，他拖着病体到北京协和医院内科、眼科、耳鼻喉科、神经科查了个遍，就是找不出病因。医生想给他注射青霉素消除炎症，从不过敏的他竟出现了皮试过敏，改用注射庆大霉素消炎效果其微，始终高烧不退，发炎多日的五官黏膜开始溃烂，眼睛肿得睁不开。

9月上旬，妻子淑姐闻讯急忙从石家庄赶到北京，他这个"盲人"牵着妻子的手，乘火车深一脚浅一脚地回了石家庄。十几年来，似乎只有生病，他才能在家中多住几天。

当晚，妻子淑姐请来邻居国医姜国宏大夫为苏高礼把脉。姜大夫说："你身体太虚了，我开一服药多煮些，连喝带洗脚洗腿。但是，你明天必须到医院西医看眼睛。"苏高礼用罢药昏沉沉地睡了一宿，第二天竟神奇地退了烧。

吃过早饭，淑姐带他到石家庄医科大学第二附属医院看病，一位全国有名的眼科专家廖菊生大夫看后说："你来的还算及时，这是一种少见的综合症，如果下身黏膜出现溃疡就有危险了，就没法治了，现在立即住院治疗。"

住院输液9天后，发炎的黏膜终于出现了好转迹象……

三十七

两个月后，还在住院的苏高礼收到了高亚光老师11月5日的来信。信中说：工资已替你领出来，暂存我这儿，什么时候要就来信，我随时可以寄去。接着嘱咐他使用激素药物后的注意事项。随后话锋一转：

"天安门的画（指《不可磨灭的记忆》），确是必须画出来。因为当前虽说从中央到群众，绝大多数都在为天安门事件的平反造舆论，上海已出了话剧《于无声处》，但这关口斗争还是尖锐的。有人公开说天安门事件还是反革命事件。因此，必须画出来，歌颂它，这是斗争。你在眼睛彻底恢复之后，可以开始画。但目前绝对不要画，可以想，可以听听文章、剧本，但不要用眼过度，别光顾眼前。"

高亚光还告诉他，这幅大画的画

油画《不可磨灭的记忆》（杜键、高亚光、苏高礼合作）1979年 中国美术馆藏

框分为6块，杜键已经安装在墙上了。字里行间不难看出，这3位中年画家当年与国家、人民同呼吸共命运的情怀。早在年初，在杜键先生的带领下他们就开始构思这幅画了，到他去敦煌前已经设计了不少草图。

11月16日，《人民日报》刊发了消息《中共北京市委宣布天安门事件完全是革命行动》——新华社北京11月15日电 中共北京市委在最近举行的常委扩大会议上宣布：1976年清明节广大群众到天安门广场沉痛悼念敬爱的周总理，愤怒声讨"四人帮"，完全是革命行动……对于因悼念周总理、反对"四人帮"而受到迫害的同志要一律平反，恢复名誉。

苏高礼听到这条特大新闻很兴奋，很快出院并在家继续设计这幅大画的色彩稿。1979年2月，苏高礼回到中央美院上班，在设计了二三十幅色彩画稿的基础上，他和杜键、高亚光在教学之余，开始上画布完成《不可磨灭的记忆》的大画。

素描底稿《不可磨灭的记忆》300cm×410cm 1979年

这是苏高礼他们第一次用壁画的形式作画，目的是全景式记录"四五运动"，画面以高耸的人民英雄纪念碑和周总理的遗体为中心上下展开，在花圈和标语的海洋中，是人民群众进行各种悼念活动的场面，当中有保护花圈的、演讲的、唱革命歌曲的……降下的红旗在半空中飘动，横着的上下数道似云似雾代表记忆的网线，显示出人民群众记忆中不可磨灭的景象。当一个民族对于理想有着空前一致的追求时，他们是永远不可战胜的！画面的全部赞誉和张力体现出一种精神——人民群众是创造历史的动力，人民群众的意愿决定着祖国的未来。

3月，《不可磨灭的记忆》即将完成。一天，中央美院领导安排意大利《时代》周刊摄影记者洛蒂到画室参观。1973年1月，这位意大利摄影记者随意大利政府代表团访华时，在人民大会堂拍摄了周恩来生前的最后一张照片，被周恩来夫人邓颖超誉为"周总理所有照片中最好的一张"。

洛蒂在画室看到苏高礼用线勾勒的一张《不可磨灭的记忆》色彩稿后，略带犹豫地问："这幅草稿可以送给我收藏吗？"

苏高礼说："你是中国人民的朋友，愿意送给你。"

洛蒂听后很兴奋，从包里取出他拍摄的周总理的照片回赠苏高礼。

1980年2月，《不可磨灭的记忆》参加了"国庆30周年美术展览暨第五届全国美展"，引起轰动，获得三等奖；被当年的《美术》杂志封面刊发，并收入了《1976—1978年中国文艺大全·美术集》；不久即被中国美术馆收藏，中国美术馆发给杜键、高亚光、苏高礼3人共500元材料费；此前，这幅画还曾参加北京市美展获一等奖。1982年，这幅画受到北京市文学艺术工作者表彰大会的表彰，授予奖杯和奖状。《不可磨灭的记忆》是不可多得的反映"四五运动"的经典作品。

随着岁月流逝，《周总理是我们的贴心人》、《毛主席、周总理和朱委员长》、《不可磨灭的记忆》的历史厚重感日渐凸显。苏高礼认为，创作这3幅作品是他们义不容辞的责任。共和国成立初期成长起来的人大都有着相同的红色情结，更不用说这几位对祖国前途、对社会主义建设事业充满使命感的中年画家了。

三十八

1980年11月起，苏高礼与闻立鹏、张同霞、高亚光、王德娟结伴赴山西、陕西、河南考察祖国传统艺术。在近两个月时间里，他们在各地文化局的帮助下，从北到南沿着大同—太原—汾阳—祁县—洪洞—平遥—侯马—稷山—河津—芮城—西安—咸阳—洛阳—巩县的路线，一路欣赏考察这些城市周边城乡的几乎全部洞窟、庙宇、地下出土的壁画、石雕、石刻文物古迹。

苏高礼对这次考察是十分看重的。他在十几年的艺术实践中，越来越深地认识到与周围年长的老师们相比，对中国传统文化积淀不够是自己知识结构上的短板。这是因为，苏高礼生长在农村和城市普通劳动者家庭，长辈们在为人处世中教他做一个诚实善良的人，但年幼短期的私塾学习和缺少家学渊源，使他缺乏传统文化潜移默化的熏陶；共和国成立后的小学、中学教育阶段，他学习优秀传统文化的力度很不够，加上大学和研究生教育又是在苏联完成的，这段时间则完全接触不到中国传统文化。学习提高绘画的技巧技法固然不容易，但这毕竟还是有形的东西，而对于中国传统文化涵养的缺失，对一个艺术家表现中国人深层的情感和灵魂，提升艺术等级的影响是很大的。

11月10日，苏高礼一行来到晋西北的大同云冈石窟参观，他对第六窟的石雕像印象深刻，看到了北魏雕塑的真正面貌，使他有了将此石雕像与米开朗琪罗的西斯廷教堂壁画比一比的想法。窟中雕刻的佛传故事位置适中，构图形象生动，是浮雕的精品。

云冈的许多石佛表情亲切、微笑、温情、不冷不干，其中，供养菩萨和飞天的动态极度夸张，包括一些细微描写都很生动，属于以动取胜。它们在艺术表现上，粗犷不失严谨、拙而不失大气、简练不失精到，外形的整体感、剪影的匠心处理都有独到之处。

但他也看到，石窟中有些北魏时代的石佛被后人用泥重新塑过，水平极低，不堪入目。

几天后，在晋中离太原不远的天龙山石窟，苏高礼一行见到了始建于北齐时期的石雕精品，这里的部分石雕佛像精品曾遭到日本人偷盗，据说有150余件文物流失海外。石窟西部山头上的石雕是极佳之作，窟中有一座大佛形似较胖的印度人，大佛下面站立着稍息菩萨，立姿动态轻盈，让人感到十分舒服，可与希腊著名的《维纳斯》雕像相比，妙不可言。

11月下旬，苏高礼在洪洞县广胜寺内的水神庙东侧墙上，发现了一幅极具生活气息的《售鱼图》，立即用钢笔临写在速写本上。画面上售鱼人和买鱼人的服饰、包括所穿的鞋子都与身份相符，两人的形象生动传神，买鱼人怕缺斤短两亲自执秤查验重量，卖鱼人张嘴站在旁边连声打着保票……由此可见，作者对生活有着致细致微的观察，绝对是有感而作。

11月底，一行人来到位于山西省

临写水神庙壁画《售鱼图》 1980年 山西博物院藏

临写青龙寺壁画《小鬼打架之一》 1980年

临写青龙寺壁画《小鬼打架之二》 1980年 山西博物院藏

西南部的稷山县，离县城4公里的马村西侧有一座始建于唐代（662年）的青龙寺，在元、明、清代曾多次重修，寺中各殿的塑像虽已不复存在，但大殿、中殿和伽蓝殿墙壁上尚存有绘于元、明交替时期的196平方米壁画，是十分珍贵的文物。其中，中殿四壁绘有130平方米"水陆画"，全部构图上画有300多个人物，此乃青龙寺壁画精华之所在。

水陆画最初是佛教寺院举行水陆法会时所用的神像画。在发展过程中内容逐渐丰富，不仅有各种佛教、道教、民间的诸神，还有士农工商、三教九流、六道四尘、地狱鬼众、神话传说、水陆缘起等内容，其内容的广泛性超出一般佛教绘画的范围。

青龙寺壁画与永乐宫壁画同处一个时代，有可考的师承渊源。在运城地区，共有永乐宫、青龙寺、兴化寺、稷益庙4处壁画，其艺术发展及特点属于从元代过渡到明代的中间类型，创作时间比欧洲文艺复兴的"西斯廷拱顶画"早近百年。具体到青龙寺壁画，人物衣纹的用笔继承了唐代的细密、宋代的顿挫和元代的圆浑有力，发展成为粗细顿挫、变化多样的技法，既合乎衣纹转折的规律，又表现了人体运动的真实感而不失其装饰性。画面着色采用传统的重色勾填法，以冷色为基调，提以暖色，远观近看的效果都好，墨线起到骨干作用，表现了一定的立体感和质感。

苏高礼在青龙寺中殿发现了一组表现"小鬼打架"的画面，人体简直都画绝了，是精品中的精品，他用钢笔在本上连画了4幅《小鬼打架》的速写。画面上打架的小鬼们人体比例十分合理，肩胛骨、胸廓、肋肌的夸张感觉，特别是肢体动作的张力达到了极致，不禁联想到米开朗琪罗作品的艺术效果，乃异曲同工也。

进入河南、陕西考察同样收获巨大，唐代的石雕造型艺术让他大开眼界。考察中，苏高礼速写本不离手，一路上绘制的速写数量远远多于文字，连写带画记满了几个速写本，有些素描、速写成了他日后出版作品集的精品。对苏高礼而言，这些优秀的传统艺术犹如一种强大的"物质"，渐渐渗透进了自己的神经和血液。

他说："传统艺术是我的艺术起跑期间产生加速度的两条长腿，一条是祖国的传统艺术，一条是西方传统艺术。我认为所谓传统，过去的艺术都是传统，其中包括近、现代被认可的东西。对传统的东西要反复接近、熟读，而且在自己艺术实践中有意识地借鉴吸收，可以说收获颇丰。"

通过这次考察，苏高礼进一步提高了对用线造型的认识，如果线造型功夫解决得不彻底，对油画创作时面的理解也会是虚的。通过对中国传统绘画、石雕、石刻造型手段的有效借鉴，可以提高画家的创作表现力，在表现活的物体时，力争体现出形体的生命形态和张力；而在表现死的物体时，则可以体现出它们的形式意味。直到老年苏高礼都认为，画家对于中国传统艺术的深入考察，是确立自己艺术风格的必不可少的营养餐。

"文化大革命"结束后，苏高礼始终想为生他、养他的太行山创作一幅纪念碑史诗式的巨作，全面表现太行山区军民在抗日战争中的丰功伟绩。这个想法与杜键、高亚光不谋而合。杜键说："这幅表现太行山作品的出发点，依然要表现人民群众是创造历史的动力。"

但是，这个想法要先放一放了。

第八章 倾心素描、速写教学

三十九

不惑之年的苏高礼已经是油画系年富力强的教学骨干，实现"油画中国化"需要几代画家在不断求索、继承、创新中前行，更有意义的工作是培养好自己的学生——中国未来的油画家们。

苏高礼在笔记本上，抄录了法国著名画家马蒂斯（1869—1954，野兽派创始人和主要代表人物）1948年2月14日写于美国费城个人画展前夕的信——《致青年美术家》。信是钟涵教授翻译发表在专业杂志上的。苏高礼赞同马蒂斯信中的观点，反复告诉学生要深刻认识基础训练的重要性，甚至在课堂上向大家朗读过如下原文：

美术家应当深刻地认识到大自然。他应当与它的节律合拍，这就要经过努力来使自己掌握技巧，而有赖于这种技巧，他往后可以用独特的语言表达自己的思想。

未来的美术家应当明白，素描，甚至雕塑，所有那些使他与大自然相同，使他与之化为一体，使他同刺激他的感觉的物象相融合的一切，这也就是我称之为大自然的东西，对于他的发展都有益处。我想，在这里，借助素描进行的研究最要紧。如果素描与理性相联系，而色彩与感性相联系，那就应当画素描，以求发展理性并且能够循着理性的道路引导色彩。

1979年，中央美院油画系壁画工作室招收了戴士和、刘虹两名研究生，戴士和是首都师范大学毕业留校担任助教后考上研究生的。此时，苏高礼在壁画工作室工作，负责教戴士和、刘虹入学第一阶段的素描、速写和人体写生课，钟涵教授也抽空来旁听他讲课，并在课堂进行人体写生练习。

在中国美术界，有观点认为"苏派"的素描教学太教条，死板到让学生手握一把从6H到6B的铅笔，不胜其烦地把模特画得从细到腻，号称"全因素"。苏高礼不赞同这个说法，他对"全因素"有自己的理解，在列宾美术学院他遇到了最好的素描老师——卡拉廖夫教授，这位苏联教授的素描、速写教学使他深受启发。为了搞好戴士和、刘虹研究生阶段的基础教学，他总结了近十年给各种培训班、工农兵学员讲授素描、速写课的经验，开始构思撰写一本紧密适合中国高等美术教学的新教材。

在课堂上，苏高礼要求戴士和、刘虹用牛皮纸和炭精棒画素描，他说这样做"有助于研究"，并始终强调这种研究的意义。用牛皮纸和炭精棒画不出光洁华丽的画面，线条也有些发涩，橡皮涂改过的地方还会留有一些痕迹，画面调子的层次也不可能无限细腻区分。但一段时间后，戴士和渐渐体会到：

"这种工具材料的限定，引发出一种朴素单纯的心境，使你能够着力于造型的研究，着力于形体基本规律和造型表情的研究，而不再为一些表面的周到漂亮的趣味分神。"

在此基础上，苏高礼还鼓励戴士和及其他学生在画面上做一些"专题研究"。他从来不在学生素描作业画面上做任何改动，而是在他们画的人体旁边画个膝盖，腹部画出骨盆的构造等等，有时他边讲边示范也随手画在旁边，让学生体会到规律性的东西。久而久之，戴士和的作业上布满了大大小小的人体和局部，积累起来就像在笔记本上记满各种研究课题一样，记录下探索研究的足迹，那里面有肢体遮盖住的构造，有皮肉表层之下的骨骼形态，有概括出来的人体几何体，有全身轮廓所形成的影形节奏……就这样，苏高礼一步步引导戴士和、刘虹对正确的素描入迷。

像卡拉廖夫教授一样，他总是启发戴士和、刘虹主动理解结构，主动表现结构，不要离开形体描摹光影。为了强调这点，他主张用线明确、肯定地塑造形体结构，而线在牛皮纸上那种毛毛的感觉，不浮不僵，刚柔相济，与背景空间、形体起伏都浑然一体。

多年后，戴士和感慨道：

"他在素描教学中一再强调的'研究'，是要求我们把眼睛所见与心中所想，把感觉与理解结合起来，把技巧与表达结合起来，把一般规律与具体对象结合起来。而这种结合在不同作者、不同模特、不同表达意图中又是每每不同的，所以，总需要全神贯

素描《仿思想者》 1979年 中国美术馆藏

注地'研究'。""苏先生素描教学里强调'研究'态度，提倡扎实淳朴的学风。我听到后来的研究生、助教研修生、本科生都有一致的感慨。"

戴士和是苏高礼教的第一届研究生，此话乃肺腑之言。

戴士和、刘虹的素描、人体写生课程结业后，苏高礼找到油画系领导，坚决要求调回第二工作室搞教学，他感到新成立的壁画工作室的研究方向，以及所接受的社会创作任务多是装饰性壁画，这与他的研究方向相悖。油画系领导同意了苏高礼的要求，他又回到了第二工作室。

他下一步的业务方向是：

（1）深入研究素描、色彩教学方法；

（2）深入研究纪念碑史诗式的壁画或油画；

（3）根据多年写生体会，深入研究油画风景画创作理论、语言和技法。

他注意到，我国高校油画基础教学在"造型规律"上是弱项，还不够扎实。油画教学是一种实践性很强的"全因素"或称之为"综合因素"的教学，他习惯使用"综合因素"这个词，它更能概括素描、速写、构图布局、造型、色彩、手法等基础教学内容，又能说明它们是相互联系、有规律的，要求授课者必须头脑清楚，要讲究规律和规矩。因为，高校培养的是油画家而不是画匠，两者的区别在于画匠具有熟练作画的基本技能，但画中缺乏真情实感之魂；而画家掌握了基本技能后，其创作必须是充满感情的，更需要不断地提高个人艺术修养。但是，对培养画家的基础教学并非无止境的训练，只要真正掌握油画规律性的方法就达到了目的。在列宾美术学院所受到的训练和回国十几年的艺术实践，让他长久关注、倾心素描、速写教学，在"综合因素"教学中渐渐"入木三分"。

回到第二工作室后，他开始集中精力投入本科生和研究生素描、速写、色彩、创作课程"综合因素"的教学，即便到工会、老干部办的绘画培训班讲课也从不怠慢，他要在对不同学画背景的人的教学中不断积累经验。

四十

1980年，中央美院开始为中年教学骨干解决夫妻两地分居困难，苏高礼的妻子李淑珍被调到中央美院附中当体育教师，母亲、女儿、儿子的户口同时迁入北京，全家终于能够生活

全家福 20世纪80年代

在一起了。

在共和国计划经济时代，拥有北京户口是多少人梦寐以求的事情，有了北京户口就能领到粮票、油票、布票、棉花票、工业券，就能领到购买鸡蛋、肉、鱼、白糖、白酒、麻酱、酱豆腐等许多副食品的票证，就能在北京安家过日子，就能让儿女名正言顺地进学校读书。

全家迁京面临的最大困难是没有住房。中央美院教职员工的住房一向紧张，院里只能在单身教师、学生住的筒子楼里，先借给苏高礼一间宿舍暂住，房间里有两个双层单人床，苏高礼和妻子睡下铺，女儿海红、儿子海江睡上铺，而母亲只能到另一间宿舍与其他女教师合住。筒子楼里没有厨房，走廊里倒是可以生火做饭，但终归十分不方便，全家人就在美院大食堂买饭吃。

即便如此，苏高礼还是心存感激。较长一段时间后，中央美院在校园礼堂（此处曾召开过共和国第一届文代会）西侧为苏高礼家分配了住房，这是一个灰砖平房的小院，灰泥抹的房顶因漏雨又覆盖了黑油毡，只有一个窗户朝南，其余窗户朝西，住房大小3间，面积分别为4、6、10平方米，2米宽的院子里还有一间小小的简易厨房。据说，中国的保尔吴运铎同志曾在这里住过一段时间。之后，油画系闻立鹏、高潮两位老师家也在这里住过。学院还在附近另外分给苏高礼一间10平方米的简易楼房，楼外也有一间小厨房，他让母亲住了这间带暖气的楼房。两处陋室面积加起来不足36平方米，但已经能够居家过日子，毕竟每个家庭成员都有了斗室。

转年春天，苏高礼在房前屋后种了桃树、香椿树、葡萄、萱草、夜来香和丝瓜、苦瓜等蔬菜，这所不起眼的小院变得生机盎然起来。美院上下一致认为，这是校园里绿化最好的地方，党委书记洪波说："苏高礼的院子是中央美院校园里最美的一块地方。"

戴士和曾撰文回忆：

"读书时常到他家去坐……那是一个爬满牵牛花的平房，在学校里像一座都市里的村庄。穿过木栅栏门，就像进入了一个很特别的小天地，我爱看挂在墙上的女儿肖像，苏联同学送给他的车站风景写生。他拿出米开朗琪罗的画册，告诉我们素描人体当中，人的精神状态的重要；他拿出苏联同学的毕业创作大幅草图，让我们知道'草图'没有任何潦草的意思。记得我极为激动，把它借回去仔仔细细摹写下来，此后再看见欧洲大师为作品所画的精致草图时，我已经不那么吃惊了。"

四十一

1982年1月8日，油画系会议室坐满了全系近20名共产党员，大家郑重讨论苏高礼的入党问题。

支部书记闻立鹏说，苏高礼在苏联留学期间，列宁格勒留学生党支部曾一致通过他加入党组织，但当时的驻苏大使馆留学生管理处党总支意见是先放一放。理由：一是他老家亲属的富农成分问题（实际是富裕中农）。对这个问题大家都知道，十一届三中全会后全党已经停止使用"以阶级斗争为纲"的口号，否定了"无产阶级专政下继续革命"的错误理论。1979年1月，中央就发文为全部地富反坏分子摘帽取消了成分。二是说他的艺术思想受到修正主义影响较深。以上两个问题都是极"左"路线时期的问题，现在已经不用过多解释，他的工作表现大家都看在眼里了。苏高礼同志从1956年申请入党起，经过党组织二十多年的考验，证明他是符合共产党员标准的好同志。

李骏说，有些党员同志曾提出，曹春生同志留苏提前回国是苏高礼打了小汇报。经过了解根本没有这件事。

还有党员在会上批评苏高礼，说他两年前不安心在壁画工作室工作，要求回到第二工作室是"文化大革命"的派性思想作怪，言外之意是苏高礼与第二工作室的闻立鹏、李天祥、赵友萍等"文化大革命"中同属一个群众组织，从派性出发不服从革命工作需要。

对此质疑，系主任冯法祀教授发言："苏高礼对系里工作热心，油画系在太原办油画培训班他待的时间最长，学员对他的教学反映很好，工作认真负责。"

此后，支部组织委员毛凤德两次找苏高礼谈话，说："你的缺点主要是联系群众方面的问题，曹春生提前回国与你无关。"

4月14日，油画系党支部再次召开全体党员会议，毛凤德代表支部委员会宣布："经过调查了解，没有发现苏高礼在政治方面的问题。"接着，马常利、钟涵、林岗、吴小昌、李天祥、闻立鹏、冯真等老师发言，大家一致同意苏高礼入党。不久，中央美院党委批准苏高礼为中共预备党员，一年后转为正式党员。

四十二

1982年，由于全社会批判了"两个凡是"的错误理论，认同了"实践是检验真理的唯一标准"的论断，各行各业解放思想、开动脑筋、实事求是、团结一致向前看，各项事业在百废待兴中缓缓起步。

在中国美术界，从50年代到"文化大革命"结束，几代画家长期深入生活，进行了最广泛的"为工农兵服务"的群体性艺术实践，在此历史转折点上，中国油画面临着多样化快速发展的重大契机，将迎来艺术创作能量的巨大释放。在1981年全国"第二届青年美展"上出现的乡土现实主义美术思潮，其具体反映就是在艺术创作题材、风格上的多样性表现。

在这个大背景下，中央美院尝试性地开办了第一届"油画助教研究生课程班"，招生对象是全国艺术院校具有本科学历的年轻美术教师，或有经验、有作品的年轻画家，考生必须经过统一考试择优录取。研修生入学后，将用一年半至两年时间学习在校研究生的全部课程，毕业时发结业证书，如外语考试合格则发研究生毕业证。

消息一经公布立即受到社会考生欢迎。因为，考研究生必须考外语这道无情的门槛，挡住了许多能力强、专业好、外语差的中青年教师、画家的深造机会。而中央美院办这种研修生班体现了高级美术教育的特殊性。由于招生时重点考察考生以创作为主的专业能力，同时考察文化素质和思想品质，保证了研修生入学就能进入学习状态，那些只想镀金、混文凭的人则被拒之门外。

这年暑假，苏高礼在多年来积累的教学笔记的基础上，开始撰写《素描教学》一书。在他的构思中，这本书应该图文并茂、观点深刻、语言精练易懂，插图专业水准高、示范性强，使学习油画专业的学生能尽快掌握正确的素描、造型的基本规律。经过一个假期奋笔疾书，初稿基本成型。

秋季开学后，油画系调集各工作室教学骨干参加第一届研修班教学，让每个教员教他最有实力的科目，以解决研修生不同学习阶段所要解决的问题。

根据油画系安排，苏高礼除了负责第二工作室本科生、研究生全面教学外，还要负责第一届研修生班的素描、速写基础教学。他把《素描教学》稿打印发给第二工作室和研修生班的学生做教材，钟涵教授看过后给予较好评价，并提出修改意见。学生们毕业或结业时，带着这本教材回到工作岗位，当了教师的学生又拿来教自己的学生。

第一届研修生中有个叫李斌的学生，他曾是黑龙江生产建设兵团的知识青年，入学前合作创作的连环画《枫》已在全国美展上获奖，其绘画水平远在读研究生的学生之上，研修班毕业后又到美国发展。李斌始终念念不忘苏先生教的素描、速写课，多年后回国办美展专程看望恩师。他说：

"我过去画素描、速写是盲目的，靠着一个敏感，而你的素描速写教学，让我们找到了素描、速写本质的东西，对我们来说是一个脱胎换骨的过程。"

在《素描教学》这本书里，苏高礼选用了李斌一幅记忆素描人体作品作为示范插图。李斌的话代表了历届研修生的心声。

四十三

1986年中央美院任命苏高礼担任油画系第二工作室副主任。随着一届届学生毕业、结业离校，他不断修改充实着《素描教学》，全书分成4个部分，为了有助于学生加深理解，同时包括160多幅经典插图，每幅插图后面还配有注释文字引导学生加深理解。

下面是对全书纲目内容的摘要。

第一部分 序言——有感于素描和素描教学

对于画家来说，素描是一种综合能力的体现，不但有技术方面、艺术思维方面的，还有精神素质、人文素质方面的能力综合。因此，素描是对画家全面素质的训练，或者说是在画家全面素质提高的基础上的训练。

素描教学，实际上塑造的是一个艺术家的灵魂，艺术家正是从这里出发去完成他的艺术创造；素描教学，承担着对学生创造意识、表达技能的全面培养功能，是其艺术成长的奠基石。

目前，我国素描教学对基本规律理解较浅，知识性认识不深入（如解剖、透视、明暗三项基础知识），基本功向艺术语言的转换不彻底，造型的个性特点不鲜明。而我们的素描教学，以借鉴文艺复兴以来历代艺术大师的写实、具象造型的基本规律和方法为切入点，融入近现代造型语言的精华积累，再融入中国传统线造型、意象表现"似与不似"等造型观念，以期发展和形成民族的、现代的造型语言为目的。素描教学既要有单独课程的安排，同时也要把素描教学放在整个艺术教学中去进行，如在色彩和创作课中同样要重视造型能力的进一步提高和完善。

我们的素描教学大体分为两部分内容：一、观察方法，创作意识，审美观，这一部分重在学生艺术修养和观念的提高；二、造型基本技能，个人造型语言的锤炼，画面构成的能力，这一部分重在表达能力的提高。两者不能分割，必须同步进行。

第二部分 素描教学——讲稿

素描是一切造型艺术的基础，是美术专业教学的重中之重。苏高礼强调，素描教学不仅仅在学技术技巧，更重要的是向学生灌输素描的精神内涵，要格外注重艺术家表达思想情感的主观能动性，这是素描艺术思想和素描教学思想活的灵魂。

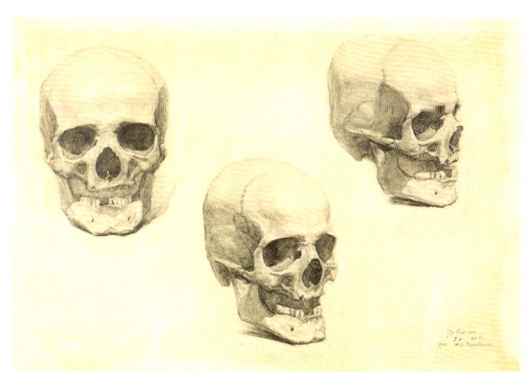

素描《头骨的三视面》 1960年 山西博物院藏

素描《脚和脚的骨骼》 1960年 山西博物院藏

第一节　素描教学原则举要

在素描学理上，苏高礼整理归纳出素描造型的四个原则。第一个原则：结构和形体——素描造型的基础；第二个原则：动态——体现生命和神韵；第三个原则：比例——形象的特征和节奏；第四个原则：基本形——造型的起点和归宿。

1. 结构和形体——造型的基础

结构和形体不仅是形象构成的基础，而且是绘画形式美的重要方面。素描造型的过程，就是对表现对象的结构、形体，进行分析、认识、概括的结果。因此，以结构形体为依据，塑造出立体的、生动的艺术形象和画面，是我们追求素描造型的目的。

2. 动态——体现生命和神韵

动态，包括五官动作形成的面部表情，都是在体现人的生命力、心理活动、性格气质的重要方面。人物素描的最高境界是以形写神、神形兼备，只有处理好动态和表情，才能达到如此境界。一幅好的素描作品，可以允许存在一些技巧上的不足，但不能缺乏或没有准确、生动的动态表现。

动态在人体中是关乎全局的问题。英国哲学家培根说："相貌的美高于色泽的美，而优雅合适的动作美又高于相貌的美，是美的精华。"这也告诉我们，在造型中要特别重视对协调一致的动态的表现。

认识把握人体动态有以下要点：

（1）在人体结构原理允许的范围内，体块在空间的位置移动是人体动态的本质；

（2）人体动态是由人体三大件——头、胸、臀在三个面（正面、侧面、水平面）上的协调动作作为核心的；

（3）正确处理人体重心、着力点、支撑面的关系，使人体在运动中相对稳定；

（4）以人体中线两侧对称部分的变化来把握动态，如两侧的屈伸、收放、平斜都是相对应而变化，左屈而右伸，右收而左放；

（5）注意人体固有的动作要领，如膝、脚动作同向，走路时右手与左脚、左手与右脚协同动作，两脚平行站立自然会挺肚子等；

（6）人体动作的目的性，如走、跑、出击、负重和身体有关体块的肌肉紧张、松弛的变化相配合，形成人体具体而生动的表情；

（7）运动中人体体块在空间位置移动，必然产生透视变化，所以透视形的准确也是表现动态的重要因素；

（8）要特别重视研究人体动态的个性特点，要把握人体动态的空间性质、情感性质和个性特征。

3. 比例——形象的重要特征和节奏

比例是形象特征的重要内容。正像黄金率是美的法则之一，比例是形象美的一个重要方面，是形象内在节奏韵律的体现。艺术家处理比例历来都是各行其是的，对比例的特殊发现和处理,可以形成画家的艺术风格、表现形式上的个人特点。赋予形象的外部特征,往往传达着形象的内在性格。比例之美,主要在于节奏协调、合乎生活情理的变化,它不应该是一个固定的、准确的尺度。

写生中如何做到形象比例的协调呢?

(1) 熟悉和掌握人体比例的共同规律,以求得比例的基本协调;

(2) 画面形象是三度空间的,观察时要注意形象的厚度印象,把它也归到形象的比例中来;

(3) 由于视觉角度的变化(视点和视平线的变化)引出比例的多变性和灵活处理的可能性,视觉的新鲜感和生动性,在作画时应该加以利用;

(4) 掌握好比例,要训练自己眼睛的敏锐度,要靠对形象比例的整体感受,而不是依靠器具的测量;

(5) 在解决比例问题时,有一个对错觉的利用和改正问题,有时它能提供特殊的比例美;

(6) 比例也是全局性的塑造一个人体乃至一个画面的整体问题。

总之,比例要求整体协调,要求视觉印象的舒适感,要求表现个性的特征,其追求艺术上的准确是相对的,但应该是合理的。

4. 基本形——造型的起点和归宿

在素描艺术创作和教学中,基本形的概念是苏高礼特别重视和强调的。

从认识表现对象的角度讲,基本

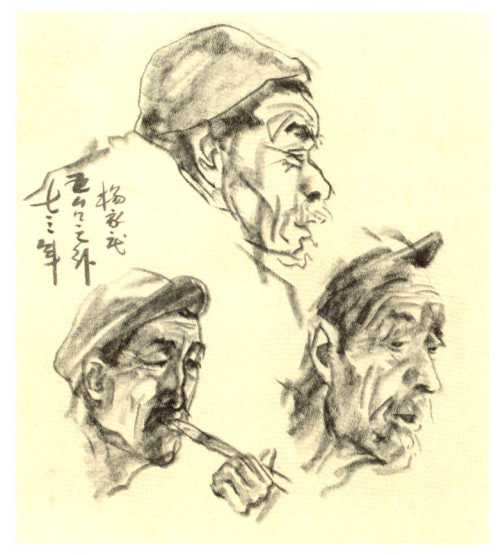

速写《3个老头像》 1973年 山西博物院藏

速写《家乡老汉全身像》 1959年 山西博物院藏

形是综合了形象的比例、结构、形体、透视、运动等因素的总印象，是形象的共性特点和个性特点较为本质的体现，凝聚着画家的艺术感受和追求，是画家对形象观察、思考、孕育的结果，产生在塑造形象的开始阶段。

基本形是画家对表现对象整体特点的自觉意识，既是造型的起点，也是造型的归宿。基本形是从画家接受信息后的意识里涌泻出来的，是画家的创造物。画家的感受、个性和基本比例、大动态等形象最有表现力的特点均在其中，形象的整体感、完整性最终也体现在基本形的明确和造诣上。故在素描训练中，要努力引导学生从掌握基本形入手塑造形象。

好的基本形一经明确，反过来又可以引发画家更强烈的艺术想象和表现欲望。要夸张、要变形、要表现感受都需从基本形开始，不仅要概括基本形，还要加工基本形，目的是使物象提供的形式感觉更加明确而有意味。

综上，苏高礼提出的素描造型四个原则，是理论色彩很浓的真知灼见，为我国美术教育探索绘画艺术的发展，开辟了广阔的道路。

除了上述四个原则，在苏高礼的素描理念中，还十分在意人体解剖、透视法则、明暗法则三项基础知识的重要性。他说，这三项基础知识的欠缺，将使学生在素描学习中抓不住重点，影响作品中的审美品位和学术性。他强调对造型规律的深入理解，强调对知识性认识的深入把握，还强调基本功向艺术语言的自然转换。他坚信，在素描写生中研究人体结构、形体、透视、比例、动态等等，其最终目的——绝不是把对象像石膏翻模般的复制，而是为了不断获得感受对象、理解对象的依据，获得表现对象的灵感——创造性地再现对象，这些都是在挖掘自然界原本存在的美的灵魂。

因此，在素描学习、实践过程中，一定要切记从感受出发，而不要从技术出发；一定要明确自己的独特感受和新的发现，把对象在心中激起的表现欲望，化作艺术形象再创作的激情和创造性的劳动。

在本节中，苏高礼还特意对人物头像创作进行了简述。

他说，头像是人物创作中体现画家艺术构思的最重要内容。上面提到的素描造型的四项原则，也是头像素描写生的重要原则。此外，他对头像素描写生训练还归纳出三个要点：

1. 头像写生要形象特征鲜明，既要有民族、地域共性方面的内容，更要有个性特征；既要有外形特征，更要有内在性格和气质方面的特征。

2. 头部素描要求结构结实，形体厚重，既要了解头部骨架、面部肌肉的结构内容，又要概括基本形体起伏的特点。

3. 头像的整体处理，要求基本形鲜明，五官等结构刻画有主有次、层次分明、节奏合理。

多年后,《素描教学》早已正式出版,并且多次再版。之后,苏高礼又撰写了《素描头像》、《再谈素描头像》、《速写教学》、《再谈速写》四篇文章,文章中的观点可以看作是对人物头像创作、速写这两部分内容的翔实补充。

画人物头像素描应该把握哪些基本规律和常识呢?

1. 头部的基本形体

结构是认识头部的基础,形体是对结构的概括和感受,头部的基本形体是头部最大的体面关系。因此,明确了头部基本形体,也就明确了头部的透视变化、动态特点、厚度和起伏,也就明确了其体面关系。

六面体是头部基本形体的一种概括,是更理性的认识,它虽与实际操作还有些距离,但也能够帮助人认识到明确的透视关系。如:耳朵在人抬头或低头时位置的确定;把头部看成椭圆形的多面体更容易在实践中理解和把握,因为各种不同的椭圆图形,体现着头像外轮廓和内轮廓的关系;内轮廓是大面积的转折,同时两者是互相转换的,画头像首先要从这个认识开始,且要把握到底;画头像同时还要认识头与颈部、肩部平面的有机串联,将三者结合起来处理。

2. 头部的基本结构

对头骨的认识是重点,骨点虽不在外表,但必须成为找关系的依据。

心中有数,这是基础中的基础。认识头部主要骨点的关键是眼眶、上颌骨、颜面骨架;中线是认识脸的结构组合可依据的一个标志,中线两侧在透视中对称,有起伏和变化,十分丰富。

额头的形体概括,头发的发型受头盖骨的制约和影响;画嘴要从嘴突画起,及概括口轮匝肌,人中从鼻中隔起始;对眉眼的基本形及透视变化,要从认识眼的球体造型开始,要重视光对眼造型的影响,两只眼在同一光源下的不同变化,光源决定黑眼珠上高光位置的形状。以上是认识和塑造五官的最重要的关键点。

人的面部表情主要集中在两个区域:(1)眉眼之间是第一表情区,要注意鼻根的位置和两个眉头与鼻根之间形成的三角区;(2)口鼻之间为第二表情区,要注意嘴角、鼻唇沟与颏唇沟之间的变化。

3. 头部的基本比例

中国绘画所讲究的三停和五眼是共性的比例,符合这个比例容易达到面部基本比例的协调,但是,艺术表现更重要的是个性特征鲜明,故三停五眼只能作为一个可参照尺度,利用它去发现不同对象的比例变化,达到个性特点的表现。

观察脸的中心三角区,确定脸的长短宽窄特点,透视和动态赋予头部比例丰富的变化。比例不是求得客观上的准确,而是追求合乎视觉舒服的协调感,感受到特别味道,追求艺术表现上的准。

4. 头部的基本形

素描《留学生头像》 1965年 山西博物院藏

这里所讲的基本形区别于基本形体的提法。认识、概括、加工头部基本形，得到一个鲜明的形象大特征是头部造型的起点，同时也是归宿。

头部基本形是概括了头部的结构、形体、动态、比例，透视后得出的一个基本认识，既要有平面的剪影效果，也要有形体厚度的认识。中国绘画所归纳的田字脸、国字脸、目字脸、甲字脸、申字脸、由字脸等，虽是脸的基本形的概括，但实际上脸形是千变万化、很少有重复的。因此，除了脸形的基本形外，还要认识五官的基本变化，如：我们日常所说的尖嘴猴腮、浓眉大眼、贼眉鼠眼、大脑门、小白脸等等，协调好它们之间的关系也很重要。

5. 头像素描的三项要求

（1）要画得像。不应该是客观上真像，而是特别的像，甚至比看到的本人还像，这是因为要突出对象的个性特征。素描的像与漫画的像不一样，同为艺术的区别在于：漫画夸张对象的某项特点而不计其余，素描则是整体特点的突出，是均衡处理形象的整体关系。

所谓像的另一个特点是动态鲜明、五官传神、头颈肩动作协调、精气神十足，而对于动态表现往往是宁过勿不及的，"如面上仰，宁求其过分之仰；回顾，必尽其回顾之态"。（徐悲鸿语）要敏感于男女、老幼、民族、职业等身份差异；头与肩总是在三个平面上协调一致的运动中的细微体现。

素描《生产队长拾小》 1973年 山西博物院藏

（2）要画得结实、厚重、体积感强。即：结构结实，形体厚重，中线起伏到位，中线两侧对应找形，视平线、视点统一。正如塞尚所说："通过圆柱、球体、圆锥来表现自然，把一切都放到透视里去……"所以，透视可以是尺度，也可以是倾向、意味、感受，

素描《夏庄银锁像》 1973年 山西博物院藏

出发点是一个势字，也可以是情字或意（味）字，其中充满了辩证法。

（3）要画得整体感强、重点突出、富节奏感，三者必须是统一的。整体感是靠整体观察、感受、预先设计一带到底的，明暗色调大关系要明确，明暗交接线要肯定且到位，黑白灰层次有合理的变化。

头像素描要讲自然规律，这是为了提供一个尺度，并用这个尺度去发现对象的特征；而后要生动表现出对象的个性特征，则要遵循上述艺术规律。因此，完全离开自然规律就没有艺术规律可言，死守自然规律更没有艺术可言，造型艺术侧重的是艺术规律。

6. 头像素描的常见问题和解决办法

（1）不应该看见什么画什么，而是选择必须画的东西来画，画时分出轻重缓急。这就是依据结构、动态、比例、基本形这四项基本原则，它们概括了造型的方方面面，既有物质内容也有精神内容的表现。

在这里照抄对象是问题的主要症结。特别是抄调子，说明你既没有掌握明暗光影规律，也没有从形体结构出发，利用光影规律为塑造形象服务。须知，造型中结构是基础，是本质的因素；明暗光影是非本质的因素，它与结构相结合表现其特点时，才体现出它的作用。

再有，就是一味跟着感觉走，不能按照规律构架形象，缺乏最基本的头部解剖结构知识。还有人抓不住对人物最初最鲜明的感受，画之前没有明确的认识和设计，目的不明确盲目上手。因此，要大胆、主动地表现自己的感受和认识，不断掌握规律性的知识，以期获得表现对象的真正自由。

（2）要理解"形象的再创造才是真正意义上的素描造型"，这就要求头像素描中必须重视感受、重视艺术规律和重视线的表现作用。

重视感受——不被表面所限制，要发现、看到、感受到一切艺术表现的更深层的东西，如：性格、气质、形式意味、形体等特征，形成自己的主观感受和新的发现。

重视艺术规律——要概括基本形，加工基本形，强化动态表情，突出结构和形体、设计比例、体现节奏，三大面五大调的运用，处理调子大关系为突出形体结构服务。

突出线的表现作用——线本身，包括明暗交接线的轻重缓急、软硬刚柔等，都是一种重要的艺术手段。

（3）画面要有整体意识。

——要会概括轮廓线，确定基本形；会条理大的明暗关系，强调明暗交接线（往往是内轮廓），分出大明大暗两个体系来（色彩要涂在暗面，然后向亮面过渡）。

——要重点突出，造型的大特点是重中之重，然后是神态表情，特别是眼神的刻画；画前在脑子里形成对形象的认识和设计，然后参照模特画出自己头脑里的形象来，这样才能体现整体意识。

——不求表面的完整和完成（即所谓画满），画出来的东西一定要有表现力和讲究，这里所说的讲究，是追求感情和技巧上的讲究；画的过程中要重视过程，不迁就错误和一般化，每一步都要达到艺术表现上的准确。

（4）画头像要重视三条线形成的两个概念：一是，有内轮廓线和外轮廓线的概念，明确头形大的体面关系和厚度；二是，中线两侧在透视中对称的概念，只有这样才能求得结构的结实、准确。

（5）评价头像素描水平高低有两个层面的要求：一是技术层面的形式感；二是精神内涵层面的气质。两者的完美结合就是品味，前者是技术保证，目的是突出精神层面的东西，既动人又有品味，以精神层面为主导能更有效地解决技术问题。

速写教学的重要性及如何画好速写

速写是素描艺术的重要组成部分。

速写能力是画家技能方面最重要的基本功，其本身包含有许多艺术创作因素，这就是为什么好的速写作品看起来比素描作品更加生动的原因。因此，速写训练同样是在培养学生发现美、提高审美选择的能力，以及张扬、雕琢艺术个性的过程。我们强调素描教学对于塑造艺术家灵魂的重要性时，切记不可忽视素描教学中的速写教学。

目前，多数美术院校考试科目中都有速写一项，但一些人对它的重要性却认识不足，仅把它看成应试的需要，而不完全理解速写能力的培养对艺术家的重要性，及对美术基础教学乃至创作教学的重要作用。提高速写能力和养成画速写的习惯，对一个艺术家的重要性怎么强调都不为过，它让学生受益绝非一时，而是一生的。

速写能力不单是造型能力中最重要的能力体现，而且也是联系艺术家与生活的重要手段，它可能成为他们未来艺术创作构思的激发点和素材库房。速写的特点是敏于发现，并通过夸张的、概括的、甚至靠记忆完成造型过程。

画人物动态速写要掌握以下四条基本原则：

（1）首先要认识、概括人物的基本形，形成人物的大特点——形体比例，动态所形成的形式特征，这是观察认识入手造型的起点，必须胸有成竹，十分鲜明。

（2）理解动态的特点——身体在空间的扭动，胸腹中线和脊柱的变化、重心和着力点等等，明确对象所提供的信息中哪些是可以强调、突出、夸张的。分析人体动态有一个方法，这就是认识三个面的转动和S形的平衡，注意两条竖线（胸腹中线、脊柱）、三条横线（肩连线、髂脊连线、两膝头连线）的倾斜变化。总之，画动态总是要宁过勿不及的，并非越"准"、越细越好，否则难以表现出生动的动态来。

（3）人体比例的共性规律是立七、坐五、盘三半，这是以一个头的长度为全身长度的比例。这个比例固然可以使人体比例达到基本协调，但易于出现千人一面没有个性的现象。所以，艺术家历来处理人体比例，都是根据个人感受和审美要求主动灵活地进行表现，高个子可以是九个头的长度，矮个子可以是五个头甚至四个头的长度。这告诉我们比例不是求准确，而是求特点，求整体协调。

（4）人体是以其基本生理结构和形体构架组成的，所以，为了画好人体的动态速写，必须掌握基本的解剖知识和形体结构特点，特别要了解骨架结构、关节组合特征以及人体基本团块。

推而广之，画风景、静物也都要了解其基本结构和形体，这样才会有塑造其形象的基础。

提高速写能力的最重要一条，是经常画、随时画、有计划画、挤时间画，只有这样才能越画越大胆、越顺手、越画越出成果，越画越有瘾。还要养成没有条件用笔画时，用心用眼画速写的习惯，积累视觉经验，待有条件时把脑子里蓄存的形象画下来，这叫作记忆画。实际上记忆能力是画好速写的重要能力，要先过脑再画好。

第二节　素描教学的几点体会

1. 掌握正确观察对象的4个要点

正确的观察方法是艺术家思想修养、艺术修养加上艺术实践经验的积累，及由此形成的科学头脑和熟练技巧融合的结果。这就是说，观察不能停留在方法的层面，更要注重眼界的提高，由此产生对手头功夫的高要求和正确引导。

（1）变局部观察为整体观察。

出发点——从大处着眼，方法——多作比较，结果——形成对形象的明确认识，产生艺术表现的构思和设想，确立你所要追求的目标。不论画什么都要养成先构思后动笔的习惯，先胸有成竹，再把"成竹"画出来。从生活到画面，可以说是两个事物。生活是现实的存在，画面是画家创造的存在，它们中间有个过渡的桥梁，这就是画家头脑中的画面。这个画面是整体观察的结果，也就是整体表现的蓝图。

（2）变明暗层次、光影虚实的观

察为形体、结构的观察。

明暗变化不是素描造型中形象的本质因素，明暗光影常常是在表现结构、形体时，才显现出它本身的光彩。明暗观察依然是观察的内容，但出发点、立足点只能是形体结构，只有这样才能正确掌握明暗光影的变化规律，并使之更好地服务于艺术形象的塑造。没有结构就没有形象，没有形体的透视变化就没有形象的主体和空间感，同时也就没有明暗变化的立足之地，让明暗层次、光影虚实在素描造型中服务于立体形象的表现上尽其价值吧。

（3）变平面观察为立体观察。

立体观察是以几何形的观念来概括认识对象，构思立体的形象和画面，以形体的空间位置来认识人体和画面的深度，以形的透视变化来明确空间体积。平面观察的特点是二维的，是摊煎饼式的观察方法。立体观察是三维的，强调转着圈的认识对象，是球体式的观察方法，它要求画家在对象周围建立一个立体的视觉空间，把眼睛的扫视和对结构形体的理解结合起来。

（4）以共性特点为尺度去观察和认识物象的个性特点，发现形象的个性特点，并给予强有力的表现，这是艺术造型最起码的要求。认识共性特点而不受其约束，通过发现个性特点后摆脱它，以便更充分地表现形象的个性特点。

2．理解—表现—记忆是三位一体的实践过程。

《庄子·养生主》篇有庖丁解牛的故事。我们要了解所塑造形象的内在结构，不但能像庖丁一样分解牛，而且还能把拆散的牛按照自己的意图重新组装，素描训练就是把"理解——表现——记忆"作为一个完整过程来要求学生。所谓"理解"就是研究规律、掌握知识、心里有数；所谓"表现"是指动笔、艺术实践，强调艺术实践的主动性和创造性；所谓"记忆"则强调画过的东西能背出来，日后能够举一反三、灵活运用。

3．目的明确、不择手段、千方百计

在素描造型上没有方法的高与低，只有作品的好与坏，各种各样的素描方法都有佳作传世就是证明。既可线描勾勒，又可分面处理，或充分利用光影明暗，或来个混合技法线面结合。你不妨进行各种尝试，找到最适合自己的方法。选择一些自己喜欢的大师的作品临摹学习，这是学习素描的好方法，也是一条捷径。

4．实践中探索新的表现形式

在素描教学中，应该把技术和艺术结合起来考虑，使学生的基本功训练一开始就成为有活力、生动的艺术活动，这对于培养创造型的艺术家非常重要。

（1）重要的是，不要把对象看成描摹的样板，而是作为艺术再现生活的依据，要求学生明确自己的特殊感受和新发现，把对象在心中激起的表现欲望化作一种艺术激情，使基本功训练成为创造性的艺术劳动，技术要服从艺术表现。

（2）掌握基本功的同时或稍后，

要逐步形成或找到自己的造型面貌，你的素描面貌和风格，就是你未来创作实践的艺术的面貌和风格。

（3）基本功训练过程中，有时为了学习某项技术，不怕暂时丢掉某些艺术原则；进入创作阶段后，有时为了艺术表现，又不惜抛弃某些来之不易的技术手段。能够达到这个境地，就应该算作无法之法的高境界了。

第三部分 素描意识——教学笔记

在学习素描造型过程中追求什么？如何把握技术与艺术审美的结合？在这个过程中何为正确的思考、观察、表现方法？怎样才能使素描造型能力成为画家艺术创造的基本保证？苏高礼把解决办法归结为一种素描觉悟——素描意识。

概括起来说，素描意识具有一种开放、兼容的性格，具有一种深邃的辩证思想，具有一种中国人特有的美学情怀，也就是画家在素描过程中的主观追求，其中包括创造性、书写性、整体性三个基本点。

第一个基本点：形象的再创造才是实际意义上的素描造型。

——素描造型具有艺术创造的特点，绝不是照相术，所有的素描形象都是艺术的再创造，而不是模特的翻版。

——画家素描能力的成熟，总是要不断摆脱对表现对象的依赖（或曰利用对象提供的信息），最大限度地去表现你对所表现对象的感受和思考的

素描《锄禾日当午》 1998年 山西博物院藏

能力的增长。

——素描是脑加手的劳动。整个素描过程都是以形象思维的规律去发现美，发现具有审美价值的形式因素，从而积极主动地捕捉形象，正如安格尔讲的"素描是艺术的真诚"。

——素描造型要求把对形象的认识提高到艺术形式美的高度来考察，发现其中的形式美感、视觉刺激的节律、节奏感、形的力度感、深厚感等等，使原本存在于自然而并不明确或强烈的形式因素，通过你的手段明确、强化起来，客观准确性和艺术准确性是两个不同的方面，后者有广阔的艺术创作天地，是我们追求的目的。

安格尔说："画家不应该仅仅画他眼前所见到的东西，而应该画他感觉到的自己身上的东西，如果他在自己身上感觉不到任何东西，那么最好他也别去画他眼前所见到的东西。"

对你理解的东西要敢于强调和强化，要敢于离开对象，而又不离开自己的认识和感受，这不仅是对创作性素描的要求，也是对习作型素描的要求。

第二个基本点：素描创作过程中要追求书写性，即追求画意谨防匠气。

——要探索点、线、面、黑、白、灰等造型因素的运用，不断总结、积累对表现对象的有效感受，形成画面的语言经验。不研究画法，死磨硬扣，易染上匠气。同时，过于追求画面表面效果帅气之类也是一种匠气，甚至更要不得。

——画意来自画法，任何画法都能够表现出画意，也同样可以表现为匠气。画意是一种绘画生动性的体现，关键表现在画家的构思上，是画面外在形式和内在表现要求的完美结合，即画家作画中主、客观的完美结合。

——高格调的东西往往是扎扎实实的，看似普普通通的、稚拙的、不太顺手的，不求表面完整、帅气、过分一目了然的东西。

——素描中要画和写，不要描和凑。前者是主动的表现，能增加能力和才干；后者易于"准确"，但只是眼前效果。正如安格尔所说："形——这是一切的基础和条件，即使烟雾也必须用线来表现。"写和画是素描的重要观念，是绘画的重要特征，就是古典中最写实的绘画也强调画意，远离匠气。

第三个基本点：素描过程中，总一概万表现整体。

我们画的是"一"，要的是"万"。此乃艺术整体性的本质。

——求一精神是艺术品成功的表现，好的艺术品总是表现在把握整体大关系上，而不单是好的细节刻画。绘画中要求的整体，是一种形式上的统一感和精神表现的一致性，也是一幅画的正确起点和归宿。

——对形象的感受要明确具体，主要体现在大关系上，从总体上处理结构、形体、动势、虚实、黑、白、灰等等，要一眼看过去的大关系，其次才是细节。大关系统领下的细节可以无穷无尽，脱离大关系的细节一点点也嫌多。

——素描的深入有两个方向。首先是大关系的深入：(1) 从基本形上（大轮廓）充分体现形象的特点；(2) 形象的动态，透视肯定而有控制；(3) 形象的气质，个性鲜明有确定性。其次是画细画精到，但要服从大关系不失控，经常回头整理查验。

——体积感（包括空间）是整个素描过程追求的目标之一，也是素描意识的直接体现。其意义在于，所有细节都按照结构规律，透视规律伏在其上，形成一个结实的整体。

——动态和表情是人物素描的重要目的，它体现着生命、情感、意境，是最大、最动人的因素。这里讲的也是整体特点，即各部分动态的协调。如：五官表情的协调、五官表情与全身动态的协调。

——当然，整体感突出的是形象

和画面的整体感觉，包括手法和形象气质的统一性和一致性，其次才是结构形体、形象表情、明暗虚实的整体要求。

安格尔说："最好让模特一下子使你震惊，而你们立即能产生深刻印象。如果谁忽视奉行这种方法，他只能在纸上搜索未定，什么肯定的东西也树立不起来。你们蓄意要表现形象，应该先在你的头脑里整体地呈现在你的眼前，当你描绘形象时，才能和你们早在构思中已经掌握好的形象一样得到充分的体现。"

这是大师讲过的对于形象整体观察的方法和整体表现的要害。

第四部分 教学实践（进修班类型的写生教学）

同学们对素描的学习和要求大致分成3种情形：

（1）在素描训练中深化写实基本功，把理解与表现能力的提高结合起来进行；

（2）在素描课中注重语言探讨，强化个人表现意图的体现，以及进行表现形式抽象化的探索；

（3）没有受过严格素描基础训练，靠本能自由表现，形成一种没有方法的方法，希望在素描训练中能与学院教学初步沟通。

苏高礼写道：作为教师我尊重进修生中这种客观存在，愿以顺水推舟的方法处理这一阶段的教学……总的要求是从具体的对象出发，表现真实感受，在表现真实感受中积累方法和经验，提高能力。

他说，艺术"感受"是全方位的：

（1）人物造型体现生命力是出发点之一，这叫感受生命；

（2）把握形象的形式感——基本形、形式意味是出发点之二，这叫感受形式；

（3）取景、构图——构成画面，这叫感受画面；

（4）点、线、面形成节奏，黑、白、灰色调，画面意境的处理，这叫感受意境。

其实，对写实基本功训练也好，重语言探讨也好，都属于基础训练阶段要解决的问题，它们之间没有明显的阶段性界限，甚至是交义反复进行的，一个侧重积累的丰厚，一个侧重探讨和创新。两者大致可以这样定位：基本功是从无法到有法的过渡；语言探讨是从有法到无法的过渡，这个无法是你自己的特点之法，或者是违法之法，不择手段地表现感受。

针对学生客观存在的三种情形，苏高礼分别提出了他们的学习要点：

（1）重具象写实能力提高的同学，要注意克服盲从对象，照抄或表面化认识和表现，要提高创造艺术形象的意识，立意明确，重点突出，找到自己的语言定位（哪怕是初步的）。

（2）重在语言探讨、强化个人表现意图的同学，要注意捕捉感受的具体性，不要形成概念化的套路；要注意形象的内涵和内在气质的表现，防止风格主义、空有形式、纯主观的表现。

（3）出于第三种情形的同学，一方面在自信的基础上大胆实践，另一方面课下多做临摹、速写，尽快提高自己的艺术修养和鉴别能力，建立起更加自觉的艺术追求。

不管三种情形的同学之间有什么差别，大家的艺术追求还都包含在具象写实的范畴中，所以，主客观的恰当结合，应该是所有同学追求的目标。

综合同学们提出的问题说明如下：

1. 我们平时说的写生能力与表现能力既相同又有区别。表现能力涵盖着写生能力，但是，有写生能力的表现能力与无写生能力的表现能力却不完全一样。写生能力是根基，表现能力是得到的花和果，根基不扎实花和果的品位就会受到影响。有写生能力的表现能力相当于实践了以下公式：即从无法——有法——无法，感受——理解——感受。无写生能力的表现能力等于以下公式：即从无法——无法，从感受——感受。前者是改良品种的果实；后者是野果子，说野果子不是贬义，野果子也有好品位的。作为高水平的专业画家，自然要努力成为有写生能力的画家。

2. 有关画法问题。方法无高低，语言探讨无限制，但作品有好坏。如果把问题理解为手法，则线、线面结合、调子和线、面、调子综合的表现手法，都是可取、可尝试的；如果把问题理解为技法或技巧，则有工笔性、写意性、意象性、变形甚至抽象的丰富技法；如果从材料、工具来说，不同材料各有其长处和魅力，目前常用的两种材料中，铅笔要防腻，木炭要防浮。画法和纸张性能、画幅大小也有关系，提倡技法多样，小中见大，防止大而空，防止花样新而缺乏实在感。

3. 如何理解画面的深入。深入自然要画具体，但不要简单地画细、画"周到"，还是要创造性地表现感受，挖掘表现形象生动和艺术形式美的可能。整体的深入才是真正的深入，应该把整体视为出发点；局部深入是必要的，但不能离开整体的要求和控制，而且最终回归整体。从画面讲，工笔性的、写意性的、具象的、意象的深入各有侧重点，但作者首先要意图明确。

4. 我提醒大家，画画时心态要平稳、集中精力最重要，浮躁、急功近利要不得，没有感情投入或漫不经心不会有好的收获。在课下自觉补充自己所欠缺的解剖、透视知识，不会限制大家的艺术表现；相反，这些知识欠缺既影响你们艺术表现到位，也影响深刻理解艺术表现的规律。

苏高礼最后写道：素描、速写是画家最重要的营养餐。画家不画素描、速写将营养不良，患维生素缺乏症，希望素描、速写作为不断进行艺术探索的手段和艺术创作的收获伴随同学们一生。

第九章 画出心中的太行山

苏高礼与妻子李淑珍（后排中）、丁一林先生（后排右）与二画室学生参观法海寺合影。20世纪90年代

四十四

几年来，苏高礼把主要精力都放在了第二工作室和研修班的基础教学上，再有就是不断充实修改《素描教学》，很少有机会外出写生创作，时常感到若有所失。

他上次外出写生还是1978年，在黑龙江嫩江林区因中途患重病而中断。为了继续探讨绘画语言，准确表现不同环境下的景物特点，到祖国各地写生创作的想法越发强烈。所以，每逢遇到短期休假或外出讲学，都是他给自己"加码"的机会，写生创作依然多产。

1981年9月至11月，苏高礼终于在教学和构思《太行山上》之余挤出了时间，这次他要和闻立鹏、马常利、高潮一起到湖南、广西写生，中央美院把教师们这种利用空闲、自愿组合的外出写生界定为"进修"，可以提供一些费用和到各地文化局、美协的介绍信，以期当地提供方便。

一行四人来到湖南省会长沙市后，省文化局、美协先安排他们参观了省博物馆，接着建议他们先到湘西大庚县的张家界，沿吉首、凤凰写生后，然后再进入广西到龙胜——桂林写生。此外，苏高礼还打算去一趟柳州，看望大哥苏高仁。

今天的张家界是闻名中外的旅游景点。20世纪80年代初，张家界还没有这么大的名气，只有极简单的额设施，没有过度旅游开发蜂拥而至的游客，一切都是原生态的，归张家界林场管理。人们都说"黄山归来不看山"。但苏高礼认为，张家界拔地而起的山奇秀而不俗，很有特点，因此张家界的山还是要看的。南方空气湿度大，在中国水墨画中有很好的表现，油画该如何借鉴呢？

在张家界他们赶上了雨天，为了

油画《张家界林场》 1981年 中国美术馆藏

表现张家界风景雨后湿淋淋的感觉，苏高礼用松节油调稀颜料，采用薄画法和写意笔触表现感受到的意境，把主题思想不露声色地融入画面。雨天无法背着画箱进入大山深处，限制了写生范围，苏高礼只画了《张家界林场》、《初晴草木新》、《青山背日寒》等写生作品，画面除了表现大自然淡蓝的天空、薄云、阳光照射下潮湿的山体、山体背面暗部的苍翠等，还有林场工人的住房、晾晒的衣服、引水竹管和水槽，静寂中蕴含着人与大自然和谐一体的活力。

人们常说作画要尊重对象、尊重感受。因此，写生创作的具体画法应由画者对表现对象的真实感受来决定，一切为了表现感受，就算把画面画得像水彩画或水粉画也在所不惜。你的绘画语言必须是新鲜的，不能拘泥陈规老套，要时时想着有所创新，这样的绘画语言和表现属于自己，处理得好就会出新意。

写生第二站是吉首市。吉首位于湘西武陵山脉东麓，有枝柳铁路贯穿南北，是湖南土家族苗族自治州政府所在地。在这里他们遇到了险情，一行4人写生经过一处悬崖时高潮一脚踏空，千钧一发之际虽被苏高礼一把抓住，但他还是受到了惊吓，大家也越想越后怕。

苏高礼在吉首画了《峒江岸边》和《峒江摆渡》，这两幅作品既有水墨特点，又有与水墨画不同的丰富色彩，河水、渡船、石阶、吊脚楼、高大有飞檐的墙……充分表现了湘西人文特色。

写生的第三站是位于湘西边缘的凤凰县。凤凰古城风景秀丽，人文特色鲜明，是全国保存最完好的古城之一。在凤凰的短暂停留中，苏高礼创作却高产，先后画了《江西会馆》、《凤凰城》、《沙家大院》、《艳阳人家》、《绿荫》，还有《绿树浓荫盖四邻》、《大戏台》（国家大剧院收藏）、《城门洞》、《陀河桥》、《自留地》等作品。

《沙家大院》表现了湘西地区典型的木屋、檐廊、天井、砖地的民居院落，上午的阳光从天井斜射进来照亮院落一角，晾衣绳挂满女主人刚刚洗好的衣物，水龙头下她还在洗着，泼掉的洗衣水溢在砖地上，流进院中的排水系统，空气是湿漉漉的感觉，表现出古城普通人家安闲、惬意的日子，与北方民居窑洞院落截然不同。

《城门洞》是一幅很独特的作品，除了借鉴黑白版画的手法，画面使用的线也不同于国画和油画的线，形成

油画《凤凰城》 1981年 中国美术馆藏

的黑色块增强了古老城门洞的质感，读者透过巨大的城门洞可以看到一只受惊飞跑的鸡，然后是挑担的行人、做生意的商家、休闲的顾客，甚至还能透视到远处的另一个门洞，纵深感很强，而近景被阳光照射的城墙和尚在阴影中的城墙形成鲜明对比……

《艳阳人家》和《绿荫》两幅作品取自同一景物，但分别画在不同时间和天气条件下，色彩处理不同。《艳阳人家》对阳光的处理略带夸张，很好地表现了南方湿润空气中的阳光，显得生动而妩媚；《绿荫》表现阴天的风情，但对色彩的处理却不阴暗，相反显现出淡定、愉快的情绪。

离开凤凰后，一行四人来到湘西有"全楚咽喉"之称的怀化市，湘黔铁路、枝柳铁路东西南北交汇的铁路在此经过，是通往大西南的交通枢纽。正当他们准备乘火车南下广西时，闻立鹏的心脏病犯了。医生说："你必须停下来，回北京治疗休息。"四人商量决定：由高潮护送闻立鹏乘火车回北京，苏高礼、马常利继续去广西写生。

进入广西的第一站是龙胜彝族、瑶族自治县。在县文化局的安排下，苏高礼和马常利住进了瑶家木楼，这种木楼的下层饲养家畜，上层住人。当晚，他们在瑶家吃派饭，尽管入夜室内有点燃的木柴取暖，但四壁漏风的木楼里仍然很冷。瑶族房东的热情接待令他们感动，只是语言不通无法更多地交流。

第二天，接到做模特任务的瑶族妇女换上了节日盛装，他画了一张很好的人物肖像《瑶家女》。由于瑶家妇女对外界十分陌生，模特的神态中略带猜疑和警觉，他大胆使用冷色调黑色表现这种神态和眼睛的透明感；同时，他还请她把瑶家漂亮宽大、红绿相间的裙子展开坐在凳子上，而在色彩上不过多强调服装色彩的装饰性，不仅增加了画面人物的稳定感，而且既不失装饰美感，又具有瑶家的生活味道。此外,他还创作了《芭蕉掩彝寨》等几幅作品。

桂林山水甲天下，阳朔山水甲桂林。桂林山水激发了苏高礼的创作热情，他和马常利跑了4个地方采风，创作了《叠翠山上眼界宽》、《象鼻山下》、《兴坪小镇》、《兴坪在望》、《兴坪小码头》、《漓江山水》、《阳朔晨雾》、《阳朔》、《漓江》、《杨堤》、《山影对歌》、《雨中阳朔》等作品。其中《漓江》是

油画《杨堤》 1981年 中国美术馆藏

油画《漓江山水》 1981年 山西博物院藏

具有创新意味的代表作。画中他没有采用油画常用的焦点透视法,而是采用国画的散点透视法,整个画面由3幅组成,形成了164cm×39cm的长卷画面,作画时他采用了3个"架位",画完第一幅后向下移动五六百米,画完第二幅后再移动五六百米,整个画面一气呵成。在全部表现桂林山水的油画作品中,这幅《漓江》的独特性在于画面舒展开阔,避免了焦点透视的局限,在手法上还采用以线做轮廓表现山头外形,但又不细抠山石细节,移动"架位"形成的剪影效果带来丰富的美感。

到杨堤写生时,苏高礼提着油画箱转来转去采不到好景,正准备离开,蓦然回头竟看到了一个童话般的画面,于是创作了《杨堤》这幅作品。他用国画写意的方法表现高大的凤尾竹、大山和茅草屋,空气中似有一层薄雾,画面中心是一群大鹅和一个放鹅的小姑娘,宁静中似乎传来几声鹅鸣和稚嫩的童声,一切显得鲜活空灵,犹如仙境。

在柳州他见到了大哥高仁和大嫂,大嫂是一个湘妹子,正在家里休病假。这是兄弟俩分别三十多年后第一次见面。石家庄解放后,高仁跟随解放军第四野战军打到了海南岛,后来到过西藏,现在是一所军队医院的科长。高仁性格开朗热情,除了尽叙亲情还亲自下厨,给高礼蒸包子、包

油画《漓江》 1981年 中国美术馆藏

饺子、做拉面和抿蝌蚪等山西家常饭，专程陪他看了柳州附近的岩洞。高礼在大哥家住了三四天，其间外出画了《鱼峰山下尽人家》和《柳江岸边老屋》等作品。

在湘西、广西创作的这批写生作品中，他对色彩表现有了更多主动性，可以更好表现心中感知的对象。谈到这次写生的体会，苏高礼说：

"写生取景最重要。为什么在一个大范围中你非要取这一块？它给予你什么？它能给读者什么？写生取景取的是完整的图形，取的是主题、母题和思想境界，所取的主题还要有形式上的审美特色，典型环境交代的是时代特征。"

"这种写生要求作者心中必须有创意，不能仅仅是局部取景，成功的关键是要想法明确，要主动、全面地充分表现地域环境的特点。"

因此，写生中的创作必须充分体现画家的感受，反映在画面上的图像既表现客观对象，又不完全表现客观对象，所表现的只是画家眼中的对象、心中的对象。

四十五

作画已经是苏高礼生命的组成部分，是情感宣泄的最好方式。多年以来，他写生创作的脚步曾始终围着太行山徘徊，一直想为生他、养他的太行山创作一幅巨作。

在中国现代历史上，太行山的名字是与共产党领导军民抗击日寇的丰功伟业紧密相联的，在完成《不可磨灭的记忆》创作后，杜键、高亚光又和他开始构思创作另一幅表现太行山军民英勇抗击日寇的纪念碑式的壁画，他们认为这幅作品应该与"四五运动"有着相同的精神力量，深层次追求的主题依旧是"人民群众是创造历史的动力"和主人。

1981年8月，他与杜键、高亚光专程到石家庄、平山、赞皇、涉县等地考察采风，为创作《太行山上》做准备。他们分别拜谒了位于石家庄和邯郸的烈士陵园，起草样稿时参考了解放军报社出版的一套四本的《抗日战争图片集》，那首桂涛声作词、冼星海作曲的《在太行山上》的旋律，不时回旋耳畔。

红日照遍了东方，
自由之神在纵情歌唱，
看吧！
千山万壑，铜壁铁墙，
抗日的烽火燃烧在太行山上。

这首充满抗日军民战斗激情的歌曲，激荡着庄严、博大、浪漫的民族之魂，令人油然升起爱国主义的豪情壮志，净化着心灵，让苏高礼反复感受太行山军民抗击日寇的丰功伟业，从中汲取到史诗般的创作灵感。

1982年，他与杜键、高亚光开始利用教学空闲创作《太行山上》。这已经是他第三次与杜键夫妇的合作，杜键思想深刻，善于把握作品大方向，高亚光擅长人物细腻刻画，苏高礼善于把握作品的画面和色彩表现，他们的合作过程是愉快的，这是在中央美院教授中少有的范例。

但是，他们在中央美院找不到合适的画室，只好借用中央美院附中的一间空闲教室，从美院到附中要坐几站公交车，三位画家在教学之余，谁有空闲谁去画自己负责的画面，走时锁上教室门离开。

1984年，巨幅油画《太行山上》完成了。

整个画面由不同的时空重叠组合，画面中间部分重叠的太行山前，八路军指战员和民兵带着战斗胜利后的喜悦迎面走来；画面顶端一轮红日下躺着牺牲的战士，旁边是悼念、宣誓的队伍；右边山峦中八路军战士引吭高歌，左侧是人民群众在救护伤员；画面中部两侧是夜幕下战士露宿野外和开荒种地的造型组合；再下面是马队出发，战友、亲人告别以及女战士托孤给乡亲，窑洞门前军民促膝谈心；最下面是一组壮丽的太行山景色和八路军行进的队伍。

在这副巨作3.6m×2.5m的画面上，众多生动典型的人物形象分为大小不等的6组，他们中有领导、有战士、有民兵、有干部、有妇女和小八路，所描绘的人物形象性格朴实，面貌亲切，人物的生理和心理特征把握精确，富有浓厚乡土气息。更重要的是，三位画家对众多抗战军民、山川草木都寄予着深情，有着对抗日战场的凭吊，对参战将士和山民的追忆，对纯朴民风的怀念，对中国人民抗战精神的赞颂，对人间沧桑巨变的感慨，具有史诗般的寓意和表达，也预示着太行人民的自信和对未来的憧憬。在清晨的阳光下，人是山，山是人，山人一体，黑白灰节奏鲜明，气势恢宏，像交响乐一样时而深沉时而高亢。

《太行山上》的恢宏气势，还体现在整个画面笼罩的深棕色调——浓重、丰富、凝练、深厚，表现了作者对巍巍太行山一往情深的崇敬，并把这情绪传递给每位读者，从容中见深邃，平凡中见深刻，具有很强的文学性。

这，就是苏高礼他们心中的太行山啊！

《太行山上》画好后，立即参加了当年中央美院油画系作品年展和中央美院作品年展，以后曾两次在中国美术馆向观众展出，但没有机会参加全国美展。相当一段时间里，《太行山上》只能存放在美院附中那间教室里，直到多年以后杜键、高亚光有了自己的画室，才得以妥善保存，2010年由一位准备筹办博物馆的收藏家收藏。

艺术评论家、时任中央美院院刊副主编的殷双喜博士对《太行山上》

油画《太行山上》（杜键、高亚光、苏高礼合作）1984年 上海龙美术馆藏

的评价是：

"描绘了领袖、战士与人民共同创造了人民抗战的辉煌历史，画面沉郁、雄壮，有着《黄河大合唱》一样的雄浑交响。人物在不同时空中屹立，共同融于太行山的群山和土塬。"

他认为，《不可磨灭的记忆》和《太行山上》这两幅巨作，

"都超越了传统写实绘画的单一视点和构图，根据艺术家主观感受，将不同时空的人物与风景组织成为一个波澜壮阔的历史场景，是现实主义和浪漫主义的结合，创立了一种大气磅礴的史诗性的油画风格。"

相当长一段时间后，苏高礼他们用艺术家严格的眼光重新审视《太行山上》，作品延续了"文化大革命"结束思想解放带来的激情，作为中国式壁画形式的探讨它是成功的，但对画面的色调处理还不够满意。例如，黎明前的色彩明暗关系不太好把握，光线处理强了画面的深沉感就没有了。总体来看，画面上既深沉又有一定亮度的感觉还没有

素描《太行上山》（局部）

完全追求到，画面上有些人物因多次修改日久也使画面发暗。们曾想重新创作一幅，但大家都在忙手头的事情没能做到，这是一个遗憾。

四十六

转眼到了1985年。仿佛在不经意间，苏高礼的一双儿女长大了，女儿海红高中毕业考上了民航乘务员学校，儿子海江积极准备报考中央美院附中。从3月开始，苏高礼为海江考美院附中做辅导——摆造型、素描、色彩训练。

到5月初，当他认为海江基本可以考上时，一个偶然的机会让他去了云南。一天，云南曲靖地区（现为地级市）文化局负责人慕名到中央美院拜访苏高礼，邀请他为曲靖地区几十名各族青年进行短期美术培训。中央美院对曲靖文化局的邀请表示支持，苏高礼提出的条件只有一个——培训班教学结束后安排几天时间在当地写生创作。自从在湘西、广西等地写生后，他一直渴望再有机会到不同自然风貌和民族风情的地域去写生，在不断探讨艺术语言的过程中，往往可以创作出精品。

这次去云南教学前，苏高礼先坐火车带母亲来到柳州，辛劳了大半辈子的母亲第一次到南方，一路上十分高兴，特别是能见到分别几十年的高仁更是开心。此后一个多月，高仁尽其所能孝敬养育过自己的婶娘。

曲靖位于云南东部，距云南省会昆明135公里，自古被称为"入滇门户"，是中国第三大江——珠江的发源地，这里属于亚热带高原季风气候，有典型的喀斯特地貌，早在旧石器时代就有先民生活。这里风景幽美，民风古朴，除汉族外还生活着彝、白、傣、壮、苗等二十多个少数民族。当年中国工农红军二万五千里长征曾两过曲靖，毛泽东在这里写下了"乌蒙磅礴走泥丸"的千古绝唱。再有曲靖还是云南著名吃食"过桥米线"的原发明地。

6月19日，苏高礼结束了培训班的课堂教学，带领几十名学生来到120多公里外的著名旅游地石林，进行示范性写生教学。在石林他认识了美丽的撒尼族姑娘、导游司丹诗玛，曲靖文化局便请18岁的司丹诗玛为几十名学员做模特，让大家在一间很大的屋子里画写生。苏高礼画了正面、侧面两幅《司丹诗玛》写生，其中正面的一幅被中央美院美术馆收藏。

司丹诗玛家住路南彝族自治县（古称路南州，也称陆南，现改为昆明市石林彝族自治县）的糯黑村。示范教学结束后，曲靖文化局按照事先约定，安排3名学生陪同他来到糯黑村写生创作。

撒尼族是彝族的一个分支，那里阿诗玛优美动人的故事广为流传。糯黑村是撒尼人依山而建的村寨，上千米的石板路把一幢幢石木结合房屋连接在一起，村中有不少百年老树，细密的枝叶伸展到屋顶上面，紫红色的门窗前大多种着一蓬蓬的金竹。在村口空地上，撒尼村民用石头垒出一个圆形的舞台，遇到节日庆典或者农闲的时候，他们就会身穿民族服饰表演传统的舞蹈。撒尼人是诚实的，偷摸、说谎行为会受到全村人鄙视。

当一个画家具备了迅速准确捕捉、表达地域特点的功力，心仪的新鲜事物总能激活创作的艺术灵感。面对糯黑村撒尼人独特的居住环境、民族服饰和恬淡的生活氛围，苏高礼先后画了《红土地》、《放学归来》、《雨中糯黑村寨》、《带忠字的石寨》、《云冥冥兮雨霏霏》、《云南老人》、《撒尼大叔》、《撒尼大婶》、《低头大婶》、《阿妮》等作品。

红色的土地是云南的地貌特色，路南山区的红土地因地势高低不平，被农民用石头田埂分割成大小不等、形状不一的地块，从整体上看构成了美丽的图案。这幅画于蒙蒙细雨天的《红土地》（中国美术馆收藏），画面上充满湿漉漉的感觉，一位老妇冒雨照料地里嫩绿的烟叶，表现了云贵高原山区少数民族对红土地的依赖和热爱。

《放学归来》、《雨中糯黑村寨》、《带忠字的石寨》所表现的都是撒尼人的生活状态，别有一番韵味，读后过目难忘。《放学归来》主要描写糯黑村撒尼人的村居特色，在画面中间湿漉漉的石板路上走着一个背书包的撒尼族小女孩，不仅有了生活气息，而且主题更加鲜明。在绘画技法上，苏高礼使用松节油稀释后的油彩层层罩染而成，画面非但不薄，反而显出厚重、深远的韵味，犹如神来之笔。

《雨中糯黑村寨》画的是撒尼人一处靠山的家居院落，院中有一个老汉和一只羊，加上石墙、石板路、各种农家工具器物的有机相联、浑然一体，撒尼人当时的生活状态得到了充分展示。

《带忠字的石寨》画的是撒尼人一处院落的院门和部分院墙，在展现撒尼人民居建筑特点的同时，涂有红油漆的门楣上还保留着"文化大革命"时期写下的"忠"字，院墙上还有用石灰水写的"大寨"字样，此时"文化大革命"已经结束十年，但这"文化大革命"遗留下来的痕迹让人遐想不已，撒尼族的兄弟姐妹是怎样度过"文化大革命"岁月的？他们现在的生活怎样了？

油画《红土地》 1985年 中国美术馆藏

油画《放学归来》 1985年 中央美术学院美术馆藏

总之，苏高礼在云南创作的这批画，可以看作反映撒尼人20世纪80年代中期生活状态的系列作品。在糯黑村，苏高礼体会到随心所欲挥洒色彩的快乐，他真想再多去几个地方作画，云南居住着25个人口超过5000人的少数民族，可以画的东西太多了！

可是，母亲在柳州等他，心里还惦记着海江考美院附中的结果。

苏高礼坐在柳州回北京的列车上，云南的红土地、熔岩喀斯特地貌、撒尼等少数民族优美的服饰、质朴的民风等各种印象愈加清晰，这次的写生作品与几年前在湘西、广西的作品相比，不同地域、不同民族特色表现得特别鲜明，除了技法上更加成熟外，更重要的是他始终带着亢奋的心情作画。伴着列车车轮与钢轨发出的清脆令人愉快的声响，他意犹未尽的创作灵感愈加活跃，这次云南之行还有两个收获必须画出来。

回到北京，苏高礼得知儿子考中央美院附中不顺利，创作考试成绩得了4－，总分数与另一名考生相同，并列录取名额的最后一名。附中领导研究认为，如录取苏海江恐有照顾内部子弟之嫌，为了避免产生不良影响，最后决定录取另一名考生。苏高礼坦然对儿子说："你再练上一年基本功，咱明年再考。"

根据云南之行的第一个收获，苏高礼很快创作出撒尼少女肖像《阿妮》（100cm×110cm），创作《阿妮》的基础是苏高礼的三幅人物写生作品——一幅《阿妮》、两幅《司丹诗玛》，整幅作品由正面、侧面、背面三个大半身肖像组成。撒尼族人民勤劳乐观、能歌善舞、热爱生活，撒尼族又是阿诗玛的母族，来云南前他已在各种文艺作品中熟知阿诗玛的故事，特别对黄永玉先生的插图版画《阿诗玛》的印象更是深刻，所以，不管是画写生《阿妮》、《司丹诗玛》，还是后来创作《阿妮》，他都力求再现黄永玉先生笔下阿诗玛形象的美好意境，着力表现撒尼姑娘从心灵到服饰的美，用油画色彩

油画《撒尼大叔》 1985年 山西博物院藏

油画《阿妮》 1985年 北京大都美术馆藏

油画《九牛图》 1986年 中央美术学院美术馆藏

突出其艺术魅力。

《阿妮》画出来不久，于1986年4月入选参加《第三届亚洲艺术展赴孟加拉中国油画展》，因受到观众好评，苏高礼受到文化部的通报表扬。苏联的权威美术杂志《创作》1987年一月号刊发第三届亚洲艺术展消息时，将《阿妮》作为最有代表性的作品刊发。1992年，《阿妮》入选文化部在香港举办的中国艺术节——"当代中国绘画精品大型画展"，苏高礼把它捐赠给了文化部，在香港展览后就地拍卖由香港收藏家收藏，拍卖大部分所得捐给了香港慈善事业。

根据第二个收获，苏高礼还创作了另一幅作品《九牛图》，素材和灵感来自在石林的采风。中午或夕阳西下，他常看到一群群从田里"收工"回家的水牛，它们浑身沾满红色泥浆，一步一个脚印，步履坚实地走在红土地布满水沟的田间道上，这个场景始终在脑海里挥之不去，令他感叹和震撼，对何为"孺子牛"精神有了更深领悟。为了表现这种精神，他采用不完整构图并让牛的头脸适当变形，在色调处理上满身泥浆的水牛和红土地浑然一色，充分刻画表现了牛吃苦耐劳的憨劲，也表达出他对云南农村农民的真实感受。

1986年，中央美院油画系与新疆乌鲁木齐工人文化宫联合举办油画培训班，油画系的部分教学骨干被轮流派往乌鲁木齐讲课，每人一个月时间。

4月下旬前，苏高礼业余时间一直在辅导儿子海江再次备考美院附中，随着海江专业课考试成绩的公布，被录取已是板上钉钉。

五一节休假后，苏高礼满心轻松地来到乌鲁木齐讲学，这期油画培训班有三十多名各族学员，年龄最大的学员李

油画《哈萨克之家》 1986年 中国艺术研究院藏

晓春已经四十岁出头,他是得知新疆办班消息后从青海格尔木赶来学习的。授课一个月后,工人文化宫和学员们一致要求苏先生再延长教一个月。

6月底,已经调回中央美院工作的朱乃正来接替苏高礼。当晚两个人到乌鲁木齐街头品尝羊肉串,苏高礼吃了十几串,朱乃正吃了二十几串,感到很香很过瘾。返回住处的路上,他将海江已经考上美院附中的消息告给朱乃正,朱乃正高兴地说:"好事,好事呀!回去我送给海江一个油画箱。"

此时的新疆万物复苏大地新绿,工人文化宫让工作人员、画家张长城陪同苏高礼到乌鲁木齐附近的南山原始森林保护区写生,张长城会说简单的哈萨克语,可以帮助他与当地的哈萨克人简单交流。

其实,他们所到的地方只有哈萨克护林员一家五口,一家人住在木头搭建的房子里,过着世外桃源般的日子。护林员为他们安排了住处,每天提供"派饭",护林员还请苏高礼骑上自己的马。他第一次骑马不敢放开奔跑,但在开满野花的草场骑马散步,足以令他心旷神怡。

在这里,苏高礼画了写生《依仗山角下》、《六月》、《丛树》、《毡包一家人》、《哈萨克大妈》、《哈萨克少女》、《护林人家》、《晴日南山白》、《哈萨克之家》等作品。

苏高礼为哈萨克大妈写生 1986年

油画《哈萨克大妈》 1986年 山西博物院藏

回北京不久，中央美院放了暑假，苏高礼便带着母亲和海江回老家探亲、写生去了。回到夏庄，那里农民的生活已经好了一些，占荣娘家的亲戚们轮流招待祖孙三人到各家吃饭。占荣与儿子住在北京令多少乡邻羡慕呀，眼下有儿子、孙子陪伴左右，她感到十分满足。只可惜父亲"魏老头子"已经作古，她又记起父亲常说的话："你在咱家是板凳面，那四个兄弟是板凳腿，就属你有福气。"

过了几天，苏高礼陪母亲到南阳胜村小住，然后他开始四处采景写生，有时还带上海江，这次在老家写生他有些不紧不慢，先后画了《横窑》、《农家》、《窑庄》、《花墙》、《老院》、《夏庄东阁》、《新窑》、《八字胡乡亲》、《光棍汉乡亲》、《大红红》、《乡亲》、《文昌阁》等作品。

期间，虎头山村农民朋友贾元锁的哥哥礼锁家办喜事，他们专程到夏庄接苏高礼和母亲参加礼锁女儿的婚礼，与他们一起用餐的贵宾还有大寨当年的铁姑娘郭凤莲。之后，他带着昔阳县的学生乔万英去丁峪乡写生，先后画了《过丁峪乡》、《石院子》、《三交河村》、《刀把口回望》、《郑爱国的红石窑》等一批作品。

分析苏高礼1986年这批在老家和昔阳的写生作品，他的绘画手法更加成熟，取景更加主动，色彩更加透明，调子更加整体，艺术水准达到新高度，在更高的层面表现出时代的生活真实，这种真实不是简单的拷贝，而是内心对于生活的忠实感受的表达。

正如法国著名现实主义画家库尔贝（1819-1877）强调的，画家要用独立的意识描绘完全意义上的感性认识，"我要表现出我所看到的这个时代的风俗、理想和面貌，简单地说，我要按照自己的评价，不仅是作为一个画家，而且是作为一个人的评价，去创造活生生的艺术"……

从1973年在前东峪村恢复画笔起13年过去了，从在索契受苏联老师指导练习写生起26年过去了，苏高礼的写生创作始终没有离开现实生活，已经到了随心所欲、炉火纯青的程度。26年来，累计创作了400多幅写生作品，这些作品带着不同历史年代的印迹，记录着他充满人文精神的艺术探索历程，一幅幅画面上沉稳中充满和谐与生机，平凡中散发出力量与热情，概括中不乏感人的细节和动人的旋律，像一首首生活与生命的赞歌。

范迪安先生评价：

"苏高礼的风景（写生）在八十年代前后这样尽情地描绘了田园风光，又这样抒情地表现出大自然的勃发生机，联系那个时期整个中国农村的变化和发展，不也是一段历史的写照么。"

这些写生作品受当时条件限制大多是纸基的，已经装满了几只木箱。要实现几代人"油画中国化"的理想，作为中央美院的教师决不能眼高手低，学术上要理论探索与创作成果相结合。

1986年，国家开始为各行各业的专业人员评定技术职称，苏高礼被中央美院聘为讲师，同时，被任命为油画系第二工作室副主任和第三届油画研修班的副班主任，班主任由钟涵教授担任。他的工作量一下子增加了很多：（1）第二工作室本科生、研究生的全面管理和教学。（2）油画系研修生班的教学。这些工作让他终日忙碌。

一年后，50岁的苏高礼被中央美院聘为副教授。

夏天到了，一个30多岁的男人来中央美院找到苏高礼，自报家门叫郗满祥，在阳泉市工人文化宫工作。他说："家乡要办一期全日制绘画培训班，想请您来主持。"

这些年来，家乡的人来北京学画苏高礼多有帮助，除了自己传授，还根据来人实际水平介绍老师和各种学习机会。郗满祥提出要办全日制培训班，这相当于油画系两个学期的教学工作量，不仅需要制定详细的教学计划，还要聘请一些有经验的教师授课。从中央美院工作安排来看，老师们分头去阳泉教学可以利用各自的专业进修时间。苏高礼略经考虑说："好吧，为家乡做点贡献是应该的，我来安排教学计划和授课老师，你们组织好办学其他事情。"

很快，阳泉市绘画专业培训班正式开课，几十名学员分别来自阳泉市及各县工厂农村，都是美术爱好者和准备报考大学美术专业的学生，在阳泉市工人文化宫的周到安排下，苏高礼组织中央美院的文国彰、马常利、赵友萍、谭平、曹力、谢东明、陈文骥、尹戎生等老师分别负责一两个月的教学。期间，教师们还为阳泉市美术院进行了美术讲座和油画绘画表演，为阳泉地区培养了一批群众美术工作骨干。后来，这批学员多数考入山西省高等院校美术专业深造，毕业后成为阳泉市许多美术工作岗位上的生力军。

这批学员中有4人还报考了中央美院民间美术系，他们的专业课考试全部合格，但均被文化课成绩拖后腿未被录取。这4个人中，有一个农村姑娘叫赵巧云，她借鉴表现主义绘画方法，同时汲取剪纸等民间艺术元素，创作了一批富有晋中浓厚乡土气息的油画，在阳泉市成功举办了个人画展；另一个男青年张力，考入山西省一所高校的美术专业学习，十几年后又考上了中央美院第11届油画研修班，毕业后成为山西省油画院专职画家。

四十七

50岁是一个油画家进行创作的最好年龄段。教学之余，他开始了酝酿已久的《我的太行》和《家乡组画》两个系列的油画组画创作。

太行山是苏高礼的祖地，在那里他度过了童年；太行山是他融入血液的牵挂，有着太多的精神寄托。在他眼里，太行山就像一个北方大汉，既巍峨雄伟又厚道平和，是养育了亿万中华儿女的福地。

如何将这些感受表现出来呢？

从1987年到1989年，在数百幅在太行山各地写生的基础上，苏高礼创作出由4幅油画组成的《我的太行》，每幅都是145cm×112cm的大画。4幅画面上分别使用嫩绿、深绿、蓝色、紫色、黄色、褐色等色彩，表现了太行山色彩丰富的四季，4幅作品上的太行山都是真情实景，没有任何虚构编造。高大雄伟的太行山下，分别是太行儿女修建的梯田、居住的村庄和流淌的小河，还有他们辛勤耕耘、赖以生存的土地和庄稼，它们水乳交融地叠映在一起，较完整地代表了他心中太行山的典型形象。他画笔下的太行山壮丽、深沉，更多的是令人亲切的人文精神。《我的太行》组画被中国美术馆收藏。

如果说《我的太行》组画是对太行山和一个时代太行儿女大的生态环境的真实记录，那么，苏高礼1987年到1992年创作的《家乡组画》就微观得多了，它们也是在大量写生基础上的再创作，带有对家乡理想化和永恒气质的挖掘，使之更加具有典型性。

《家乡组画》由十几幅油画组成，他比较满意的作品中，《红对子》参加过当年中央美院画展，展出后被一家驻在北京饭店的外资企业有偿租走挂在办公室，后被日本友人收藏；《剪花》

油画《光棍汉乡亲》 1986年 山西博物院藏

被美国友人收藏；《阳光》、《静》、《村阁》、《文昌阁》等分别被中国美术馆或中央美院美术馆收藏；《文昌阁》的变体画被家乡平定县图书馆收藏；《横窑》、《艳阳村》被山西博物院收藏。

例如，写生作品《村阁》具有很强的阳光感和时间性，只有此时有此景。而家乡组画中的《村阁》则是在他心中长期形成的印象，不再具有单纯的现场感，而是更加典型化的太行山农村里永恒的村阁，除了写生《村阁》留下了影像结构，创作《村阁》画面

油画《我的太行组画——霞光》 1987-1989年
中国美术馆藏

油画《家乡组画——艳阳村》 1992年 山西博物院藏

上石头就是石头，泥土就是泥土，不再具有具体时空的限制条件，全部是他的主观认识，也就更加具有永恒气质和理想化的意味。

《我的太行》和《家乡组画》虽是两个不同系列的风景画，但读者不难从中体味到太行儿女创造性的劳动，以及他们过着怎样勤俭、宁静、祥和的日子。当然，这里还包含有苏高礼为了让作品的乡土味更浓郁、民族性更强烈的深入探讨。

1992年初春，55岁的苏高礼终于完成了家乡组画中最后一幅《窑家》的创作，后来被阳泉博物馆收藏。

于平凡处见诗意，于精湛处见法度。

罗丹说："艺术就是感情。"作画对象是客观的，但作画对象的提炼概括、色彩选择则是主观的，从一开始就受到画家情感主导。苏高礼认为，现实主义是人类艺术发展的主流，在绘画中凡是有着具体形象、积极反映生活的作品都属于现实主义，因此，你要在作品中表现什么是十分重要的。一个画家的创作决不要追逐"时髦"，对认准的主题要投入长久的思考和努力，追求那种"语不惊人死不休"的境界。

苏高礼赞同法国画家莫罗的观点："在艺术上，你的方法越简单，你的感觉越明显。"多年不间断的写生创作和绘画语言探讨,使他对同属现实主义的法国印象派、后印象派和俄罗斯巡回派等的绘画理念、语言技法有所借鉴,即便是属于表现主义的野兽派绘画,在形式和色彩上也有让人愉悦、借鉴的地方。但更重要的是,将自己的艺术实践与中国社会变革及人文、美学情感相磨相融,表达出中国人的情感,最终形成了自己的艺术风格。

在苏高礼全部以太行山为题材的作品中,总会有一种结实、沉稳、醇厚的情感表达。有人或许认为,他有些作品的画面似乎不够明快亮丽。究其原因主要还是感情问题,那些没有农村生活经历的画家到太行作画大都是走马观花,难以发现那些掩藏在落后、贫困、寻常生活中的美,对所见所闻的表现或是刻意夸张的赞美,或是阴暗晦涩情绪的宣泄。而苏高礼对太行山的爱是渗透进血液和骨髓的,他熟悉那里的乡亲和山水树木,创作的风景写生画面充满生机;他深知那里乡亲们的生活艰辛,熟悉他们举手投足的神态,创作的人物群体肖像具有高于生活的艺术概括,生活的沧桑刻画在额头,乐观和希望蕴藏在眉梢、洋溢在脸上,具有鲜明朴实的个性穿透力。如果对这些人物肖像表达出的个体精神整体性欣赏,不同的韵味会转化成具有质朴、高贵格调的整体性精神,从而引起强烈的共鸣,而绝非文人掌中把玩的雕件、饰物之类。所以说,作品离把玩功能越远,也就离艺术的"大道"、"天道"越近。

所以,一个成熟画家的创作,实际上是在表达他的"人生修养"。苏高礼把对太行山的热爱,对中国传统文化、对社会发展学说的理解和对欧洲绘画艺术的借鉴,积淀成独特的"人生修养",画出了心中的太行山,画出了一个时代的太行儿女的众生相。把这些作品挂在墙上欣赏,除了不言而喻的艺术性,其蕴含的文学性也会日渐凸显,几代太行儿女众生相的鲜明个性与时代特征,还会让未来的读者和史学家们有新的领悟。

四十八

1989年4月初,苏高礼又一次病倒了。

苏高礼一向怕自己的创作影响教学,他第一位的任务是把教学搞得好上加好,让学生满意。但是,长期周而复始的紧张教学、忙里偷闲的创作,使他的身体长期处于亚健康状态。对此,他却很少留意。

星期天上午,他拆下了家里冬季取暖火炉的烟筒,敲打除去烟筒里的烟灰捆绑起来,他在登高往屋檐下挂置时,突然感到一阵眩晕,接着出现了手脚无力、口齿不清等症状。妻子见状怀疑他食物中毒,煮了绿豆汤让他喝下解毒,但没有任何效果。

第二天,他到北京协和医院看

病，医生也一时无法确诊。一个星期来，他在坚持给研修班、第二工作室、徐悲鸿博物馆徐悲鸿画室的学生授课之余，几次到协和医院看病。钟涵教授的夫人汤晓芙是协和医院神经科医生，她认为苏高礼患的是"半身轻瘫"，民间俗称的"小中风"，坚持要他住院继续检查发病原因。协和医院本院没有床位，汤晓芙安排他住进协和医院设在北京西郊五棵松的脑病专科病房，按"半身轻度瘫痪"进行西医输液和中医针灸治疗，并继续查找病因。

6月4日，苏高礼可以出院工作了。住院期间，他做了脑部CT扫描检查，证明脑血管没有出血的病灶，测量血压始终正常，最终被确诊为"一过性脑缺血引起的半身轻度瘫痪"，发病的主要原因是长期劳累。这次生病给52岁的苏高礼敲了警钟。从此，他注意脑部保健，始终坚持每天服用最小剂量的脑复康、丹参片、肠溶阿司匹林等药物，以后未再复发。

四十九

80年代末到90年代初，苏高礼教学之余还构思创作了3幅人物肖像作品。

第一幅是1988年完成的《中国农民陈永贵》。

创作这幅作品是基于对中国农民的深刻了解。苏高礼从1964年夏在大寨大队进行毕业创作实习起，就留下了对大队党支部书记陈永贵去公社开会后，先到地里补工，然后才回家吃饭的深刻印象。他认为，在新中国成立初期，正是中国农民克服了常人难以想象的困难，才解决了几亿人吃饭的大问题。特别是在"文化大革命"中，如果没有中国农民坚持种田打粮，国家经济将彻底崩溃。而陈永贵则是一个有头脑、有智慧的农民，他吃苦耐劳、懂得科学种田，代表了20世纪50—70年代中国北方农民的形象。在他眼里，陈永贵只是一个顶天立地的农民汉子，而不是后来那个官至国务院副总理的人。

在这幅作品中，中国农民陈永贵脚踏坚实的太行大地，背后是层层梯田，温暖厚重的黄色背景寓意着丰收的喜悦。

第二幅是1990年完成的《老人像》。

这幅作品的原型是苏高礼的岳父李利通老人，也是20世纪六七十年代，他心里中国城市普通劳动家庭父辈们的形象，是他做人的榜样。李利通老人在抗日战争中救过八路军游击队长、后任国家水利电力部副部长王英先的命；他一生做过金银匠、修过自行车、当厨师能做一手好菜、还在工厂看过大门；他手巧脑灵、勤劳节俭、老实厚道、助人为乐，在路上看到一颗被丢弃的螺丝钉也要捡起备用。李利通老人1982年因癌症去世后，亲人们得知了一个老人终生保守的秘密。据来吊唁的河北省栾城县委宣传部部长王

油画《老人像》 1990年 中国美术馆藏

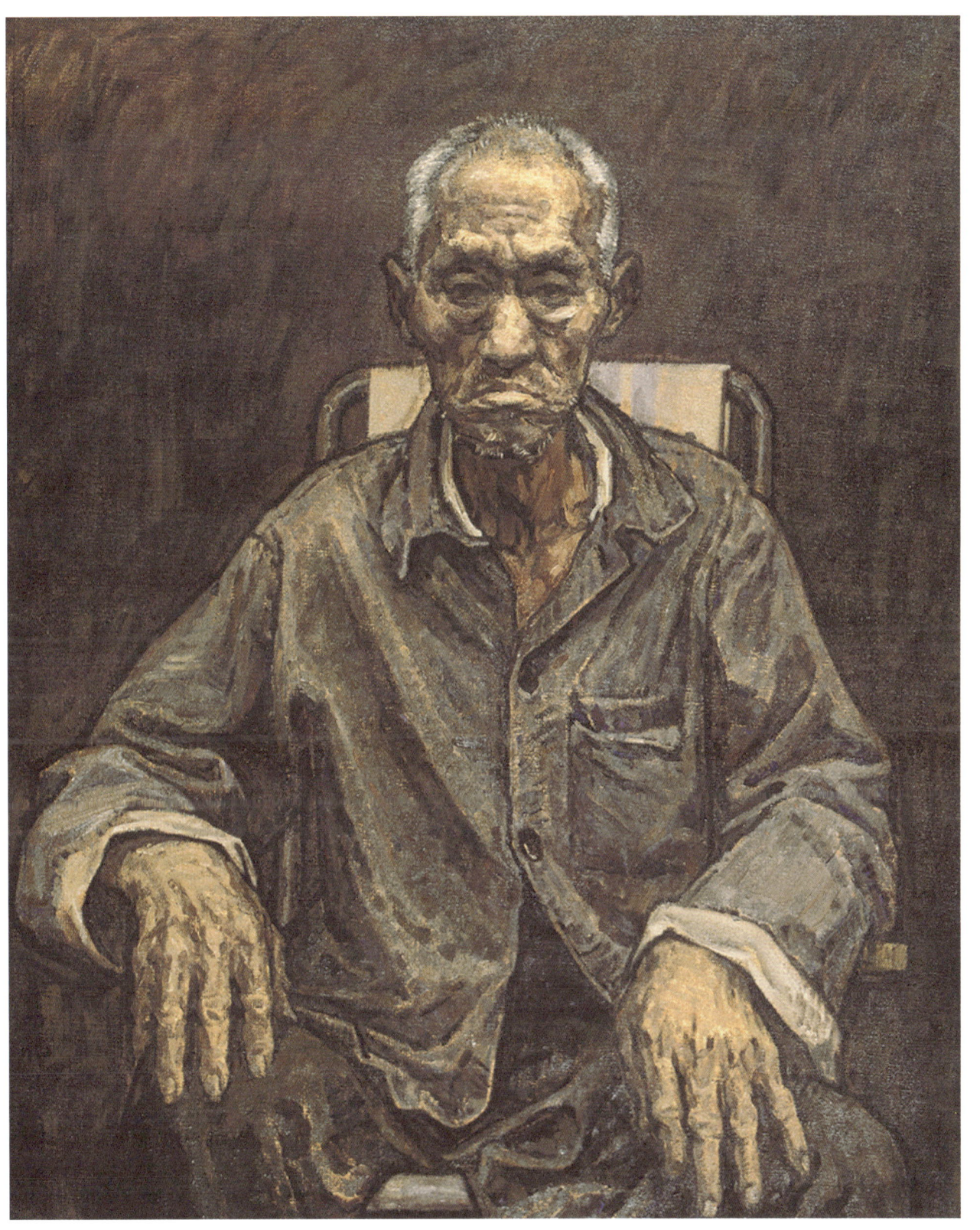

景书介绍，他和王英先是游击队的战友，李利通在抗日战争、解放战争时期曾经为共产党做情报工作，当过情报站长，他送出的日军将要血洗南高村的情报，使南高村上千口人及时转移。解放前夕，他的单线联系领导人牺牲，此后他始终遵循秘密工作纪律，未与任何人联系。

早在老人患病去世前，苏高礼就想为他画一张像。一天，他在家门口摆了老人经常坐的帆布椅子，让老人随意坐着拍了一张照片，8年后完成了这幅《老人像》。这是苏高礼最重要的人物肖像作品，再次印证了现实主义绘画人物形象不是凭空产生的，而是你生活中最有感受的人——老人的形象符合人物时代、身份特征，很好表现出一个为民族、为社会、为家庭付出全部精力的父辈形象，画面上的老人安详平静、若有所思，眉宇间是问心无愧的深沉。

《老人像》展出后受到诸多好评。高亚光教授谈到人物油画创作时经常提到《老人像》，认为这是苏高礼全部人物肖像作品中最好的一幅；苏高礼的学生、中央美院丁一林教授说："《老人像》是中国肖像油画中十分经典的作品。"

第三幅是只有色稿未最后完成的《瞿秋白》。

在"文化大革命"中，苏高礼读到了作为革命大批判靶子的文章《多余的话》，作者是中共早期领导人之一的瞿秋白。据说，毛泽东延安时期看过此文，曾将瞿秋白看作李秀成式叛徒。但苏高礼读过《多余的话》却认为，瞿秋白文章中所表述的决不是要背叛革命，而是一个智者、思想家、中共早期领导人临终前的深刻反省和自我批判，就像瞿秋白的挚友鲁迅先生所说："更多的是更无情面地解剖我自己。"

瞿秋白背叛了自己出身的阶级成为革命者，其思想中原有的封建绅士意识，在转向马克思主义者世界观时不免留下痕迹，在退出党的领导核心后，自身文化人的性格特质让他产生政治上的"疏离感"也是正常的。不然，就无法理解瞿秋白"从我的一生，也许可以得到一个教训：要磨炼自己，要有非常巨大的毅力，去克服一切种种'异己的'意识以至最微细的'异己的'情感，然后才能从'异己的'阶级里完全跳出来，而在无产阶级的革命队伍里站稳自己的脚步。"即使在今天解读这段话，这个认识已经足够深刻了。

这说明瞿秋白深刻领悟到——软弱的绅士意识和脱离生活实际的文人要参加政治斗争，必须脱胎换骨，"软心肠"的人是从事不了血雨腥风的革命斗争的。

就像雁阵飞行时不断更换头雁一样，对曾在社会大变革中导航的领袖人物，同样不能求全责备。那么，该如何理解瞿秋白在《多余的话》中牢骚自嘲式的表达呢？细细品味，对于长期饱受肺结核病折磨，身体已经极度衰弱的学者、思想家、革命家瞿秋白来说，他的身体已经不再是革命的本钱，他的政敌也决不允许他再活下去，被监禁中若不采用隐晦的正话反说的方式，他能将这最后的话传出去吗？这些没有豪言壮语的话反倒更加真实。否则，就无法理解36岁的瞿秋白在生命最后时刻，用俄语唱着他所翻译的《国际歌》自寻刑场，席地而坐，坦然去死。"此时无声胜有声"更是一种境界！这与那些高呼口号就义的战士有何区别？

尽管未能最终完成《瞿秋白》创作，但这幅色稿清楚地表明了苏高礼忠于历史的政治态度。

五十

从80年代起，中国艺术品市场逐渐放开，不少画家开始通过各种渠道出售自己的作品。在卖画上苏高礼属于被动型，从不主动推销自己的作品，而是顺其自然，遇到真心喜欢他作品的人买画也不拒绝，特别是外国人主动买画，则说明外国人喜欢他作品中民族性的表达，这也是对"油画中国化"成绩的认可。就艺术而言，越是民族的也就越是世界的。

80年代初，苏高礼根据1977年的写生作品《黄背角村之二》创作了一幅《黄背角村》，刚好赶上参加中央美院师生作品年展。一位正在中央美院进行学术访问的意大利画家，被《黄背角村》太行金秋的浓郁风情和民居生态环境深深吸引，一再执意要买。中央美院领导决定将《黄背角村》卖给意大利画家，事后给了苏高礼一笔钱。当时，文化部所属高等院校教师收入较低，苏高礼每月工资只有70多元，这笔卖画钱是他两年工资的总和。

还有一幅在太行山画的写生《老区》被一个美国人买走。几年后，有朋友到美国参加学术活动，回国对苏高礼说："我在美国一家博物馆看到了你的《老区》。"

90年代初，他根据1986年画的写生《农家》的窑洞内景，创作了一幅不大的作品《剪花》，画面是一位老大娘坐在窑洞土炕旁剪窗花，炕沿散落着红色纸屑，这是太行儿女再熟悉不过的生活场景。《剪花》画好后被北京东方艺术厅画廊经理拿走，挂在画廊设在北京老城德胜门城楼上的展室，被一位美国游客一眼看上。画廊经理打来电话："苏教授，美国游客说钱花完了，把自己的摄像机卖了8000块钱，非要买您的《剪花》不可。我不敢做主，您看这个价钱能卖吗？"苏高礼答："既然美国人喜欢，就给他吧。"

不久，画廊的经理又拿走了苏高礼创作的《玉米图》，又有外国游客提出因《玉米图》画布质量欠佳，画面油彩上出现了几处细小裂纹，希望作者重画一幅再买。他收回原作，重画了一幅《玉米图》送出。

80年代，他和妻子月工资加起来只有一百五六十元，家里的经济并不宽裕，虽非一贫如洗，但毕竟还有几分拮据，连买一件电器都不容易，不多的卖画收入毕竟能够改善家庭生活条件。

1991年，54岁的苏高礼被中央美院聘为教授。

同年，中央美院按照教授待遇给苏高礼分配了住房。新房在北京使馆区附近的东大桥地区，是新建楼房的一套3居室，使用面积69平方米，不算宽裕，但比起借住了10年的平房大多啦。老母亲喜欢安静，希望单独居住，中央美院另在东单一处四合院分给他一间平房。他用几次卖画积攒的钱，顺利安顿好了两处新家。

1992年暑假，苏高礼又回到夏庄和南阳胜村。故乡在心中永远是美丽的，他多次回去已经画了不少油画写生，但在对家乡美整体表现上仍意犹未尽，这次他要把家乡犄角旮旯之处最普通的美，用黑白灰速写创作来表现。所以他没带油画箱，只拿了黑色碳素软笔和装裱剪裁下来的小幅宣纸，这种规格的宣纸买不到，是版画家杨先让教授多年前送的。

在两周时间里，他去地里干活，到乡亲们家串门，先后画了院落、窑洞内外景、清代老椅子、压水井、灶台的火眼、面羊（民间阴历七月十五为祭祀祖先制作的面食，蒸熟食用，也称面花）、卧在炕头的小猫、看家护院的狗、休息的小毛驴、大田里的庄稼、菜地里的茄子、库房里的农具、树条编成的篮子、向日葵、山坡采来的野花、停在地头的自行车、乡亲的肖像和劳动姿态……这些农村再普通不过的物件、场景落在纸上，都是他眼里家乡美情感的深度挖掘。

他对这次创作的四五十幅速写作品很满意。全部速写虽然画幅小、笔触简洁，但都具有完整的画面，全部作品表现得很轻松，流露出他对家乡美深入的发掘和细致入微的爱，整体欣赏更具魅力。中央美院靳之林教授看到这批作品称赞道："这是苏高礼艺术的又一次突破。"

1993年，他的儿子海江在中央美院油画系第三工作室本科毕业，被分配到中央戏曲学院任助教，在舞美系教学生绘画基础课。他对儿子从事油画专业寄予厚望。

第十章　来自色彩的感悟
——撰写油画教学讲稿

五十一

1991年9月5日，A.梅尔尼科夫教授应邀在中央美院办"A.梅尔尼科夫油画讲习班"，同行的还有他的夫人，他的助手是列宾美术学院油画系主任别西克夫教授。

"A.梅尔尼科夫油画讲习班"为期半个月，是中央美院和浙江美院共同组织的，共招收28名学员。他们都是来自全国艺术院校油画系的教师，还有中央美院油画系的部分教师，第二工作室的学生全部参加，由苏高礼担任班主任。

中央美院让苏高礼当这个班主任是合适的。不仅因为，苏高礼是A.梅尔尼科夫成立工作室后教的第一个中国学生，还因为他是A.梅尔尼科夫最欣赏的中国学生。中苏关系解冻后，中国恢复向苏联公派留学生，A.梅尔尼科夫经常对新来的中国学生和来访的中国同行说："苏高礼是我印象最深刻的中国学生。"他还几次托人将自己的小幅速写作品带给苏高礼，上面除了亲笔签名外，还总有一句："送给亲爱的苏高礼"，有时还另附短信。此外，

苏高礼在A.梅尔尼科夫工作室学习时，别西克夫教授是高一个年级的学长，他们当年曾一起上课，互有好感，相处融洽。

苏高礼见到了已经满头白发的A.梅尔尼科夫教授，这是他们在列宾美术学院毕业论文答辩后的第一次见面。A.梅尔尼科夫兴奋地说："亲爱的高利，你好！"说罢热情拥抱了他。师生间的情谊让苏高礼热血沸腾，尽管俄语已经生疏，他还是用俄语缓慢地说："您好！梅尔尼科夫教授。"

讲习班期间，除了放映事先准备的录像幻灯资料，主要课程是用5天时间完成肖像作业，由A.梅尔尼科夫教授为学员摆了4组模特儿，并在别西克夫教授具体指导下完成。别西克夫教授忠厚老实，是A.梅尔尼科夫最欣赏的学生，毕业后一直从事教学工作，他的油画《双人像》是列宾美术学院经典性的代表作品。A.梅尔尼科夫对学员们一如既往地严格要求，甚至细致到要求大家每天作画后必须把调色板清洗干净。

此外，A.梅尔尼科夫还携带了自己40余幅小作品，在中央美院陈列馆举办了小型画展。讲习班期间，苏

苏高礼陪同A.梅尔尼科夫教授（左2）、别西科夫教授（左1）浏览金山岭长城 1991年

高礼为同学们做了"俄罗斯素描教学"的专题讲座。

中央美院安排A.梅尔尼科夫一行住在北京饭店贵宾楼。没想到A.梅尔尼科夫刚住下手表就坏了，苏高礼马上拿到王府井亨得利表店修好，还买来了他所需要的速写纸和笔。A.梅尔尼科夫试纸时，用碳素笔潇洒地画了一幅人物速写，在苏高礼要求下送给了他。

讲习之余，苏高礼陪同A.梅尔尼科夫一行游览了金山岭长城，A.梅尔尼科夫身体不适没有登城，但他的夫人和别西克夫教授兴头十足，终于爬上了最高处的敌楼。苏高礼对他们说："我们的毛主席有一句诗'不到长城非好汉'，你们爬上了长城，在中国就是好汉啦！"

9月25日，中央美术学院举行隆重仪式，授予A.梅尔尼科夫"中央美术学院名誉教授"称号。时任中央美院学术委员会主任的钟涵教授发表简短、热情洋溢的致辞：

"安德烈·安德烈耶维奇·梅尔尼科夫教授是著名的苏联人民艺术家、全苏美术院院士、列宁勋章获得者、列宾美术学院教授。数十年来，他的创造智慧、层出不穷的、笔精墨妙的绘画性，对本国和世界的人文修养以及对这个时代的生活的深刻体验，开拓了一个独特的、高品格的艺术天地。"

钟涵教授列举了A.梅尔尼科夫教授诸多经典作品的标题。接着说，A.梅尔尼科夫的艺术业绩，是20世纪现实主义新发展令人瞩目的成果之一。另一个重要方面，就是他培养了一代又一代的艺术新秀，他总是殷殷劝告人们，尤其是他的学生，要"把眼光向着东方"，他为增进中苏两国人民和艺术家之间友谊所做的努力经得起时间考验，是我们的挚友和我国许多中、青年画家尊敬的师长。

最后，中央美院学术委员会顾问、前任副院长艾中信教授向A.梅尔尼科夫授予名誉教授证书。

A.梅尔尼科夫教授回国前夕，中央美院特意举办小型联欢晚会，油画系全体教师和其他系在苏联学习过的教师准时参加。大家吃水果喝啤酒，与A.梅尔尼科夫、别西克夫教授一行愉快交谈，齐声高唱《莫斯科郊外的晚上》、《歌唱祖国》、《三套车》等苏联歌曲。A.梅尔尼科夫的夫人曾是优秀的芭蕾舞演员，她伴着歌声跳起欢快的舞蹈,并邀请美院俄语教员张荣生先生一起跳舞。大家仿佛回到五六十年代中苏友好的时光。

听吧!
战斗的号角发出警报,
穿好军装拿起武器,
共青团员们集合起来踏上征途,
万众一心保卫国家。
我们再见吧亲爱的妈妈,
请你吻别你的儿子吧!
再见吧,妈妈!
别难过,莫悲伤,
祝福我们一路平安吧!
再见了亲爱的故乡,
胜利的星会照耀我们,
再见吧,妈妈!
别难过,莫悲伤,
祝福我们一路平安吧!

苏联《共青团员之歌》的歌声在秋夜的校园荡漾,两国艺术家们的友谊热烈而纯真。

A.梅尔尼科夫回国前夜,苏高礼提着一个油画箱到北京饭店贵宾楼,从箱中取出20余幅纸板油画,都是在太行山的写生作品。他说:"我始终记着您的话,'要向自己国家的传统艺术学习,要重视构图方面的探索,要创作反映现实生活的作品'。今天用这些画向老师汇报。"

A.梅尔尼科夫饶有兴味地反复观看这批作品,露出满意的神情,最后

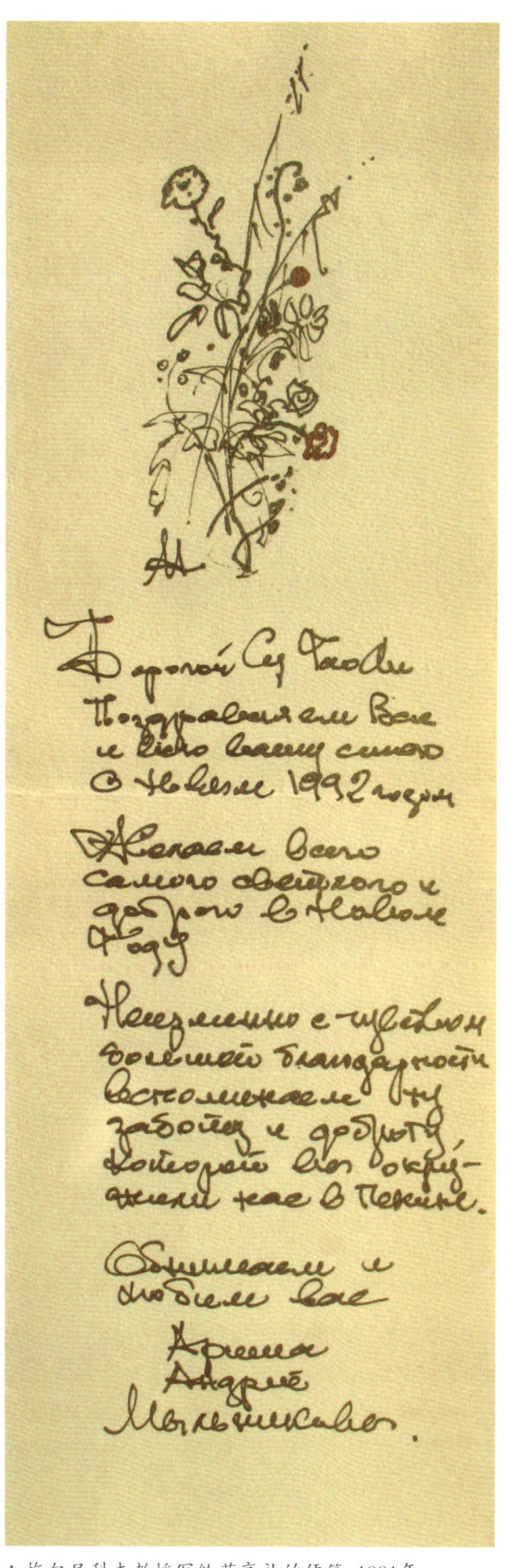

A.梅尔尼科夫教授写给苏高礼的便签 1991年

挑出十五六幅作品放在一起，认真地说："高利，这些都是将来你可以办展览的作品。你所展出的作品，必须是自己满意的好的作品。"

A.梅尔尼科夫教授回国后，给苏高礼写来一封短信，信笺抬头有他随手画下的精美钢笔插图。信中写道：

亲爱的苏高礼：
祝您和您全家1992年新年快乐。
祝福您在新的一年中幸福美好。
我们怀着非常感激的心情想念在北京的日子，想念你们给我们留下的美好愉快的记忆。
拥抱和爱你。
安德烈·安德烈耶维奇·梅尔尼科夫

不久，12月26日，莫斯科克里姆林宫上空升起了俄罗斯白蓝红三色旗，苏联最高苏维埃共和国解体。列宁格勒改称圣彼得堡，列宾美术学院的名字未变。苏高礼在列宾美术学院留学时，对苏联共产党、共青团组织在群众中威信不高多有了解，对苏联的解体并不感到意外。此后，他与A.梅尔尼科夫教授偶尔互有短信和小礼物，但没有机会再次见面。

五十二

从1985年起，苏高礼开始构思撰写《油画教学讲稿》，到1992年已经基本成型。这是他撰写《素描教学》一书的续篇，共分为5章，虽然一些章节内容尚缺乏细致展开和相应参考图例，但整体框架和基本观点已经论述清楚。

黑格尔说："人的精神高于自然，因此艺术也高于自然。"最能打动人的色彩并非单纯的原色，就如同世界上没有单纯的事物一样，多样性的对立统一虽是哲学命题，但在油画创作的构图、造型、色彩、笔法的表现上，又何尝不是这样？

那么，怎样才能画好一张油画呢？

苏高礼在《油画教学讲稿》中开宗明义：油画创作或写生训练一开始就要明确从四个方面着眼，这就是构图、造型、色彩和笔法（或手法），也就是绘画语言的四个要素。因为，油画创作不同于素描，它在任何时候都是全因素的。所谓全因素指的也是这四个方面，作品所表现的内容和情感也将通过这些因素来体现。

第一章 构图（布局和画面构成）

△ 构图是画面的结构和框架，是画面的第一个要素，是一幅作品成功的第一要求，它总是首先影响着观众的视觉接纳和感情的体验。

△ 构图中除了对形象大小、画面组合方式和位置的处理外，还包括画面空当的处理，事实上画面上是不应该有空当的，也就是不应该有不入画的地方。中国画中有以白计黑的说法，

△ 所谓"白"好似没有经营，实际上表现的却是雾、云、空气，依然是物体，是画面的一部分。因此，白是表现气韵生动的重要手段。

△ 一般作品中，多因为讲究处理好主要人物和画面中心，而忽略作为整体画面的结构处理，特别是忽略对边边角角的处理，使画面的结构不严谨，不是雷同过去就是松散。西方一些现代画家极力破除构图中心论是很有道理的，他们要求画面每一个部分都是整体的组成，不能轻视、忽略或不去经营。

△ 依照构思的要求，布局画面既要考虑形象的位置，又不要形成简单的形象中心。要把形象的有意味的结构形式，变为画面的有意味的结构形式，并且和画面所有的点线面有机结合成一个整体。这个整体有统一，也有矛盾；有均衡，也有变化。

△ 构图的任务还包括解决画面的节奏感，这个节奏感是通过对画面抽象的点线面有机结合而体现的。想象中的画面，应该充满恰到好处的色块、结构线、黑白灰，任何一处不周都可能全盘皆散。

△ 构图要克服照抄对象的懒汉习惯和方法，提倡思想的积极性和创造性。实际上，现实生活中的结构组合是十分丰富巧妙的，所谓创造性还包括新的发现和利用不同于前人的视觉角度。

第二章 造型

△ 造型或者说形象塑造是绘画语言的第二个要素。构图就是同时把形象和画面结构线、色块布局结合起来考虑。相对来说，形象处理的伸缩性较小。因此，一般画面都以形象的形式特点为构图的主要依据。

△ 形象塑造的要害和关键是解决形象的结构形体。须知，这不是一般化的结构形体，而是倾注了画家心血的、个性化的结构形体。因此，突出形体的个性特点，即在画家感觉上强化其特点，概括出一种有意味的形式特点来，并以此决定和影响整个画面的形式特点。

△ 构图也好，形象也好，我们强调要找到有意味的形式结构。而有意味的形式特点，是指形象和画面构架的形式感觉，它应该是有创造性、有鲜明特点、能巧妙传达表现意图的。

△ 要以结构形体为依据，塑造立体的、有艺术审美价值的形象和画面，这是造型中所追求的目的。因此，结构和形体是塑造形象的基础，动感是体现生命和神韵的，比例的处理是用来强化形象特征和内在节奏的，基本形是造型的起点和归宿，是造型的艺术审美价值之所在。

这些问题苏高礼在《素描教学》中已做过详细阐述。

第三章 色彩

色彩是本教材论述的重点。

罗丹说："艺术就是感情。"人作

为世界上最高级的生命，看重精神层面的感觉和体会，而绘画则是最直观反映生命的镜子。当然，所有画家都不会单纯"克隆"表现对象，创作中必然会加进主观意念和思考，调色很像调制鸡尾酒一样，要耐心根据不同比例勾兑体验，直到找到满意效果为止，这样诞生的色彩才是个性的艺术符号，其艺术感觉和结果将格外诱人。

苏高礼对色彩的认识源自3个方面：第一，基于对法国印象派对世界绘画色彩发展革命性贡献的认识；第二，在苏联留学期间，对俄罗斯巡回派等的色彩表现及列宾美术学院色彩教学方法的借鉴；第三，对自己多年油画写生色彩实践经验的总结。

他写道：安格尔讲，绘画中素描是包罗万象的，但只有色彩除外，可见色彩在绘画语言中所具有的独特价值。在绘画中，色彩虽从属于形，但却是绘画中最具魅力的因素和最引人注目的形式内容。色彩有它的客观规律，但更具有画家认识上的主动性、表现上的随意性和多变的性质。所以，色彩学习中更强调个人的领悟性。

在绘画史上，有两种主要的色彩观念：

（一）装饰色彩学

它是研究固有色的对比与协调组合的，以固有色为主要观察和认识对象的根据，避开光源色和环境色的影响，凭借记忆和直观来表现色彩的变化。西方早期古典油画、中国传统绘画以及工艺、壁画、年画等绘画多运用这种色彩观念。

（二）写生色彩学

它研究的是条件色变化规律。长期以来，西方油画主要发展了对条件色的认识和表现方法，条件色的认识方法以四个固定为前提，这就是固定光源、固定环境、固定对象、固定作者，注重光源和环境对色彩的影响作用，并应用焦点透视的方法。

今天，这两种观念有交汇互补的趋势。

苏高礼认为，写生色彩的方法，是初学者掌握色彩表现基本功的最好渠道。因为，它不仅具有较强、较广泛、较丰富的表现力，而且更具有科学性便于掌握。

下面讲的均为条件色的写生规律：

第一节 色彩调子

△ 色彩语言的关键是色调表情。讲色调表情，是因为色调是色彩画面的基本形象、基本情绪和意境的表现，构图画面时从色彩角度考虑，主要是对色调的认可和确定。

△ 在构图和造型的基础上用色彩来完成画面。其实，这主要还是继续用色来构图和造型，色彩的感染力来自色彩与构图、造型的配合上。如：色块的布局、大小、形状确定，色彩在体面上的变化等等，在此过程中，色彩自身也完成了它的合理组合。总之，色彩的感染力主要体现在色彩组合的综合倾向

上。这就是色调。色调是色彩之间的组合关系，是色彩的综合倾向。

△ 依据颜色的各种性质，确定色调有如下条件：

（1）色度——色彩的黑白灰

这里主要指颜色的明度（不单指饱和度和鲜艳度）。色度包括物体固有色的深浅和物体受光后的明暗变化，即黑白灰变化。我所说的黑白灰是色彩问题，而不是经常被认为的素描问题。国画有墨分五色之说，即指墨色的黑白灰变化。

颜色的深浅变化，除了表现光的作用外，更主要的是组成画面高低不同的明暗调子。

如：高调——浅调子——亮调子表现明快、热忱、畅亮、单纯等；低调——深调子——暗调子表现深沉、厚重、稳定、沉静等；中调——灰调子表现安详、和平等。

画面上黑白灰色块的大小变化、布局安排、不同形状的交错放置，强烈影响着画面视觉印象节奏、韵律的表达。对比的恰当、简明和丰富等黑白灰的优势组合，会增加绘画色彩的内在表现力和节奏感。

（2）色相——红、黄、蓝……

颜色有三原色、三间色、再间色……形象地说，色相是一张千变万化的脸。画面上的不同色相的组合，会形成对比、协调的不同印象，强烈影响着画面既变化又统一的艺术表现效果。不同色相的组合、布置产生画面的多种表情，带来喜悦或平静、轻松或沉重等感情上的变化。

色相的灰化（弱化、对比色的混合结果）增加了色彩的微差变化和色相的表现层次。色相在感觉上有进退之分，也影响着画面空间的表现，如：红、黄、橙、白色为进色，蓝、绿、紫、黑为褪色。

固有色的表现方法，主要是对色相的研究和应用，特别是色相之间的对比协调、色相的明度，以及色相的鲜艳度、饱和度的巧妙运用。

（3）色性——色彩的冷和暖

色彩的冷暖变化强烈影响色调的表情变化，正是通过这些变化，得以体现多种情绪、意境和理念的表现；不同色相体现着不同的冷暖感觉，在没有较强烈的明暗光影变化时，主要是冷暖色块决定着画面的调子变化。

冷调子——表现沉静、寒冷等；

暖调子——表现热烈、兴奋、温暖等；

中间调子——表现柔和、平静、安详等。

△ 色调虽然是色彩诸因素的综合倾向，但并不是平均显现的，有时突出黑白灰，有时突出固有色或冷暖变化。色彩的表现力正是由于色度、色相、色性的多层次变化所形成的。在画面上，大色块更影响调子的组合，同时色块的不同形状、不同布局对调子也有较大影响。

△ 色彩的表现力，还来自它是

光和色的结合表现。画面上有时加强光影效果，有时又做减弱，但光和色是不能分家的。即使画面上不用光影，也会通过色块的深浅变化显现光的强弱感觉。

a. 由于光源的使用，画面和形象分成受光和背光两个系统。由于光的方向不同，如：正面光、侧光、逆光、顶光等变化，使受光、背光两个系统相应产生诸多变化，不但影响画面的调子结合，也影响形象的体积和画面的空间效果，同时促成画面的节律感和节奏感。

b. 由于光源的作用，画面分成冷暖不同的两个系统（由光源色和环境色的对比所决定），影响着画面的调子和表情。

c. 由于光源的作用和色块的深浅的不同，形成了画面黑白灰的构成效果，影响视觉印象和表现意图。

d. 在写生色彩中，画面的光感主要由光源色对画面所形成的统一，光源色愈强，画面的光感愈强，同时通过暗部影子加强色彩的对比和变化。而画面的空间感，是由于环境色统一画面的原因，使画面产生远近、虚实的不同变化。

△ 色彩的各种表现力虽然有规律可循，可以通过理智来分析认识，但更重要的是画家的感情影响着对色彩的认识和表现。色彩是感性多于理性的。色彩和音乐一样，可以强烈地刺激、撩动、活跃画家的感受，而此时画家的感情又会反过来，深刻影响他对于色彩的感受和认识。所以，色彩是万万不能和感情分开的。（在后面的"观察方法"一节中还将谈到这个问题）

△ 在现实生活中，现成的、完美的、非常有表现力的色彩组合并不多见，一般都需要调动画家的主观能动性，强化自己的感受，使画面的色彩与构图、形象统一成明确的表情特征，并赋予了画家的个性。

第二节 色彩的观察方法

（1）整体观察

△ 色彩是在画面构图布局、素描造型、表现意图明确的基础上进行加工的，是画面的最后阶段，是绘画诸要素的综合结果。因此，色彩的整体观察，是对画面整体设想实实在在的体现，而不是孤立的色彩认识。

△ 写生中存在两个整体——即对象的整体和画面的整体，这是既相同又有区别的两个整体。后者来自前者，后者加进了画家个人表现意图，应该是画家所追求的真正的整体，因而不能与前者等同对待。只有基于这样的认识和实践，画家才能真正把握画面的整体。

△ 谈到色调的整体，画家除对绘画因素的综合治理外，还要考虑到色调。观察色调、构成色调是对色彩认识的起点和基础。因此，也可以说色调就是色彩组合的总倾向，是色彩的综合倾向。

对条件色彩的整体观察，要注意三点：

a. 重要的不是观察颜色，而是颜色之间的关系；

b. 把对象（固有色）、光源、环境三者同时考虑；

c. 把分析和感觉结合起来，要强调画家的感觉，感觉总是对色彩的综合印象。

（2）协调和对比

△ 色彩的组合和分色当中必须遵循的两个原则——协调和对比。如果一幅油画的表情是鲜明的，那么，就必须明确画面上是在强调对比，还是强调协调。这两者是矛盾的对立统一关系，处理色彩关系就是永远在处理这对矛盾，并使之最终达到统一。但每幅画都有一个闪光点，这就是总体追求协调，还是追求对比。

a. 总体协调。画面要表现温柔、轻松、静穆等情绪，就需要加强色彩协调。但是，只有协调没有对比，色彩会过于缺乏力度，没有重量感、飘、轻。画面会出现一般化、温吞、发脏、缺乏个性的表情。须切记，协调只能是在对比基础上的协调。达到理想的协调的方法是同类色相协调，色彩的灰化相协调，明度接近相协调，对比色中间加过渡色块相协调。

b. 总体对比。画面要表现欢快、热烈、庄重等情绪，就需要加强色彩对比。但是，只有对比没有协调，色彩会出现过于亢进强烈，画面火气、生硬难看的表情。须切记，对比只能是在协调基础上的对比。达到理想的对比的方法是补色相对比，强化明和暗相对比，强化冷和暖相对比，及突变相对比（指色块的并列或排列关系）。

△ 在色彩关系中，协调与对比是一对不能分离的孪生兄弟，它们是生于同一母体的双胞胎。因此，表现协调关系离不开对比，表现对比关系离不开协调。但是，协调和对比都不应该是画家追求的目的，最终追求的只有准确的感情和意念表达，这样画面就有了可衡量的依据。

（3）强烈真挚的感情是观察认识色彩的出发点

△ 画家的感情愈浓，色彩的感情也就愈强烈。色彩是乐于和人在感情上交流的，这需要画家的主动性——主动去锐化感觉、观察生活、积累经验。

△ 色彩是有个性的，只有形成明确的调子时，这种个性才暴露无遗；色彩的个性通过画家的处理，就变成了画家有个性的色彩。如：凡·高、塞尚、马蒂斯的色彩个性，就是他们特有的对于色彩的组合关系。

△ 色彩本身在社会实践中，往往被赋予感情的外衣，如：红色代表革命，代表血与火；绿色代表和平，代表劳动等等。但这种意义只有在一定的色彩组合与一定的形象结合时才有确定性。

第三节 色彩写生法

△ 作画的最初冲动是生活的星星

之火与画家心中火花产生撞击，从而引发创作欲望，再经过观察产生较明确的构思。因此，从产生念头到构思明确，主要靠画家的主动精神，许多学生就是吃亏在缺乏"主动"这两个字上。

△ 色彩写生的信心和成功要建立在良好的作画程序上，许多学生的失败是由于没有良好的程序习惯。当然，艺术创作和科学实验不同，它有相当的随机性和灵活性，但绘画更讲究创作过程本身的引发性。一个好的构思，可以激发起创作的冲动和热情；起草一个好的稿子，可以引发构思的进一步深化；铺出一个好的调子，可以让愉悦点燃新的创作火花。这一切，都将激发你高水平地完成作品。

△ 只有步骤明确才能有效利用时间，准确找到画面。所谓良好程序，主要指明确作画每个阶段所要解决的问题是什么，积累解决这些问题的经验十分重要，是进行创作的宝贵财富。

起稿、铺色、深入、整理是色彩写生创作过程的4个不可缺少的阶段：

（1）起稿

△ 要养成勾画小色稿的习惯。在小色稿上大致完成画面构图和色调的确认，通过小色稿迅速将对对象的第一感觉和自己的构思，概括而明确地记录下来，成为整个作画过程的引领和提纲。

△ 表现意图、构思明确，即一幅很明确的画面成竹在胸时起稿，要集中解决画面的构图和形象塑造。根据画面手法的要求确定画稿的粗与细，不论画稿粗与细都要求做到精到，关键处肯定，大关系明确。

此时常有人出现两种情况：

a．性急，缺乏正确的步骤，想一口吃成一个胖子；

b．漫不经心，缺乏激情往往带来失败。

所以，起稿要高度集中精力，动心、动眼、动手统一行动。既不急躁又不放松，才能为一张画打下坚实的基础。

△ 如何起草一个好的稿子？这需要视作画习惯而定，视处理画面的手法而定。

一般也有两种情况：

a．先形后色。这是古典画法和工笔性手法要求的程序，起稿时要工整、精确，多用单色线起稿，但同样要求大关系明确。

b．先色后形。这是写意性手法和直接画法的程序，起稿时要求落笔成形，概括大关系，一般直接用色起稿，色彩和形象同时出现。通过小色稿明确画面色调和色彩基本关系，方便在调整过程中形成准确的色调和色彩认识，为顺利完成画面提供可靠的保证。

（2）铺色

△ 这是处理色彩的关键一步，因为色彩的感觉此时最为新鲜，色调要在这时确定下来，形成整个画面色彩的根基。所以，必须调度全部感情，全力以赴地完成。

△ 首先是识色。即明确组成调子的主要色块，明确光源色和环境色的主要区别，明确色块受光、背光的主要变化。识色的目的一是为了分色，二是为了组调，总之要为铺色找到依据。

△ 识色要考虑的四个条件（或称为四个因素）——光源、环境、对象和作者自己。条件色是由对光源、环境、固有色的综合认识确定的，但还要有一个重要的感情色，即来自作者自己直观印象和感受的印象色。所以，在上述四个条件或因素中，作者自己是最活跃的因素，只有这个因素活起来，才能带动其他因素活跃起来。此时，绘画中的客观标准或条件都是相对的，不同的作者对同一组对象可以得出相对不同的认识，即由此而生。

△ 一般说来，画面上先上的色块是基础，它无疑是比较的依据，是影响其他色块的条件。

要十分重视色彩的第一印象。这里有两种方法可以考虑：

a. 先铺大色块和有影响力的色块，以便明确大调子，以此作为深入的基础；

b. 先铺暗部色和重色块，尽量画得准确，用透明色，尽量画薄，不用或少用粉，做到统一中有变化，然后再向亮部过渡。这时暗部和深色块就是画面的基础，其好处是暗部画得透明，有深进去的空间感，同时减少暗部的涂改，还可以防止暗部吸油。同时暗部和重色块成为画面色调的基础，以此找准亮部色和中间色就有了依据。

△ 铺色过程中要注意色彩倾向的明确，甚至可以强烈一些，以便获得进一步刻画和调整的余地。第一遍色完成后，要明确色调，明确受光系统和背光系统的色彩关系。

铺色中可以参考以下规律认识色彩：

a. 亮面——光源色＋固有色＋亮，其中色感强者起主要作用；

b. 暗面——环境色＋固有色＋暗，其中色感强者起主要作用；

c. 侧光面——光源色＋固有色＋环境色（弱），一般情况下固有色起主要作用；

d. 明暗交界线——环境色＋固有色＋暗，同于暗面，但比暗面更暗，是最暗的部分；

e. 反面光——环境色＋固有色＋暗＋临近物体的亮面色，比明暗交界线亮；

f. 高光——光源色为主要影响，但也有微弱的固有色反映。

△ 一般情况下，亮面和暗面呈冷暖对比、补色对比关系。

铺色中经常出现的问题是：

a. 铺色随便，认为是过渡不求准确，因此形不成深入的基础；

b. 只注意局部的色彩变化，不注意调子的组合，不知道解决大调子才是铺色的首要任务。

（3）深入

△ 经常退到远处或换个角度看自己的画面，明确哪些色块是好的要保

留，哪些色块是不合群的要调整。调整不合群的色块和缺乏表现力的色块，加强色调的美感和表现力，这就是色彩的深入。深入的另一个重要任务，是解决色与形的结合，加强形象特征的表现。明暗交界线的塑造，过渡面、高光点的刻画，边线的处理，这就是色和形的结合。

△ 色彩和造型是要同步考虑的，均要以加强形象表现力为目的。深入中须明确重点，注意保持整体要求，是为了整体效果而深入的，深入的结果使画面逐渐接近画家心里的那幅画。

(4) 整理

△ 课堂上学生根据可自主支配的时间，确定自己的深入的程度，并一定要给自己留出整理的时间。一张画的深入可以是无止境的，但一张画的完整并不一定在于刻画精微的程度，而经常取决于整体处理得恰到好处。根据表现意图和最初的构思想法，以及当时所能达到的最好画面效果，进一步统一加工和画龙点睛。

△ 画面的完整性，从来就是协调与对比、强与弱、松与紧、虚与实的矛盾统一。刻意的修饰会使画面陷入呆板。至精至微的匠心和对偶然出现的效果保留，对一张画来说同样是重要的。整理的重要任务，是加强画面各种因素的节奏感和呼应关系。

第四章 表现手法

△ 表现手法即画面处理的方法，包括材料技法的运用，但不等同于材料技法，更多是指画面艺术处理的外在效果。

表现手法有多方面的含义：

a. 画面表现上的工笔性与写意性、绘画感与装饰感、古典情趣与现代意识的区别；

b. 与绘画技法相联系的点彩和平涂、多层画法（透明画法）与直接画法、厚堆法与薄涂法的区别；

c. 与用笔相联系的并列法与调和法、见笔触与不见笔触、用线与不用线，以及质感与肌理变化处理等；

d. 当然，所有这些首先是与画家的艺术观念相联系的，如：是表现还是体现、是具象还是意象或是抽象等等。

△ 表现手法的选择与变化，直接来源于表现意图的要求，同时也是画家绘画风格的一个方面，或者说是绘画风格要求之所在；表现手法和时代意识、科技水平、绘画材料进步相联系，同时也和绘画大师们的创造、传统与民族特点相联系。所以，要从传统和民族特点中汲取营养，不断丰富我们的表现技巧和手法，创造新的表现手法。

△ 表现手法不能孤立于其他绘画因素，在构思时要与这些因素一起考虑。表现手法要依据画面传达的气氛、意境、情趣来确定；表现手法是为表现意图服务的，是对画面综合处理的结果；表现手法统一对一张画是很重要的，其恰到好处的运用更加重要，否则就是卖弄；卖弄表现手法绝对要

不得，是低格调的。

画面的表现手法运用的几种导向：

a. 表现性——加强形的刚柔、方圆变化，加强色彩强烈对比，体现画家的情感和心境；

b. 再现性——加强质感、立体感，具体性的描写，再现客观的真实；

c. 趣味性和欣赏性——强调变形、变调的创新处理，表现画家的独特感觉。

总之，运用表现手法的基本原则是统一中求变化，切记要自然而不做作，服从画面的表现意图，体现出作者的修养、气质和格调。

第五章 怎样才算一张好的写生油画

△ 一张好的油画要能够体现时代精神和民族气质，具有健康、感人的审美情趣，具有创造性的艺术形式，这些是最基本的要求。问题的关键既不在于题材的种类，也不在于内容的繁简，更不在于画幅的大小，关键在于作者对上述要求挖掘得深与浅、本身函量的重与轻、格调雅与俗的程度，做到极致就能深刻、厚重、雅致。

△ 如何从艺术和技术的角度看我们的画：

a. 一张好画必须要有所创新，必须是个性鲜明的作品，必须是来自画家个人强烈的艺术情感和执着追求，这就是对艺术创造性和一幅画个性的最基本要求。

b. 一张好画必然是一个整体。即：

油画《高粱图》 1998年 中央美术学院美术馆藏

油画《中国农民陈永贵》 1988年

构思明确，手法统一，每根线、每块色、每个角落都有机融洽地相处画中，达到视觉接纳、感情体验的高度一致；画面中要有一股无形的气贯穿着，这股气要一下子就能与读者的呼吸相合拍。

c. 一张好画就像一个人有好品格一样，蕴藏在所有的绘画因素当中，从技术到艺术都是画家个人修养的体现。一张画最好的品格是含而不露，不媚不俗，大度而不强加于人，精致而不流于琐碎。画格就是人格，是画家个人涵养的集中体现。

但是，并不是所有涵养好的人都能画出好画，高格调的画是由具有较高层次技术、艺术才能的人创作的，好的画家、艺术家一定要有好的技术训练。

△ 有了一定的造型、色彩基础后，你要非常清醒地认识到自己的长处和短处，你的优势在于扬长避短。一个画家不可能是全才，更不会毫无可取之处，须知通向艺术高峰的路不止一条，对了路子就能通行。因此，你要清醒地知道唯一的办法是提高自己的文化、艺术修养，真正学会站在人类文化艺术的高处审视哪些是精华，哪些是糟粕，同时找到自己的恰当位置。

苏高礼在《油画教学讲稿》结束语写道：

"油画中国化"的未来——属于那些有责任感的、热忱的、善良的、勇于追求的、善于追求的青年艺术家们！

五十三

1993年，油画系成立"油画研修班工作室"，苏高礼被任命为工作室主任，全面负责研修生的教学组织管理，同时承担自己负责的素描、速写、色彩、创作教学，直到1999年第十届研修班学生结业。从1982年到1999年，苏高礼几乎承担过10届研修班的大部分素描、速写教学。

从研修班的课程安排来看，除去第4学期的毕业创作、论文、展览会的内容外，前3个学期素描、速写课共用893学时，油画课用766学时，可见素描、速写训练所占的比重之大，苏高礼的工作压力可想而知。

由于研修班学生大都已经具有程度不同的教学、创作经验，他们是带着艺术实践中遇到的问题考入研修班深造的，因此，对他们的教学具有补课的性质，他们最突出的特点是对专业学习有着相当的自觉性。苏高礼认为，研修班教学的主要责任是启发、引导，采用"顺水推舟"式的教学，尽可能在学员已有基础和长处上推进提高。

通过在教学中摸索，研修生班采用"两年三阶段"教学模式：第一阶段用时一学年，是油画基本功和基本技法的研究和探讨，要求学员广纳精华、取长补短。表面上看似乎是在补课打好基础，实际则是在深化对于艺术的理解，提高审美层次，培养和提高有创造力的匠心，使他们摆脱学习和艺术创作上心有余而力不足的困惑。

第二阶段用时半学年，针对学员人生观、生活体验、审美倾向已基本形成，但对自己艺术道路还不自觉地存在某种盲目性的情况，侧重在油画语言形式和个人特点上进行研探，这是一个促使他们向更高艺术水准发展的过程，达到扬长避短、形成更加鲜明特点和风格的目的。

第三阶段用时半学年，毕业创作是对研修生学习成果的进一步深化和总结，在课堂学习的基础上充分表现、发挥自己的艺术追求和创造能力。

此外，研修班在各教学阶段还开设"第二课堂"，即充分利用北京、中央美院的独特条件，举办、组织高水平的学术讲座、作品观摩、图书阅览、参观展览、访问知名画家和教授，提高学员的全面修养。例如：苏高礼几次请钟涵教授在"第二课堂"讲课，钟涵教授曾受中央美院派遣到比利时学习两年，对欧洲绘画有着细致考察和深刻认识，他给研修班讲课有独特见解，同时放映大量幻灯片作说明，深受学生欢迎。

以上是苏高礼多年从事油画研修班教学的经验总结。实践证明，这样的教学安排和教学结果能使学生终身受益。

第十一章 到巴黎考察欧洲艺术

苏高礼中年照片 翁乃强摄

五十四

1994年6月下旬，中央美院安排苏高礼去法国巴黎进行为期半年的欧洲艺术考察，同行的还有版画系的卫祖荫教授。

考察筹备期间，中央美院针对国内一些人公派出国滞留不归的现象，要求苏高礼出具保证书，他3月3日用毛笔写下《我的誓言》，全文如下：

此次去法国，目的是为考察研究西方艺术，别无他求。定于限期内归返北京，继续中央美术学院的教学工作。我虽为一普通中国公民，但始终亲爱于祖国，诚信于社会主义事业，将无论何地、何时绝不会有违于此神圣信念！

出国前，苏高礼听到一个让他高兴的消息，4月27日开幕的"第二届中国油画展"上，共展出有323幅作品，其中历届研修班学生的作品竟占19%左右。全国各省市都有开设美术专业的高等院校，对中央美院油画系的一个研修班而言，这个成绩是对十几年教学工作的最大肯定。现在，他带的第七届研修班将顺利结业，第八届研

苏高礼和靳尚谊教授（左3）给中央美院第七届研修班学生上素描课 1993年

修班招生工作也结束了，油画系安排年轻教师谢东明临时代理研修班的班主任，他可以放心地去巴黎了。

当时，中国美协、中央美院、北京工艺美院、浙江美院、杭州美院等单位，在巴黎国际艺术城都设有工作室。中央美院的工作室是一位华侨提供的，面积五六十平方米，有卧室、卫生间、厨房和小画室，中央美院为苏高礼、卫祖荫提供工作室租金，巴黎国际艺术城可以为各国艺术家办理卢浮宫及巴黎市属博物馆的免费参观证，他们需要自己承担考察期间的吃饭、交通、办签证等费用。

苏高礼的考察以巴黎为中心，还计划去意大利、德国、西班牙、荷兰等六国考察艺术。30年前，他在苏联曾看到过一些欧洲著名油画，但那只是欧洲油画艺术的一小部分，特别是对欧洲现代油画艺术还不了解。对苏高礼来讲，这次到欧洲艺术考察带有朝拜性质。他认为，中国油画家学习油画艺术必须眼界开阔，只有到油画的发源地对欧洲从古典绘画到现代画的全貌进行考察研究，才能更好地把握自己未来的艺术走向。

五十五

巴黎位于法国北部，是欧洲大陆上的最大城市，也是世界上最充满艺术气息的繁华大都市之一。6月的巴黎气候怡人，平均气温18℃，大西洋的暖湿气流让这里夏无酷暑，冬无严寒；塞纳河蜿蜒穿过城区，为这座城市带来了灵气。

苏高礼在国际艺术城那间画室安顿好后，拿到了各个博物馆免费参观证。他在巴黎有一个叫江大海的学生，曾经是中央美院附中的教师，后来旅居巴黎从事绘画艺术。他很快还认识了来自国内山东的画家王衍成和已经嫁给法国人的中国南方姑娘刘凯，他们经常到国际艺术城为中国画家提供帮助。

6月29日，苏高礼第一次走进卢浮宫。

卢浮宫是世界上最古老、最著名、最大的博物馆。它曾是法国的王宫，始建于路易十四时期的1204年，其后经过700多年的不断重修扩建，现在建筑物全长680米,占地面积4.8公顷，如果加上草坪面积约为45公顷。卢浮宫前金字塔形的玻璃入口，是华人建筑大师贝聿铭20世纪新的设计。

卢浮宫艺术馆于1793年正式对外开放，陈列面积5.5万平方米，馆藏目录记载的藏品数量达40万件，藏品中有被誉为世界艺术三宝的《维纳斯》雕像、《蒙娜丽莎》油画和《胜利女神》石雕，还有法国、意大利的远古遗物和大量希腊、罗马、埃及和东方的古董，是世界著名的艺术殿堂。

他在连续3天的参观中，详细看了尼德兰画派（从布鲁盖尔到伦勃朗）、中世纪巴比伦雕塑、意大利画派、荷兰画派、希腊雕塑（"维纳斯"和"胜利女神"等）、希腊瓶画、西班牙画派、德国画派的大量作品。

7月4日，苏高礼参观位于香榭丽舍大道的大皇宫美术馆，这个美术馆是收费的，一张参观券售价38法郎。这里正在举办法国印象派作品专题展览，而考察印象派艺术是他的考察重点之一。接着，他往来于几个收藏印象派作品丰富的博物馆，看了库尔贝、卢索、马奈、莫奈、毕沙罗、塞尚、德拉克罗瓦、德加、雷诺阿等画家的大量作品。

考察笔记之一——《法国印象派绘画1.》

在印象派形成时期，马奈、莫奈、毕沙罗、塞尚、德拉克罗瓦等人的作品，手法放得开，具有写生味道，色彩较透明，但基本上还是固有色的处理。

印象派的人物画，如：马奈的村中野餐裸体妇人、吹笛少年，莫奈花的园中四妇人，德加和雷诺阿的肖像等，人物造型不太严格，他们放松细节，注意了画面构成和平面整体处理。

静物和风景画，如：雷诺阿的《花房》及马奈、莫奈、德加、塞尚的静物画，马奈的静物画生动，写意效果最到家；莫奈的巴黎街景和农村雪景最为动人。我最喜欢的是毕沙罗的乡土风景。

在桔园美术馆欣赏著名油画《睡莲》，这是莫奈晚年最重要的作品，没有精心的构思，选取的是几个并无相互细节联系的单独片段，整体上就像作者站在花园里东张西望。画面的主要形象是水加水中的天云，然后才是星罗棋布、并不密集的莲花，莲花只起了点题的作用，柳树和水草环抱几幅画的两边，使之相互有了某种联系，体现出一种具有梦幻感的精神自由状态。可以说，这也是作品的内在联系。

桔园美术馆展出德朗、郁特里罗、苏丁的作品较为突出。还展出有塞尚、马蒂斯、毕加索、莫迪里珂尼、雷诺阿等一些不重要的作品。但是，看似不重要的作品中也有收益，能窥见画家作画时的方法步骤和常用技巧。

7月14日，江大海开着7000法郎买的八成新奔驰车，带领苏高礼、卫祖荫游览巴黎北部的蒙马特高地。称这里为高地是相对地势而言的，主要是塞纳河流到此地后无法逆势而上。这里有风景秀丽的蜿蜒小径，有白色、高大的圣心教堂，有画家聚集的小丘广场，有夜夜笙歌的红磨坊，还有写满爱情的巴黎爱墙，是一个包容宗教、艺术、夜生活和爱情的和谐之处。他注意到一些法国民间画家的生存状态，在并不喧闹的小丘广场上，民间画家们安静地摆摊，向各国游客出售自己画的风景油画和旅游纪念品，这些油画大多数画幅不大、水平一般。

7月15日，参观巴黎市现代艺术馆。

7月16日，参观东方艺术博物馆。该馆的布置比较讲究，第一层展出东南亚艺术，雕塑作品水平相当高，人物脸形是典型的东南亚人，表情温和，造型圆厚，富于弹性的线条，细密的装饰；还有一角展出中国西藏绘画艺术。第二层展出南亚印巴艺术，其雕塑作品十分有特点，几个女人体尤为出众。

7月18日，参观德拉克洛瓦博物馆。

考察笔记之二——《法国浪漫主义画家德拉克洛瓦》

这里是德拉克洛瓦（1798—1863）当年住过的地方，3间小房子连在一起，展出作品有他的版画、为哈姆雷特画的插图，水彩画、猫的各种神态素描、油画和水粉画习作，还有石版画、铜版画、粉笔画、铅笔画等，总之是大画小画应有尽有。德拉克洛瓦的几幅巨作《希阿岛的屠杀》、《但丁的小舟》、《阿尔及尔女人》等都是好画。

纵观他的作品，其油画技术达到了登峰造极的地步，造型、色彩、绘画性的画面处理、油画材料的应用，都达到了超级水平。

7月19日，参观巴黎布德尔博物馆。这是一个规模宏伟、档次极高的现代雕塑博物馆，不仅作者代表作品齐全，而且兼有作者的故居、画室和花园。

考察笔记之三——《法国现实主义雕刻家布德尔》

布德尔（1869—1929）被誉为近代雕刻三大支柱之一，但我国对他介绍得不多，这里展出他的素描习作、雕塑放大稿和艺术收藏等，十分值得观摩学习。

刚到巴黎时，我认为自己的主要任务是进修、学习，现在看来有些欠妥。眼前这位大师的创作令我心中肃然起敬，如能将他的好东西学到手，则此行丰收也。

布德尔的作品朴拙、厚重、寓情于形，形式感壮美，外形概括，极富力度、空间、韵律，内形在强调节奏的基础上，极富装饰美感，对形象的大胆综合概括，简练、夸张突出神韵。看他的主要作品，以及围绕这些作品所作的习作、探讨，更进一步了解到他的创作意图和方法。

博物馆里有两个花园式的环境，立着一些十分壮观的原大作品，但略显局促。那间最大最高的展室里，有他的将军像、赫拉克里斯像等石膏原作。他的赫拉克里斯、贝多芬、罗丹、安格尔、夏娃的塑像，以及密兹开维支、将军、矿工的纪念碑等作品，放在大自然中更加有魅力，你会感到光影制造的复杂效果，比光滑的大理石更有分量和力度。他的雕塑之所以如此震撼人心，是因为所有的形式感觉都传达着一种力量、美感、重力和冲动。

7月20日，上午参观国立罗丹博物馆。

考察笔记之四——《罗丹的雕塑》

罗丹博物馆的花园十分精美，罗丹的雕塑在其中起着主要作用，《思想者》、《加莱义民》、《地狱之门》、《巴尔扎克》、《女人体》等雕塑作品个个好看，展厅里陈设着他一些小稿和人体速写稿。在罗丹的个人收藏中，几幅梵·高的油画很有水平，其他藏品水平不高。

罗丹以地狱之门为题材，所做的女人体、男人体和表现情爱的作品十分之多，加上陈列无章，没给人留下多少美的印象。相反，室外的雕塑陈列让人尤为起敬，明显是大师的本色。

7月20日下午，参观新巴黎。新巴黎的建筑特点有艺术处理的匠心，除了楼形有变化，园林、喷泉，包括现代雕塑在内都有欣赏价值。新凯旋门80多米高，是整个建筑群的高潮和结束。

7月22日—23日，到奥赛博物馆拍摄印象派、后印象派、新印象派作品，包括修拉、梵·高、塞尚、莫奈、毕沙罗、西斯莱、雷诺阿、德加、高更、罗特里克、伯纳尔、维雅尔、多米埃、米勒、柯洛、库尔贝、安格尔等人的作品。拍摄时，苏高礼想到了儿子海江。海江的艺术手法，似乎接近印象派以后到毕加索之前一些画家的艺术手法，一些照片带回国对他可能有用处。

考察笔记之五——《法国印象派绘画2.》

罗特里克油画《平躺着的女人》造型十分讲究，空间透视、形体表现、动态自然放松。这位画家平面处理原则是：

1. 造型是立体的，色彩是平面的；
2. 小色块是写生性的，大关系是平面的；
3. 大色块的装饰性特点；
4. 消弱光影，加强灰白色块的对比。

西涅克、修拉的点彩原则：色彩的分解组合，平面性处理。

7月26日，苏高礼再次参观奥赛博物馆，二楼右侧陈列着俄罗斯画家列宾、谢洛夫、阿尔希伯夫、盖伊，美国画家萨金和北欧画家里伯尔曼、克里木特、恩索尔、赫德尔等的一些油画，但都不是他们的代表之作，挂在那里大概是为了表示一种承认。

考察笔记之六——《苏俄油画并不差》

在肖像和主题性油画的创作上，苏俄的作品是不差的，有些是很优秀的世界级的作品。苏联几十年，出过一些很有特色和成就的大家，对中国画家的影响更大。如：普拉斯多夫、柯林、穆希纳、柯年柯夫、柯日热夫、马依谢克、梅尔尼科大等。

7月30日，参观非洲大洋洲博物馆。

考察笔记之七——《非洲木雕艺术》

非洲黑人的木雕及其他艺术十分精彩。它们给人以艺术夸张的启发，在具象原则下变形，胆大，想象力丰富，而且造型的特征性很强，生活气息很浓。在艺术上的各种手段：对称、非对称、均衡、非均衡统一多变，点、线、面、体无所不用。

非洲木雕的主要特点：

1. 根据雕刻的作用分为面具、站像、坐像、骑马像、守护神等。

2. 强化特征，男女性别的差别、善恶面貌的差别、年老年少的差别十分明显。

3. 人体结构穿插为基本手段，装饰物附在其上，如：头发、颈圈等。

4. 材料本色就很具有表现力。

5. 长期的艺术创作积累了熟练的造型技巧，已经不完全都是稚拙的特点。

五十五

在紧张的参观中，苏高礼度过了在巴黎的头一个月。

8月2日，苏高礼开始为到欧洲其他几国考察做准备，到希腊驻法国大使馆领取了签证登记表，在巴黎国际艺术城保险公司给自己办理了医疗保险，因为没有医疗保险不能办理签证。

第二天，苏高礼到中国国际航空公司在巴黎的住地看望女儿海红，她已经长成漂亮的大姑娘，是一名训练有素的空中乘务员，她几次飞抵巴黎休息都来看望父亲，有时还带给他一些零用的法郎。

几天后，他又到意大利、德国驻法使馆办理入境签证。

8月14日，在卢浮宫重点参观北欧画派作品。

考察笔记之八——《北欧画派的色彩特点》

荷兰画家霍赫（1629—1684）的作品多表现风俗民情。他作品中的农村院落给人留下深刻印象，圣母像背后的头骨画得十分好，他凭感觉处理结构、构成画面和色彩很独到。与霍赫同期的荷兰肖像画家哈尔斯也擅长肖像画，他画的老太太十分朴实，风格严谨是表象，而内在的热情、自由才是本质的东西。

北欧画派的色彩特点，在表现情绪上条件色与固有色两者是一致的，通过色调的冷暖变化、对比协调来达到目的。

1. 从边线处理分出绘画感和平面性，硬边处理为固有色、装饰性和平面性，虚边处理多为条件色、突出绘画感。

2. 固有色处理画面必然装饰趣味浓，但他们更讲究色块之间的协调对比，也就更注意色调的统一。

3. 条件色的色调本身就是统一，所以应突出绘画感觉和色块间的微妙变化。条件色本身要求色彩的混合使用，色块之间的互相辉映，突出光的强弱变化。

4. 固有色本身要求色彩的分离，色块之间的对比装饰，避开光的对比变化。

联想到中国油画的色彩，可以探讨将条件色和固有色两种手法混合使用，中国生活中有许多类似的场面，如：

对联、红白喜事的布置等。

8月15日，在蓬皮杜艺术中心、奥赛博物馆看现代艺术展览。

考察笔记之九——《我看现代艺术》

蓬皮杜艺术中心展出的法国象征主义画家博纳尔的3幅作品很精彩。奥赛博物馆的许多作品也很吸引人，如：俄裔法国抽象主义画家康定斯基、荷兰抽象主义画家蒙德里安、西班牙超现实主义画家米罗等，还看到其他一些现代画家的作品。通过看原作了解现代派作品的真实面貌。到此为止，对西方艺术整体面貌算是有了整体了解，当然也很难说全面。

现代艺术有文化发展的必然性，当然也有人为的难说的必然性，这与社会主义艺术的人为导向是一样的，但不能否认它的整体上的必然因素。我在现代艺术馆看一些现代派作品，总是看不进去，觉得幼稚、粗糙、无理、狭窄。现代艺术求新、求奇、求个别，这可能是导致它走向最后的死胡同，大约现在已看到这种尽头了。

艺术发展还是应该与艺术家的审美要求，以及与社会的审美要求一致起来为好，还是要传统与发展的螺旋式上升为好。反传统就不会有发展，反艺术就没有艺术了。

所以，艺术发展要遵循艺术本身的规律。反艺术的"艺术"可以让它存在和发展，但不要叫作艺术、现代艺术、先锋艺术。艺术不可能消亡，艺术还要发展，但与反艺术的"艺术"走的应该不是一条路。发展艺术、发展真正的现代艺术，是真正的艺术家的责任。

在巴黎各个博物馆、画廊普遍存在一个现象——参观现代艺术的观众并不多。反之，那些文艺复兴以来现实主义作品的展览，特别是一些现实主义画家的专题展览则观众如云，有时入门要排一个多小时的长队。由此看来，民众还是喜欢那些反映真实生活、真情实感的现实主义作品的，包括有现实主义根基的浪漫主义作品。绘画应该是生活、时代的镜子。画家的作品一旦陷入孤芳自赏，就会沦为丧失生命力的小众艺术，甚至只是表现个人好恶的东西。

8月20日，再次到卢浮宫看北欧画派凡艾克、丢勒、赫尔拜因、维米尔、哈尔斯、伦勃朗等大师的作品。

考察笔记之十——《北欧画派的大师们》

大师的作品技法不同、反映生活面不同、艺术追求不同，他们之间区别是那样的大，但共同点是作品都很耐看，趣味高尚，难分高下。从画面上看，大师们的态度都十分真诚，感情含蓄内在，艺术语言各自统一完善，没有明显缺憾，让人觉得就该如此，而且都有绝活（虽然是朴实的），在艺术上有不可替代的意义。

就连他们画面上的"缺欠"——

如果可以这样说的话,也成了他们的优点。比如:伦勃朗画面的暗部,有的画得很放松,甚至不对头,但这一点也不影响整体画面的完善,而节奏上反倒是统一和谐的。

那么,什么是艺术大师呢?

1. 大师是时代精神的体现者。包括人类进步的精神、人文精神(包括宗教)、民族精神。

2. 大师是绘画技术和艺术的创新者和实践家。他们提高了人类审美领域、审美层次,丰富的精神产品成为人类的宝贵艺术财富。

3. 大师体现了突出的个性特点(包括民族性)。挖掘个性是他们艺术创新的重要体现,也是艺术创造丰富多样的基本保证。有个性者生,无个性者死。

8月26日,苏高礼和卫祖荫到意大利驻法大使馆取回了签证,每人收费850法郎。这个费用真是不低,他8月份的生活费才用了330法郎。此时,苏高礼和卫祖荫已经拿到了德国、西班牙的签证,而申请到荷兰、比利时、卢森堡的签证始终未获批准。他们决定不再等待,立即安排赴德、意、西的行程,苏高礼还托人给在罗马读材料学博士后的侄子苏钧带话,说9月份去罗马看他。

接连几天,苏高礼都泡在卢浮宫温故知新。

8月27日,他看了两河流域艺术,收获超乎想象。在展品中可以看到阿拉伯人的聪明才智及其艺术的发展脉络,他们早期的陶瓷工艺和美术结合得十分美妙,用今天的眼光看还具有现代感。雕塑中的大型浮雕作品,大约是有史以来浮雕中的最佳作品。

随后几天,他还分别看了法国中世纪雕塑和雕刻艺术。法国中世纪的雕塑是写实的,有一种艺术意味和感染力,耶稣像和圣母像具有悲剧性质,其脱俗的气质、简约的概括、形式感的把握,都不同于通俗性特强的文艺复兴后期作品。

9月15日夜,苏高礼和卫祖荫乘火车前往德国慕尼黑,同行的还有一位叫程免的中国版画家,卫祖荫带着一本标注汉字读音的英语旅游书,他们将靠这本书在德国问路交流。望着车窗外漆黑的夜空,苏高礼风趣地说:"月落星稀,茫茫原野无人迹,外国的月亮也有不圆的时候,今夜即是。"

在德国看过一些知名画廊和几个博物馆后,苏高礼得出德国后期绘画艺术水平一般的结论。

在柏林返回巴黎的火车上,程免突然发现随身携带的照相机不见了,苏高礼的洗漱包也不翼而飞。大家突然想起,上车时几个外国年轻人曾在四周挤来挤去,都无奈地笑了。"唉!外国的月亮也有不圆的时候,今夜即是。"

考察笔记之十一——《对德国绘画的印象》

这里表现主义绘画给人一种粗糙的、表面的、简单的感觉。总体感觉是德国近现代绘画杂乱，没有章法，只求表层效果，不求内涵的丰富与厚重，有时还会给人血淋淋的印象，而没有生活的诗意和艺术的美好。

相反，德国古典作品倒是很紧凑，很有内在魅力的。浪漫主义的风景画有相当的表现功夫，但缺乏自然的生命力，好像都是人为的创造，有的画缺乏力度和对比，有的画虽然生活气息浓，但画面较灰。

意大利佛罗伦萨是欧洲文艺复兴的发源地。苏高礼从留苏起已经对意大利古典绘画多有研究，这次在巴黎更是多有见识，但在佛罗伦萨及罗马的博物馆和画廊没发现新东西。但能够欣赏到米开朗基罗的《大卫》雕像、《天庭审判》巨幅壁画和波提切利的《春》、《维纳斯诞生》，就很万幸了。最遗憾的是因为闭馆，没能看到美第奇墓中的米开朗基罗的雕塑。

苏钧是大哥高仁的次子，能在罗马见到高礼叔叔十分高兴，特意抽出一天时间陪同大家看画展和逛街景。乘坐有轨城铁时，遇到一名查票的巡查员，这个意大利人得知他们都来自中国，兴奋地说个不停，并几次说他知道中国有个毛泽东。

西班牙首都马德里的普拉多博物馆给他留下了好印象。

在这里他看到了西班牙画家维拉斯奎兹（1599—1660）的几十幅作品。维拉斯奎兹是文艺复兴后期的画家，是南欧巴洛克绘画的代表人物，其画风对后来的画家、包括印象派都有很大影响，他的很多油画在动感、戏剧性和力量方面特点明显，最好的作品比一般巴洛克作品有更多的严谨思考。

考察笔记之十二——《维拉斯奎兹印象》

维拉斯奎兹的三大作品《投诚》、《纺织女》、《宫娥》，以及《酒神》、《铁匠》等巨作和《依索公主》等肖像，令人大开眼界。他的画兼工带写精到之处无可挑剔，放松之处适可而止，大胆书写，虚虚实实十分自由。

他的作品造型可以说是登峰造极，色彩一改古典的酱色而鲜艳、冷亮，总的说还是室内光处理画面，没有走出新的道路，但这已经很不容易了。他的画品味极高，特别是几幅大创作和几幅出自真心的肖像画（一些宫廷画除外），能看出他的真诚情感，这些完全是用高技术书写出来的，难得之极。

10月10日，苏高礼一行返回巴黎。还是在巴黎看画展让人感到安全，不急不躁，既能得到享受，又能思考研究。

10月13日，苏高礼第二次参观毕加索博物馆。

考察笔记之十三——《谜一样的毕加索》

这里的作品代表了毕加索一生的

探讨。

世界上只有一个画家想怎么画就怎么画，怎么画都成，怎么画都有，他就是毕加索。唯有一个画家没有统一的风格，他还是毕加索。谜一样的毕加索。

毕加索画风始终处于大气度、朴拙感之中，他的心很细，但放得开；他的想法很新奇，但出之有据；他对艺术的理解是很轻松的，什么东西到他手里都会跳出艺术情趣来。他提倡艺术的创造性加趣味性。

毕加索是现代艺术的开创者，也是玩尽者、穷尽者，他的许多想法都为后来者重复着。

10月20日，苏高礼开始第三轮参观卢浮宫，重点是文艺复兴时期的作品。

考察笔记之十四——《无人超越的高峰》

意大利文艺复兴时期的作品，既是欧洲绘画艺术的启蒙，同时也是它的第一个高峰，后人至今没能超越高峰。达·芬奇仍然站在峰巅，人们对他的《蒙娜丽莎》崇拜到无以复加的地步，当然这是一个复杂的现象，但他作为画圣是真实的。

这里有达·芬奇的5幅作品，其中《岩间圣母》和《圣家族》都是重要创作，其庄严神圣的气质具有脱俗之美。还要提到他的《受胎告知》，虽然画面只有10cm×40cm大小，这幅画应该是在意大利看到的《受胎告知》大画的小稿，表现的是基督教故事——天使向圣母玛利亚告知她即将生下耶稣。这幅小稿的画面很精到，在技术上有较大发展，色彩讲究、浓重，画得轻松自如，而且不失严谨，比大画更有味道，创造了一种浓浓的静感与庄重。

文艺复兴早期画家的作品感情强烈、纯真动人、自然而然，毫无做作之感。他们没有受到科学的透视、色彩等理论的限制，但又有足够的认识来构成画面、表现生活、传达感情。拉斐尔和提香在这里都有佳作陈列，尤其是他们的肖像作品都达到成熟的地步，提香的《田园牧歌》等也是上乘之作。

当然，大师之间是很难比高低的，每个大师都有别人不可替代的长处，但也有他的局限性，这就使我们中国油画家中仍有可能产生自己的大师，因为，还没有人在表现东方人的生活、情感和色彩上拿出有特色的东西来。

10月27日，奥赛博物馆最吸引人的画家。

考察笔记之十五——《塞尚、高更、梵·高、米勒、柯洛》

后印象派三杰塞尚、高更、梵·高始终吸引着我。从内心深处我更倾向塞尚，形式上高更则更接近我——东方风味、装饰特征，梵·高在色彩上、感情上更感染人——也是我追求的东西。

米勒和柯洛都是法国巴比松画派的重要画家，虽然其艺术成就很长时间不受重视，但现在他们的作品却是稀世珍宝。

米勒（1814—1875）是法国现实主义绘画的先驱。他不迎合别人，走自己的艺术道路，是法国近代最受人民爱戴的画家，其纯朴亲切的艺术语言，尤其被广大法国农民所喜爱。

柯洛（1796—1875）被誉为19世纪最出色的抒情风景画家，同时也创作肖像画，是留下画作最丰富的画家之一。有人说，柯洛的画中充满了大量的诗意，多半是指他的风景画。

在世界近现代的现实主义画家中，他们都是了不起的画家。他们的作品不但散发出生活本身的魅力，同时也表现了艺术家的个性和独到的艺术面貌。这，仍然是中国一些艺术家要特别学习的。

五十六

进入11月，苏高礼开始准备自己在国际艺术城大厅的画展。这次画展由7个画家的作品组成，除了他和卫祖荫外，还有浙江美院画家王建武、傅维安和日本、澳大利亚、芬兰画家各一人。苏高礼参展作品是他创作的布面油画，没有纸质的写生作品。因为，布面画可以从画框拆下卷成卷便于携带，这些画是女儿海红托人带到巴黎的。

一连几天，苏高礼都在忙于整理油画和做画框。江大海、王衍成、刘凯等中国人都来帮忙，他在画室做炸酱面请大家吃饭，卫祖荫不会做饭负责洗碗。

11月14日，王衍成提出两个观点：1. 现代艺术、哲学等方向都在向写实和现实回归。2. 西方艺术正在走向衰落，世界将来的艺术发展将出现在中国。这是王衍成在西方生活久了的真实感受，苏高礼认可这两个观点的合理性。

中国画家旅居国外，往往不能按照自己的想法进行创作。在蓬皮杜艺术中心对面有一家画廊，里面挂着一幅王衍成的标价9000法郎的油画，在80cm×60cm的布上画着墙上的石榴，非常写实，作品在用色和肌理上都很下功夫，不足之处是略显小气。苏高礼认为，王衍成和江大海的艺术都处于十字路口。他们远离母体文化处境艰难，基本上在孤军奋战，作画既要表现新的东西，又要考虑让外国人易于接受，有时是很困难的。

12月1日下午6点，7人联合画展正式开幕。在这个时间开幕是巴黎人举办画展的习惯，有百余人参加开幕式，浙江电视台、欧洲时报、星岛时报、巴黎龙报等新闻媒体到场采访报道。

观众反映苏高礼的画看后心里敞亮，一位法国人对他那幅自画像产生了浓厚兴趣，问能不能出售？苏高礼让翻译转告："这是我的自画像，不出售。"

12月6日，几位香港年轻画家来看画展，其中一位叫林鸣岗的画家在与苏高礼交谈中说："有人告诉我，卓晓光将你的《素描教学》讲稿传播甚广，很有影响。"这倒是苏高礼在巴黎的意外收获。卓晓光是香港人，是他教过的学生，曾在中央美院油画系第二工作室进修过。

12月12日，7人画展顺利结束。

在7人画展展出中间，苏高礼有一天到巴黎现代艺术馆看了德朗（1880—1954）专题画展，对这个法国近代画家发生了浓厚兴趣。

考察笔记之十六——《德朗的启示》

德朗早期受后印象派影响，色彩较为协调，构图稳定，取景自然；1904年进入野兽派，色彩对比强烈，装饰感强。他这时的作品与马蒂斯等人作品面貌相近，没有明确的个人特征。1907年以后，其画风多次变法，作品开始带有结实、大气、厚重的强烈个性，具有很好的品质和大家气度。但是，不论画风怎样变化，作品都离生活很近，这始终是他的特色之一。

由于德朗具有很好的造型基础、色彩修养、构图技巧和表现技法，使他作画很自由、很自主、不做作、不拘谨。他一生创作的作品丰富，大画、小画、雕刻、版画、舞美、铜版画、陶艺无所不有，不间断的探讨让他的艺术感觉，长期处于敏感、熟练、多产出好作品的状态。这些都值得中国画家学习，告诉我们画家不能一辈子单打一，只画一种东西，只掌握一种手段。

20世纪30年代后，德朗的作品出现了一些俗、腻、小气、简单化的倾向，不知何故？总之，此后他的画过于写实客观，没有表现意图，也就没有了艺术创作的生气。

尽管如此，德朗的艺术成就对今天的画家仍有诸多启示：

1. 德朗的画有一种舒展大气的感觉，总是立意明确简洁，给人以鲜明印象。他的画面上，几乎找不到没用的东西和多余的细节，进入画面的都是不可或缺的东西，并且主次分明很有节奏。这与他的表现意图明朗、确切有关，体现出他的艺术素质和修养的高档次。

2. 立意关系到选景和布局的总意图，这完全取决于画家对于生活和艺术的态度、理解和涵养，作品的品质高低深受其左右。不能排除他之前的法国绘画，经过了古典主义、浪漫主义、写实主义、印象主义、后印象主义等一系列的成长，为他创造了很好的继续变革的基础条件，他应该是在这种基础条件下发展起来的。他曾与马蒂斯等大师一起作画，在解决艺术表现的主、客观结合上，有着较为丰富的经验，使他最终摆脱了野兽派追求的更加主观表现的套路，最后又彻底转向写实。

3. 德朗的写实有独特之处，是在

塞尚造型观念影响下，带有立体表现因素的写实。他根据形象的要求，将主要部分几何形化，讲究形体推移表现，利用但又减弱焦点透视的方法表现有限空间，省略、不侧重许多形象细部的质感表现，突出形象的团块结构。

4．他的绘画语言特点主要在于利用团块造形，这样直线结构造就有了有限空间和结实的形体形象，使画面构图看上去十分简洁饱满，从而有别于60度视角看到的生活实景，带来新鲜感。

5．他的色彩在两个极端之间对抗。最初是强烈对比以最艳的红黄关系构成色调，色彩跳动是爆炸性的，极其主观地装饰画面；后来改为以中间的黑色、土红、墨绿、紫蓝构成画面，追求稳定、沉着和厚重。当然，这也是主观的以偏重黑白灰构图效果为目的，追求一种似云若烟、神秘阴霾的气氛。即便这样，他的色彩给人的印象依然结实明确。

12月15日，苏高礼在江大海家遇到了法国画家、宾卡斯教授。宾卡斯是研究绘画技法的教授，曾来过中国教学，双方就现代艺术话题进行了简短交流。

苏：现代艺术将如何发展？

宾：没有方向。可能向电脑等现代科技靠近。

苏：德朗属于什么画派？

宾：算是巴黎画派。他是个很特殊的画家（意思是说德朗不属于哪个流派），他的展览在法国影响很大。

12月20日，苏高礼参加了巴黎国际艺术城圣诞招待会。

第二天，刘凯和她的法国丈夫在家宴请苏高礼和卫祖荫，请他们吃龙虾和牡蛎。

第三天，江大海在家招待苏高礼和卫祖荫，还有途经巴黎的钟涵教授和司徒立夫妇。席间，司徒立对苏高礼说："艺术要有形象和现实生活依据，抽象者极易重复自己。"这也是他对江大海现代艺术作品的看法。

司徒立谈到德朗时说，德朗最后追求的是生活的虚景，这可能与他"二战"时期生活在柏林，之后被关押了几十年有关。对此，苏高礼没有考证，如果这是真的则是可以理解的。

12月下旬的巴黎沉浸在圣诞节欢乐浪漫的氛围中。苏高礼心情十分轻松，观看了凯旋门和协和广场火树银花的夜景，在巴黎圣母院观看了文化层次和艺术品味都很高的大型文艺演出，有诗朗诵、大合唱和交响乐。

晚上回到住处，他又写了以下体会：

考察笔记之十七——《对西方绘画的基本感受及大师特色》

1．大型绘画的创造体现着艺术的伟大贡献。

文艺复兴时期的经典作品《最后的审判》、《雅典学院》、《家宴》等；资产阶级革命时期的经典作品《拿破仑加冕》、《梅杜萨之筏》、《希珂岛屠杀》、《纺织女》等；俄国十月革命、苏联卫国战争时期的大量经典作品，都是这样的。

2. 艺术语言在不断创新和发展中瑰丽非凡。

从16世纪油画的出现和发展，到19世纪印象派的色彩革新，再到20世纪现代艺术兴起的百花齐放，今后的出路何在？现实主义的艺术道路是不能背离的。

3. 对历史上绘画大师艺术特色的评价。

（1）全能选手：达·芬奇、伦勃朗、德拉克罗瓦、塞尚、毕加索；

（2）造型能力突出的选手：米开朗基罗、丢勒、维拉斯奎兹、安格尔、德加；

（3）色彩能力突出的选手：提香、梵·高、莫奈、马蒂斯；

（4）个人风格超前的突出选手：波提切利、格列柯、哈尔斯、勃鲁盖尔、哥雅、拉图尔、高更；

（5）巨幅画能力突出的选手：拉斐尔、维拉乃兹、鲁本斯、提耶波罗、库尔贝；

（6）肖像画能力突出的选手：赫尔拜因、维米尔；

（7）风俗画能力突出的选手：梵·高、米勒；

（8）风景画能力突出的选手：柯洛、毕沙罗、透纳。

考察笔记之十八——《好画的标准》

概括起来好画有三个标准：

1. 感觉独到；

2. 以充分的信心完成；

3. 技术上有特点。

例如：法国的纳比派，其绘画变形理论是"客观的变形基于纯美学装饰概念，以及对色彩和构图的技术要素；主观的变形则使画家个人的灵感得以发挥"。纳比派在艺术技巧的运用上，极大地打开了艺术家的禁界，给予自由、归纳和想象的更大余地，在色彩、造型和画面构成上都有所发展，可以说是印象派、后印象派、新印象派油画语言的发展、总结和升华，这些都在保存原有艺术原则上进行了最大限度的创新。

再如：文艺复兴早期的作品，突出线的造型，色彩是固有色的、富有装饰感，具有民间味道，具有真诚、憨厚、天真的稚拙味，具有一种感情纯真、强烈、动人的特点。在大量作品中，一切都是自然而然、毫无做作的，既没有受到科学透视、色彩、结构等理论原则的限制，又有足够的认识来构成画面、表现生活、传达感情。

考察笔记之十九——《艺术创作的几个本质问题》

1. 绘画艺术发展是传统的发展。

传统是起点也是基点，传统是一个发展物，发展过程中不断有新的补充，创新是对传统不断的再认识和再创造。艺术个性总是在传统的发展中，寻找个人位置和价值的。

2. 生活是艺术的源泉。

艺术是生活的再创造，是生活在艺术家头脑和心灵反映的产物。要关注生活、感受生活，灵感从生活中来是艺术家进行创作的立足点和出发点。

3. 创作是个人的精神产品。

感情的投入至关重要。发现自我、尊重自我、修养自我、表现自我、确立自我是一种修养成熟的表现，只有不断加深修养，才能不断提高自我的层次。作品的深度、作品的品味是在文化、艺术素养下，不断挖掘自我的结果。

4. 创作心态（环境和精神面貌）。

在自然、自由状态下的感情投入和精神投入，不为名声、金钱所动，不为潮流驱使；甘于孤独、甘于寂寞，献身艺术，献身既定目标；富于探索，敢于迎着困难上也是一种好的心态。

五十八

12月29日，苏高礼在莫奈故居看了"19—20世纪奥地利画展"，给欧洲艺术考察画上了句号。事后算账，他此次考察的花费折合人民币4万多元，对于他的家庭这是一笔很大的支出。

现在，苏高礼已经对欧洲艺术有了整体性考察和认识，对美洲、非洲、大洋洲的艺术也有了较深了解。那么，该如何看待自己几十年的艺术实践呢？

考察笔记之二十——《评价自己》

这次欧洲之行的最大收获之一，就是认定我的艺术是有存在价值的。因此，要坚持自己的艺术观念，更加自信地坚持多年选择、追求的艺术道路，挖掘自己认为美好的形象和事物。今后若能在作品中为人类留下美好事物的一个方面，此生足矣。

1. 作品的创新应该是在民族性、民族特色上的不断挖掘。在大自然、大农村、大山区的题材上，在作品的乡土气息、中国味道、个人特色等三个方面再深入一步，只有深入进去才会获得更大成功。

2. 在艺术技巧上要更加成熟起来。艺术语言的特点要十分鲜明、有力，要更加充分地发挥油画的技术特点，作画要更加主动、更加有主见、更加自由、更加自然，追求大度、单纯、肯定、技巧成熟都是成功所必须的。

3. 画面不适于太亮、太浅，可以适当的重和沉；画面不适于太繁、太密，可以适当的单纯和简练；画面不适于过分暖或过分冷，可以适当的采用灰调；画面不适于过分厚，恰当的薄厚有致为好；画面不适于过分熟秀、帅气，适当的带点拙为好；题意不怕简明，但怕晦涩和不明确；形式追求要自然而然，不要做作为好。

我坚信在实现"油画中国化"的进程中，面对东西方民族巨大的文化差异，中国画家的艺术走向可以不受外国人审美观的左右。要坚信、再坚信：跟在外国人屁股后面搞油画不会有大出息！

在回国的飞机上，苏高礼昏昏欲睡。突然，他脑海中闪现出前些天做过的梦：老家夏庄的三妗得了大病，三妗的儿子垠虎表弟对他说："为了延长生命已经花了10万多元。"梦中他不是在巴黎街头考察艺术，而是行走在夏庄的一些老宅之间。午饭前，他走上三妗家门的小土坡，一些亲戚闪出来说着家乡话："真有吃饭时赶来的人"，他大大方方地承认："就是。我想改改胃口。"三妗是他老家亲人中活着的最后一位长辈，但梦中没见到三妗的面。在万米高空想到这个奇怪的梦，苏高礼心里泛起阵阵忐忑。

回京次日，邮递员送来了三妗病逝的电报。苏高礼心中一惊："难道真是三妗在给自己托梦？"于是，他立

速写《三妗》1992年

即赶到长安街上的电报大楼给垠虎表弟发出唁电。垠虎表弟后来告诉他，三妗临终前曾问："北京家回来了没有？"毫无疑问，老人家心里始终牵挂着远离故土的游子。

第十二章 迎来丰收的秋天

五十九

1995年春季开学，苏高礼继续主持油画系研修班教学，想到自己再过两年将要退休，油然生出"不待扬鞭自奋蹄"的紧迫感。

3月18日是苏高礼58岁生日。下班后，他没有直接回东大桥的家，而是去看望已经80岁高龄的母亲。母亲住中央美院旁边的西总布胡同9号院的两间平房，但由于房门开在外交部街46号院临街处，上街买东西、看病十分方便。他每天上下班都能路过这里照顾母亲，同时，他还花钱先后从老家请来母亲的3个侄孙女照顾起居，她们都是十六七岁来到北京，过几年该回老家结婚时再换一个。老家的人对奶奶称呼"老姑"，眼前这个侄孙女叫魏翠红很能干，对老姑照顾得很周到。

虽然母亲衣食无忧，但这些年患钾低症头昏乏力，加上青光眼手术后只能用一只眼睛勉强看东西，行动不便，身体状况越来越差。苏高礼买来一辆轮椅车，平时由翠红推着老姑散步，赶上天气好他还推着母亲到天安门广场散心。最近，女儿和妻子又用这两间房子，申办了"海红花屋"的个体营业执照，经销花卉挣不到多少钱，但却便于家人、亲友来往陪伴照顾母亲。

这一切，让苏高礼省了许多心，能把主要精力用在教学上面。

此时，第八届研修班的学生经过半年学习，需要进一步提升基本功和艺术创作的能力。做到这点离不开因人施教，他需要在课下有针对性地备课，研修班各项管理工作也花费了不少精力。

苏高礼从第七届研修班起，就感到一些学生受中国美术界"八五思潮"的影响，明显表现出是走现实主义艺术道路，还是走西方现代艺术道路的困惑和犹豫，其艺术倾向呈现出多样性和不确定性。

所谓"八五思潮"是80年代中期，中国大陆一些青年人厌烦了美术中"左"的影响，厌烦了苏联（俄国）的美术，厌烦了传统文化的一些价值观，试图从西方现代艺术中寻找新的突破，从而引发了全国范围的艺术新潮。起初，锋芒直指"文化大革命"艺术和

"极左"传统，试图将长期制约艺术创作的政治意识、长官意志、社会伦理道德排除在艺术创作之外。之后，他们又借用西方现代艺术的观念与手法，摒弃了传统文化中的若干价值观。有人甚至认为，中国青年艺术家在很短时间，重演了西方现代艺术近百年的历程。

美术界对"八五思潮"及影响褒贬不一，主要有两种不同观点：其一，它给中国美术界带来了新生机、新气象和新景观，在国内美术界形成了多元化发展，并与世界艺术发展潮流接轨；其二，这场思潮没有立足于本土文化，是几乎"全盘西化"的潮流，有悖于"越是民族的才越是世界"的规律，对当代中国的美术、电影、音乐等艺术产生了较大的负面影响。

苏高礼对欧美现代艺术的发展及现状有自己的判断，虽不赞成现代艺术的许多做法，但认为艺术形式出现多样化并非坏事，对现代艺术的探讨者而言，即使走进了死胡同，还可以再回来。因此，他赞同学生们进行各种形式的探讨。他说，一些学生缺乏生活阅历和文化积淀，对生活本质的正确认识将是渐进的过程，对他们艺术宗旨的不明确性应该给予宽容，但艺术的根基却始终应该是具有中华民族情感的，主要形式还应该是写实的，一个学生能够在艺术上走多远，不是老师人为限定的，为师者的责任是尽可能帮助学生明确自己的艺术选择。

为此，从接任研修工作室主任起，苏高礼在第七届研修班招生时坚持了3个原则：一是从国家需要和中国美术发展需要出发；二是包容初步具有不同艺术风格的考生；三是对边远省份和部队考生有所侧重照顾。他每届招生会给部队考生两个名额，边远省份的考生录取分数可略低几分，他希望全国所有省份都有中央美院研修班的学生，在教学、创作和艺术活动中传播研修班的理念和教学方法。

他还根据研修班二三十名学生的不同特点，把他们编成侧重写实艺术或侧重表现艺术的两个班，有针对性地组织教学，即便是选择现代艺术的学生在他那里也能学有所获。

第八届研修班招生时，苏高礼坚持录取了中央美院美术史系的毕业生张晓军，这个学生写过不少有关前卫的"行为艺术"的评论文章。苏高礼录取张晓军的想法是，对这种有美术理论基础的学生训练后，将来他即便不搞油画创作，还可以搞油画理论研究，因为中国缺少真正懂油画的评论家。张晓军入学后认真学习，色彩、造型、构图进步很快。

由于研修生班纳入了油画系的正式编制——研修生班工作室即油画系第五工作室，苏高礼根据教学计划因人施教，有针对性地请其他4个工作室的老师讲课，到研修班上课的教师一律计算课时工作量，从管理制度上保证了师资质量。

苏高礼一再对学生强调，要在基本功的不断训练中提升能力，向一届又一届研修生讲着相同的话："素描始终是一切绘画艺术创作的起点和深化的过程。一个画家的素描造型能力就是思维创作探索形象化的能力，这个能力越强，则越能够心随手动，快速捕捉记录思维创作的不同图像，而不至于仅仅是一想了之，心高手低。"

他一再强调：学习素描艺术一定要从感受出发，而不是从技术出发。因此，要明确自己的独特感受和新的发现，把对象在心中激起的表现欲望，化作艺术激情和创造性的劳动，形象的再创造是素描艺术的魂魄所在。

第八届研修班学生张晓军后来撰文：

苏高礼先生的素描艺术和素描理念，继承和发扬了西欧各国文艺复兴以来素描艺术的精华，汲取了俄罗斯和苏联素描体系中优良养分，融汇了中国传统文化中的造型元素和方法，对创建具有中国特色的当代素描体系做出了卓越贡献。显示出中国当代素描的思维、理论和实践高度，具有严谨性、开放性和兼容性。

他的素描理念和理论探索，不仅推动着他不断走向艺术实践的高度，更是我们后辈进学的精神财富，更是中国当代素描艺术发展的学术积累和当代价值的重新构建。

张晓军还说，上苏高礼先生的素描课让我们终生受益，先生始终要求自己，也要求我们用素描来做自己的学问，并把素描上升为一种具有独立审美价值的艺术存在和终生的训练。

1997年3月，苏高礼到了法定退休年龄，中央美院决定延聘他两年，继续担任研修生班工作室主任，以便完成第十届研修班的教学。他要求把自己早期的学生李延州调来当助教，作为他正式退休后的接班人。同年，中央美院油画系研修班的教学成果被国家教委评为"高等成人教育成果二等奖"；被北京市教委评为"高等成人教育成果一等奖"；苏高礼被中央美院评为优秀教师。

1998年4月，河北美术出版社出版了《中国·中央美术学院油画系研修班工作室》1—9届学生作品集，书号：ISBN 7-5310-1073-9/J.903，大16开本，收入师生作品250余幅。苏高礼为作品集撰写文章《中央美术学院油画系油画研修班教学》，对1—9届研修班教学进行总结；钟涵教授撰写文章《油画进修十议》和《歧路亡羊自释》，谈了自己在研修班的教学体会及艺术心得；第九届研修班学员李孟军撰写文章《架上探索——回首油画研修班工作室》，他在开头写道：

我有幸同苏高礼先生一同编辑这本油画研修班工作室画册，在编辑过程中，苏先生对待工作那种一丝不苟的精神深深地影响着我。使我看到油画研修班工作室在中国油画的发展过程中所起到的特殊作用。

1999年3月，苏高礼获得文化部颁发的"国务院政府特殊津贴"，时任文化部副部长、党组副书记的李源潮同志，在文化部向他颁发了国务院49834号证书。

同时期，他还主持了广州美院教师、研究生同等学历教学班的工作。

六十

老年将至的人就像处于喜忧参半的秋天，一方面自己的事业进入收获期，另一方面又必须面对家事的变故，甚至经历生死离别的痛苦。1999年7月2日，苏高礼84岁的母亲魏占荣女士突然晕倒，急送北京协和医院抢救未能苏醒，于7月8日去世。

母亲弥留之际，急诊大夫曾问苏高礼是否要做切开气管、电击心脏等最后抢救。他说："不用了，这只能增加老人的痛苦。"大夫说："你做得对。"

就这样，他看着母亲安静、体面地走了。

办完母亲后事的那个夜晚，苏高礼想起母亲的一生。几年来，母亲饱受病痛折磨多次说："孩呀，我实在不想活了……"接着，又想起父亲31年前的临终嘱托："三和，替我照顾好你妈，我这辈子全靠你妈妈照顾了。"他问心无愧地回忆往事，一夜未眠。

9月，第十届研修班学生结业，顺利举办了结业画展，出版了题为《穿越世纪》的1—10届研修班作品画册，62岁的苏高礼正式退休，他的延聘期实际上为两年六个月。终于可以轻松一下了，他计划尽快把多年前入箱的几百幅写生作品整理出来。

从1979年起，苏高礼是唯一教过历届研修班学生的教授，当然，除他之外还有强大的教学团队，其中陆续主持或参加教学的老教授还有——詹建俊、靳尚谊、韦启美、戴泽、林岗、赵友萍、庞涛、朱乃正、马常利、闻立鹏、尹戎生、潘世勋、李俊、罗尔纯、杨红太、温葆、吴小昌、钟涵、袁运生等人。后来又有他早期的学生、现在教学一线的骨干——孙为民、朝戈、戴士和、丁一林、王沂东、洪凌、刘晓东、喻红、张元等人的加入，杨云飞、胡建成、马路、谢东明也参加过教学，真可谓师资雄厚、群星灿烂。

中国油画协会会长詹建俊教授认为，研修班的教学对中国油画发展发

苏高礼与母亲合影 1998年

挥了重要作用。20年来，研修班培养弟子300余人，为全国20多个省市的近百所美术、师范院校培养了教学骨干，为各地区、部队培养了油画创作骨干力量，这些有才华的助教、画家们都实现了艺术上的蜕变，他们会在"油画中国化"的道路上走得更宽广、更坚定、更深邃。

到1999年，第一届研修班学生杨松林担任了山东省美协主席、山东艺术学院教授、副院长；第一届研修班学生孙为民担任了中央美院教授、油画系主任、副院长；研究生戴士和担任了中央美院教授、油画系主任；第二届研修班学生丁一林担任了中央美院教授、造型艺术研究所副所长；第八届研修班学生秦文清成为海军一级美术师，其作品《战士们》获得第九届全国美展金奖；第十一届研修班学生陈树栋成为武警画家，其作品《南泥湾》参加全国美展获得银奖……更多的学生们成了副教授、教授、学术带头人和有成就的画家。

薪火相传是必然的。有些老教授或许看不到研修生班弟子们，把"油画中国化"的火炬传承给再下一代的情形。但是，他们播下的种子已经长成大树，已经开出美丽的花朵；他们为"油画中国化"上下求索的献身精神及实践成就，会在不经意间出现在一代又一代年轻油画家作品的线条、色彩中。

第十一届研修班开课了，苏高礼

苏高礼给中央美术学院第10届研修班上课 1997年

又被邀请给学生上了一段素描和油画课，还受中央美院委托为成人教育部撰写成人专科绘画班教学大纲和教学计划，成人教育部后来成为中央美院的城市设计学院，他始终兼任该院常年教学顾问。

一天，已经是油画系主任的戴士和教授对他说："系里想挽留您继续教研修班，您想教到什么时间都行。"

苏高礼回答："如果学院继续延聘我就教，不能延聘我就自由了。"

戴士和表示，按规定不好再次正式延聘，但真心希望他能继续教下去。

中央美术学院第10届研修班合影 1997年

接着,他告诉自己这位老师:"从您开始,系里今后对每位从教学岗位退下来的老先生,都给办一次个人画展,希望您做好准备。"

苏高礼听后很高兴,说:"这是好事儿呀,我愿意。谢谢系、院领导。其实,我退休后想干的第一件事,就是把那些写生作品整理出来,那就从办这个展览开始吧。"说罢,他和戴士和都笑了。

戴士和很快又告诉苏高礼,中央美院美术馆把他个人画展时间排在2000年6月。

2000年3月,苏高礼做了两件事情。

第一件,尽管中央美院位于朝阳区花家地的新校区还在建设中,但时任院长靳尚谊教授已经带头为新建的中央美院美术馆捐画,并号召全院教师都把自己的好画捐出来。苏高礼立即挑出《花墙》、《六月》、《江西会馆》、《永安街户籍员小李》、《小芹》、《牛心山下祁连县》、《带忠字的石寨》等7幅写生精品,略作整理后捐出。

第二件,苏高礼每天都和已经从中央美院附中退休的妻子,到他在美院的画室整理办个人画展的作品。对这些纸基的油画写生作品,要自己先做好卡纸,再装入从美术馆借来的画框。

妻子一向忙于工作和操持家务,这还是第一次集中看他的作品,有些吃惊地问:"你怎么会有这么多的画?"

苏高礼说:"你忘了,那些年老往外跑写生了,那年去东北嫩江林区写生大病了一场,还是你接我回石家庄看病的。"

妻子说:"是呀,日子过得真快。那也不会有这么多呀!"

他说:"你是集中看这些画的第一个观众。"

妻子微微一笑,没再说什么。

几天来,苏高礼总觉得妻子的脸色有些发黄,便陪她去协和医院看病,内科一个专家大夫说是患有贫血症,开了补铁药让吃,可吃了一个半月毫无效果;再找医生被转到免疫科继续检查,新接诊的大夫说是免疫力低下,又让改服用激素类药物;到5月底,妻子的病情越加严重,感到走路困难,再次回到内科检查,妻子告诉大夫肚子里有个硬块,忙做B超检查,确诊是胃癌,病灶直径已达9厘米。

苏高礼忙召集海红、海江商量,流着眼泪说:"咱家的生活刚好了没几年,你妈却得了这个大病,大夫建议手术,但手术要排队等半个月,咱们都要打起精神来,暂时对她隐瞒病情。"

六十一

6月2日—8日,"苏高礼教授油画写生作品展"在中央美院美术馆开幕,苏高礼的留苏学友、时任全国政协副主席的李贵鲜,时任中国人民对外友好协会会长的陈昊苏前来参观。师生们惊奇地发现,125幅作品挂满了一到三楼的5个展厅,墙面上只有简洁的说明文字,没有人们习惯的大幅海报和宣传品。

中央美院副院长范迪安教授说：

"为从教学岗位退下来的教授办个展，苏教授是第一个。走进这样的空间，顿觉满目清爽，连空气都是清新的，你甚至可以闻到作品中散发出来的泥土的芬芳。这是他的为师风范，展览本身就是一个具体、直接的教学空间。"

天津人民美术出版社出版了《中国当代实力派艺术家作品集系列丛书——苏高礼》，书号 ISBN 7-5305-1211-O/J.1211，16开，书中刊有戴士和教授的文章《苏高礼先生的教学与艺术》、杜键教授的文章《欣赏苏高礼的写生作品》、闻立鹏教授的文章《艺术写生的恩惠》及苏高礼风景、人物写生精品68幅。

他用轮椅推着妻子观看了他们熟悉的一幅幅作品。

开幕式当天，油画系在美术馆组织了由丁一林教授主持的"苏高礼油画作品研讨会"，以下是与会者的发言顺序和内容。

丁一林教授：苏先生的教学思想和教学研究成果，是油画系教学中非常重要的一部分，特别是他在素描上的研究。据我知道的，80年代初，第一届研修班时就盛传苏先生素描讲得好，我是第二届研修班的学生，是慕名而去的，一看苏先生确实有很深的功底，在对规律性的认识和艺术性的把握上、两者之间协调上的教学，给我很深的印象。

苏高礼教授：这是一个小结性的展览，就是想找一个新的起点，看看后半生怎样在艺术的探讨上更进一步，在教学方面再有新贡献。由于展览准备得比较仓促，只能把部分写生作品拿给大家看，但可以说，这是我艺术创作中最宝贵的一部分，它们是我直接面对生活的非常真诚的感受和表现。我自己认为，这些作品是真正的我的生命的一部分，是真正的我——作为一个艺术家的形象。现在大家都看了，我希望听听大家的意见。

戴士和教授（时任油画系主任）说："我是苏老师的学生。1979年读研究生时，苏老师带过我第一段素描，当时感受很深。"戴士和接着谈了两个问题：一是对"苏派"教学与苏高礼教学特色的认识，二是关于"关注生活"的话题。

在"苏高礼教授油画写生作品展"上，苏高礼与妻子李淑珍、女儿苏海红、儿子苏海江合影 2000年

他说，改革开放后，一些人研讨批判"苏派"是在描摹自然，纯客观描写，缺乏主观创造等等。苏老师从苏联学过六年，是"真苏派"，一开始却让我们用炭精棒在牛皮纸上画素描，牛皮纸是粗糙的，画的时候不会陷到细节里面，他对线画在边缘上与体面的塑造之间怎么结合有一套办法，有一种质地的美，画出的造型像岩石一样的感觉。这与批判"苏派"的说法完全不同。这些具体方法在油画系研究生班非常有影响，以至于国画系的研究生都跑来要牛皮纸。这种方法体现出一种把传统的学院教学严谨性、研究性与中国现实的结合，做得很有特点、很有章法，他能把包括我在内的每一个学生的"艺术素质"中好的东西发展起来。这是一种很好的学术素质，在全国青年美术家群里口口相传。

戴士和说，中国人有一种毛病，自己的画出了问题就开始赖别人，甚至赖自己的老师。我研究生毕业后也去了苏联学习，看到苏联油画的基本面貌与国内传说很不一样。所以，我想说自己的画有毛病，不要怨"苏派"，更不要把别人没有的毛病往人家头上扣，自己的毛病自己来改，苏老师在这方面是坦坦荡荡的。

他认为，苏老师展出的这批画，都是直接写生，你能感觉到他面对视觉对象的精神状态和他所追求的东西，不论画什么都是自己的"精神画像"，非常珍贵。

"也就是说，在看起来非常写实的作品里，作者的精神生活实际上表现得淋漓尽致，是他自己的精神画像。我想补充的是，你越是真切地忘掉自己，去真切地感受对象本身，结果恰恰不是变成一个纯客观的描写，而是更全面、更没有遮拦、更赤裸裸地把你自己体现在画布上；你越是擦着地皮飞，你越是瞄着那个对象最直接、最真实的感受去画，结果对你自己的揭露越彻底。"

这些画体现出苏老师在艺术追求上非常纯正、诚恳和有章法，体现着对艺术规律的认识是朴素实在的，是可以把握的。这些写生作品与苏老师那批与别人合作的纪念碑式的大型油画之间，有着深刻的一致性，字斟句酌，力求艺术语言的精到。这些画既不停留在外国大师们那样一个水平上，又结合中国的传统，不满足于仅有的个人特点；既注重学习前辈的传统，又注重从同代人身上、甚至自己学生的身上吸取新鲜的营养。

"苏老师的画不是'假面舞会'，不是追逐时髦，不是需要什么就来什么，他属于既把自己一生献给艺术事业，也把自己一生献给国家和人民的那一代人，始终真心实意地关注社会和人生，这两条在他整个人格上是一致的，也就保证了他的作品所能达到的高度。"

孙为民教授（时任中央美院副院长）：

"能在中央美院学习是一生中的幸福。因为，在这里接触到那些非常有责任心的、非常有艺术修养的、非常兢兢业业的、非常专注的这样一批先生，而苏先生就是有代表性的一位。作为一个学生，对苏先生的了解是从80年代初开始的，他的画和他的为人是非常吻合的。"

孙为民说，看苏先生（对老师尊称先生是中央美院的传统）的写生画有如下体会：

——他的画特别感情化，特别朴素，特别自然。这来源于他对太行山、对土地有着难以割舍的联系，几十年来，他没有被城市的某些东西污染，情感一直保持得那么真淳。

——他的写生画朴素里带有非常好的学术性。

这种学术性分为两点：

一是，他的画看似装饰，但其实非常的油画感，这种油画不是"土油画"，不是编造出来的，是写生出来的，这种对于外光、对于自然直接感受的捕捉，被他所概括、留下的都是好的东西。这是非常难得的一种品质。对于大自然的真淳直接的捕捉和研究，应该说是现在我们中国油画的一大缺陷，而他的写生画非常鲜明地体现了这种学术性。

二是，他的画很装饰，处处充满一种线的结构，他对于那种与物的边缘关系非常专注和重视经营，而这种结构实际上正好是油画特别讲究的那种结构，即对空间里的结构关系的把握。这种品质也是当前那种为了强调个性、为了表现自我，而往往十分忽视、十分缺乏的对自然的研究。须知，"对客观物象的研究、分解、组合而造成一种绘画所特有的魅力，这种结构在里面起着非常大的作用。"

——他的画里的这两种品质，是他艺术追求所走过的路和特点。现阶段的中国油画，不论在学院内还是学院外，这两种品质都是非常珍贵的。

孙为民接着说，我是第一届研修班的学生，我所听到的学院内外对研修班的关注和向往，超过了对研究生的关注。近十年来，研修班所取得的成绩比我们研究生教育取得的成绩要显著得多，影响要大得多。这里固然有复杂的原因，但一个重要的原因是，苏先生在油画研修班所做的教学工作、组织工作起了很大作用，他的状态对油画系教学做出了非常大的贡献。

研修班办到第七届时，产生过一次危机，即学生对老师上课不感兴趣，因为教学缺乏新意、不够负责，学不到东西。油画系曾有过研修班还要不要办下去的动议，如果继续办下去，它的影响还会像以前那样受人关注吗？正是在这种情形下，我们请苏先生主持这个班的教学。

他主持的研修班有如下特点：

（1）把他那种对艺术的执著追求，那种对艺术人才的爱护，都投入到工作之中。

（2）他能发现不同学生的不同特点，选聘不同教师，避免套路，对绘画中的基本要素和那些科学理性的东西，始终坚持采用不同的具体方式、方法指导学生。

（3）他对学生非常有耐心，沉得住气，对学生的不同的艺术探讨，包括搞抽象的探讨表现出宽容性，直到找到具体有效的、科学合理的肯定和推动方法。

（4）他的整个教学是非常有原则性的，一直提倡"高品位"，避免"商品化"。这个原则性不是把尺子弄得很窄，不是因为讲原则和你过不去，而是根据你的特点从更高层面去推动你。

（5）他的教学还有一个"汇看"的方法，把不同艺术追求、能力的教师集中在一起，让大家共同对学生的学习状况、作品发表意见，让学生在教师多样化的意见中吸取艺术营养，稳定推动教学进展。

孙为民说，特别是对八、九、十届研修班的教学成果，学生进来时能力强的，毕业时能力更强了；进来时只擅习作不擅创作的，毕业时创作能力增强了；进来时创作能力可以，但品位不太高、造型不太讲究的，毕业时大大改变了；甚至一些进来时艺术思路比较模糊的，毕业时艺术倾向、面貌也都清晰明确了。这种有效的教学引导和组织，把一批批学生推上了新高度，现在已经成为受人关注的年轻艺术家。

因此，苏先生主持的研修班教学，获得了全国高等院校教学成果二等奖、北京市高等院校教学成果一等奖。

"这个很不容易，名额是有限的，参加评选的有全国的艺术院校，包括清华、北大、人大、师大这些一流的大学。我从1963年进入美院附中，在37年的记忆里，美院以前从没获过奖，苏老师执教的研修班是唯一获得这项奖的。"

李延州副教授（时任研修一班班主任）：1976年，闻立鹏、赵友萍、苏高礼先生带我们在林县红旗渠开门办学，苏先生画画属于"拼命三郎"那一类，给我的感觉是有使不完的劲儿。

李延州接着描述：

"他每天穿个白背心，身上晒得很黑，而且身体特别棒。在太行山深处，有一个叫茶饭庄的小村子，进村只有一条一尺宽的陡峭小路，底下就是万丈深渊，苏先生艰难地上到这个村子后，我们也跟着上去，他画好的作品都钉在房间外面的墙壁上。就这样，我们追着他从弓上水库到山西壶关，到一个村子后问老乡有没有中央美院的老师在这里画画？老乡说，有啊，有个姓苏的老师在画画。我们找他时，看见苏先生的画又钉在屋外的墙上了，先生又走了。那时，我总感觉教员好像比学生还要用功，回想起来也是让人惊叹的。"

范迪安教授（艺术评论家、时任中央美院副院长）：我感谢苏先生拿出这么多的作品，让我们来研究、欣赏、理解和思考，这是一种历史时代的作品展示。

刚才读了闻立鹏先生写的文章，谈到他们这批先生从"文化大革命"后期到粉碎"四人帮"，再到改革开放初期，有这么一段的集中写生时期。我觉得，这在中国当代美术史研究中是非常有价值的。我们经常说"文化大革命"的美术，对此现在研究得很少，很多话题不好展开说，我们还说，改革开放使美术出现新的转机。这，都是一种概念上的梳理，概念上的确立，该如何理解中国美术的这样一种逻辑的发展呢？

我觉得，这个时期，这样一个写生现象是非常值得研究的。一方面，它体现了中国的知识分子艺术家在一个处境非常艰难的情况下，坚守自己的人格信念；另一方面，它体现出在这个时候，他们通过写生来复苏在"文化大革命"前期遭受压抑、遭受破坏的艺术感觉；第三个方面，不仅是苏先生，也包括闻先生等一大批先生们这个时期的写生作品，对他们从中年到鼎盛艺术的走向，起了非常重要的铺垫。甚至可以说，这个时期的很多作品就是当代美术史上很重要的标志。

作为一个评论家，我最爱看写生作品，我是一个非常呼吁和提倡写生之路的人，今天的许多评论家是不谈这些问题的。可能我原来学过一点画，或者说，在不断拜读优秀写生作品中得到了一种精神感染。更重要的是，从艺术的发生、艺术作品的创作这个角度，写生在当下仍然有非常重要的意义。所以，当我看到苏先生的这些写生作品，那真是兴味无穷，真是叫作痛快淋漓。

苏先生的写生作品有着独特的艺术价值和特点。我初步想到三个方面：

第一，苏先生的写生作品真正是面向生活、面向自然的会心之作。他到大自然面前不是找一点小情调，而是放下自己作为精神贵族的姿态，在没有间隔的贴近中唤起艺术的感觉。

第二，在这个过程中，他的艺术着重表现自然中有生命的东西。走到生活里画的都是"生"的东西，不见得都表达最本质的东西，但他把对生命的表达作为贯穿在写生里的主线，作品里对光感的把握，对自然的一种庞然大气的结构的捕捉，都体现了对自然界中最有生命的东西的表达。

第三，苏先生尤其表达了自然生命中那些有骨气的东西，并把这种"骨气"描述出来。所以,我想真正左右艺术的,还有一个来自他灵魂的东西、人格的东西。这种"骨气"体现在画面的结构上,体现在运用了若干个线,体现在画面各块面之间的线。

中国油画家,特别是苏先生他们这一代,在整个20世纪中国油画发展史上,堪称第二代或第三代油画家,他们为中国油画的推进做出了贡献。他把原来的苏联模式或某些西方经验,通过自己人格的酿化,形成了中国艺术家人格精神的这样一种作品。今天看来,是非常值得总结的,我的发言不可能清晰地说明,但我看到了。

范迪安接着说,苏先生画的那些农家小院,表达了非常细腻的色彩关系,非常朴素的对自然观察,这是非常有价值的作品,那些"红土地"、"黑土地"……也可以说是写生中创作的经典之作。这些作品绝不亚于我们所说的主题性作品。因为,一件艺术品的感人,并不在于它的画幅大小,而在于它们真正存留了艺术家的人生和精神。

范迪安最后对参加研讨会的学生们说:

"我们今天的艺术搞得太匆忙,我们艺术创作的动力不是来自于自己,而是来自外在的各种各样的图像和信息。那么,如何在艺术上更关注自己的思想?从我们前辈、师长那些艺术创作根本性的东西里面,应该受到启发。特别对中青年朋友,做到三十而立不难,有一两张好画或有个小小的展览,就能上画册,就能得到评论。但是,做到四十不惑是难的,苏先生的写生是他不惑年代画的,当你眼界更开阔的时候,当你想到中国艺术要在世界画坛有一点独立地位的时候,你就应该很坚定地、非常专注地、非常沉着地、投以毅力地思考艺术问题。"

范迪安说,今天这样的文化环境会给我们带来迷乱,我们会变得不愿意看更多真正的原作,只想接受某些抽象的艺术观念。当然,这些东西是当代艺术的一些特征,但却掩盖了一个最重要的本质——它忽视了艺术是靠积累来成就的,忽视了艺术中最重要的东西——精神素质的积累。今天,我们被各种各样的有残缺、有缺陷的图像包围着,如果我们的图像来源,或者我们艺术思考的精神来源是这样一种"快餐图像"的话,则必然导致我们的创作染上"快餐文化"的习气。

所以,我面对苏先生的作品,认认真真地看,不完全看技法。"但是,我相信有一种精神的东西在打动我们,从而使我们更加认真地对待艺术。"

闻立鹏教授(原油画系主任、时任中国美协油画艺委会副主任):我今天真是特别高兴。我的老同事、老朋友把他的作品展览出来,得到了大家认可。特别使我激动的是李延州,我们在一起很长时间，他开会就不爱说话，平时上课也都不怎么讲话，大概他讲过的话加在一起也没有今天这么多，今天他激动地讲了半天，看来是真感动了。

这些画引起我很多回忆，很多画是我们一起画的。我也可以搞一个这样规模的画展，但没有苏高礼画得好，我当时画的时候跟他、跟杜键等老师学了好多东西。

今天我挺激动的。说什么呢？咱们这个退休制度不合理，一刀切，六十岁全退休。我告诉你们，他最好的时候刚开始，咱们说这是"余热"都不对，他是两块宝，他身上有很多很多热量，值得咱们来认真总结和思考，我觉得这将非常有意义。

一块宝是刚才老戴说的那个"苏派"问题，他已经是早就中国化的"苏派"了。苏高礼的素描强，他妙在什么地方呢？他这些年艺术上的成熟，表现在他对所接受的苏联的一些艺术经验，特别是素描有了发展，把它中国化了。经过他的整理，把自己的经验和他所受到的意大利、法国等其他教育体系的经验，提出了一套他对素描的看法。他的素描教学在研修生班起了非常大的作用，希望他退休后抽时间整理出来。他的素描这块宝贝，加上原来其他教师在意大利、法国、美国学回来的东西，综合起来会形成一套非常宝贵的教学经验，最后变成咱中国自己的教学体系。

另一块宝就是他的这些写生作品，他的体会、他的经验是非常重要的艺术宝藏。这批写生本身就是艺术品，有非常高的价值，包括经济价值。我告诉你们，它们很值钱！但是，那个画商来千万别给他，要好好保留，将来不得了。我说的是，"艺术写生"对一个画家成熟所起的作用非常重要，对他最后能够自由发挥的作用太大了。高礼才60岁，他心里的东西多得很，你看这些画，本身就是艺术品，如再去加工、发展更是不得了。

刚才李延州说到苏老师当时是怎么画画的。我们当时实际上很单纯，就是真心去感受自然，真心想怎么表现它。不像现在画的时候，会想这个能不能卖钱，那个有没有画商要，这一想全完了。高礼画中最宝贵的东西是和对象直接交流，带有加工过的装饰性，但又不曾离开最初的生活感受，而且有一套技术和办法，这是其他方式不可能替代或完全替代的，这是他身上最大的宝库。所以我希望，特别是学生一定要经历写生这一段。

"他走的道路，体现了他的经验，也是整个中国油画艺术发展的最宝贵的财富之一。"

钟涵教授（时任中国美协油画艺委会副主任）：我们都有共同的感觉，突然看见苏先生一大批画，好像是真人不露相，一露就很不简单。他从苏联回来后，我们在大寨画画，当时我有句评语，我说苏高礼画画没有成见。他面对不同对象，心中感受不一样，画出来风格、味道也不相同，有的很光彩、有的很沉重、有的明朗强烈、有的又很沉着。大寨那个梯田画得生动极了，亮极了，太阳底下的绿颜色是很难画的，他画出来了。所以我说他画画没有成见。

钟涵说，我们在"文化大革命"前受的美术教育比较单一，早期从苏联回来的那些同志和专家的风格比较趋同。但苏高礼到苏联学习时，苏联美术家们在手段上、艺术风格上已经比较开阔了，回来赶上"文化大革命"，"文化大革命"更把当时比较趋同的画风，紧缩到一种虚假的自然主义的东西上面。因此，他的艺术风格没有显露出来，"文化大革命"后他的画风变得越来越实在。

"他像太行山的石匠在画画，画中的形象不但是老人，连石头房子，连云连树，都是很浓重的。这跟他的画风有关系，因为跟梅尔尼科夫学过壁画，他的素描结构性很强，然后再在上面用很有力度的那种线勾，不是勾框子，是勾形，而后又把它跟色块结合起来。这与我们学过的印象派那种不讲形不一样，增强了他画风的力度。他的本色是太行山劳动者之子的本色。"他的作品，"是从中国的民族、乡土、历史和自己的内心、生活的根里产生出来的东西。"

油画《武家坪的庄稼地》 1975年
中央美术学院美术馆藏

咱们的老苏，现在刚退休。退休是一件好事。研修班的同志都知道，你们没见过他到处玩吧。住在学校那个小屋里，他每天有很多生活负担，他很孝顺老母亲，他和爱人带着一个家，他身体又不好。我们多次劝他说，你是不是可以不这样，抓紧时间画点儿画，他真是心有余而力不足呀！而这个展览是他艺术一个阶段的亮相，这预示着咱们老苏的艺术会像太行山的山头那样，不是一个小小的尖峰，而是像一个个很宽的高地那样出现。

邓平祥（油画家、评论家）：我是第一届研修班之前的进修班的学生，当时很多老先生都给我们上过课，但苏先生的教学最多，感受是最深的。上进修班前,我没有受过美院的正规教育,班上像我这样的还有两个,刚开始特别吃力,而苏先生把我们原来比较表面的素描,上升到在艺术本体意义上进行的造型训练,这点是我们感受最深的。后来,我能画几张画,或者说有了点自信,是进修班给了我一个根本点。

邓平祥说,现在许多人搞艺术忽略了艺术资源中的感性资源,而恰恰感性资源是艺术资源中的思想资源、文化资源、精神资源、形式资源的重要起点,如果我们所从事的造型艺术忽略感性资源,就表明我们的艺术出了问题。从艺术史上看,每一个开呈一派的大师,最后都是从感性资源上带来活力,而决不是以形式资源为主体。

今天苏先生的艺术给了我更大的震撼。反观我的许多朋友,尤其是中年以后的画家,他们都有样式化、形式主义的倾向,从样式目的追逐潮流比较突出,而对以自然为师、对感情层面的东西不重视。这是当前艺术创作上的一个误区,阻碍了他们的艺术向更深、更高的方向发展。"这一点,是我从苏先生展览中得到的很深感悟,很深的启示。"

高天雄(中央美院附中校长):我代表苏老师的母校——中央美院附中来参加今天的开幕式。美院附中在培养学生时,一方面培养学生的绘画基本功,另一个方面特别重视培养学生对生活的热情,对生活新变化的关注、感受及表达,在对艺术形成正确认识时,发展自己的技术和技巧。在这两个方面,苏老师的作品给我们做了非常好的榜样。

苏老师的写生创作中,有一种"人文精神"的表达,他发掘的这些风景是一个新的领域,有的是农村自然风景中被改造变化的,有梯田、有水库……这些变化与大自然原来的风景结合得很自然,后人会从中不断汲取力量,看到人类曾在复杂、不利的环境下对生活,对发展都充满了信心,而这里又没有那种对农村集体化改天换地成果的不自然的描述。

看苏老师这些作品时,我在想它们的价值,它们反映了不同历史时期的人和生活,他对这时的人和自然的热爱的表达,形成了一种记录并都是不能重复的。我觉得这些艺术水平不低于独幅主体性创作的写生作品,在美术史上会有后人不断研究、不断学习,不断领悟它们的价值。

再有,我过去曾在部队工作,最

中央美术学院召开苏高礼(后排左4)油画作品研讨会,后排左1谢东林先生、左2丁一林先生、左3孙为民先生、左5马常利先生。 2000年

近部队一些画家取得的成就,要感谢中央美院研修班,也特别感谢苏老师。

丁一林教授:我知道许多苏先生的学生还想发言,但时间实在来不及了。我们寄希望于苏先生画出更好的作品,也很需要苏先生的经验,希望他总结出来,这对美院今后的教学会有很大的启发和帮助。

会场响起热烈、长久的掌声。

苏高礼教授:谢谢!我要特别感谢我的母校美院附中、中央美院,还有俄罗斯列宾美术学院,还有我早期的启蒙老师李杰如和刘炎,以及所有给予我很多帮助的师生们,我在艺术方面、做人方面都学到了很多东西。

所以说,如果我有点成绩的话,这是由我们的国家、我们的人民、我们的党对我的教育所筑成的。我希望我今后能更多地付出,可能在教学上,也可能在创作上。

我觉得,我有一种回报的心情,我不能怠慢,不能随便把剩下的这段时间放过去。所以,在这儿给大家这么一个承诺。

谢谢!

六十二

苏高礼心里最惦念的还是妻子即将进行的大手术。

个人画展开幕的第二天,美院几个学生和年轻老师介绍一位收藏家来到展厅,他表示要选购几幅作品,苏高礼同意了。这位收藏家在中央美院年轻教师的帮助下,精挑细选了7幅作品,分别是《夏庄东阁》、《老院》、《窑庄》、《黑土地》、《牛心山村》、《农民李锁林》、《藏族姑娘周矛错》,以14万元成交。这7幅画都是写生精品,要不是妻子做手术急需用钱,他是决不会出手的。

几天后,妻子被推进了手术室,他和海红、海江等在门外。等候的时间格外漫长,主治医生手术后告诉他,妻子的肿瘤是恶性的,已经广泛转移,而且刚打开腹腔肿瘤就破了,已经无法摘除。

妻子始终没有再问自己的病情,一直静静地接受治疗。就在家里积蓄和卖画的钱基本用完时,她已经睁不开眼睛、不能说话了,弥留之际却不肯咽气。直到姐姐李琛(菊姐)从贵阳赶到医院,对她说:"你走了,你的孩子我给你照顾。"妻子这才咽下最后一口气,心电图立即变成了一条直线。

2000年7月13日,苏高礼的结发妻子李淑珍女士去世。

仅仅一年时间,同样都在7月,母亲、妻子相继走了,苏高礼的心仿佛被掏空。面对亲人生死离别的残酷与无奈,走的人无奈地走了,活着的人只能面对巨大的悲凉,必须强撑着走向未知的明天。他真希望生命是可以轮回的,不管是再次投胎转世,还是生活在天国,好让他能够感知母亲和妻子以某种形态的存在。

第十三章 拿什么奉献给你

六十三

妻子病故后家里变得冷清。苏高礼在家的时间多了,一双儿女都在忙自己的事情,孤独中思想却变得十分活跃。

在研讨会上,范迪安教授第一次提出苏高礼写生作品是"写生中的创作"这个概念,加上各位教授肯定性的意见,这让他改变了一些想法。以前,他只认为这批写生是再创作的底稿和素材,现在看来再创作代替不了这批写生作品的艺术价值。

"写生中的创作"与"根据写生的再创作"的不同之处,在于"写生中的创作"受客观条件限制,一次性地完成对于对象的认识和表现;而根据写生进行再创作虽有写生的客观基础,但主观上仍有很大的自由发挥空间。两者相比较,前者是感性的、鲜活的,甚至是不可重复的。苏高礼认为,"写生中的创作"能力是训练出来的。特别是在苏联留学时,在阿鲁布卡、索契的两次写生和回国休假期间在家乡、大寨、二七机车车辆厂三次写生过程中,自己通过对一些欧洲绘画大师绘画艺术语言的借鉴,认识到语言对表现对象的重要性,由写生创作转换到再创作的过程,也是语言转换的过程。

因此,"写生中的创作"和根据写生的再创作,两者虽然同为艺术作品,但表现出来的特点却各不相同,不能相互代替。对再创作来说,写生作品固然属于素材,但由于"写生中的创作"直面生活,作品中已经包含了许多创作因素,包含了作者对于生活的主观感受,已经不再是简单的、照相式的客观记录。1984年,苏高礼曾根据写生作品创作了一幅风景画《武家坪的庄稼地》,作品完成后即在中央美院美术馆展出,时任中国美术馆馆长刘开渠先生看到后,决定由中国美术馆收藏这幅作品。比较写生创作和再创作这两幅作品,不难发现写生的原作是画于夏季的绿色调,而再创作融入了更多主观因素,画面变成了秋天的黄色调,景物关系也有唯美的细微变化。

所以,从事绘画艺术的人不应该把写生与创作简单割裂开来,美术院校的写生教学不应该限制写生的创作性,反之应该在写生中引入创作思维,两者在艺术中的是和谐相容、各有所长的关系。

退休画展展出的写生作品，是对"写生中的创作"理念和艺术实践的一次历史检验，但这种历史检验的时间跨度还远远不够。须知，历史的淘汰从来无情，只有后人对自己作品的不断审视才是彻底的历史检验。在漫长的历史检验过程中，一些人最初炙手的作品或许沦为渐无生息，而一些当初不被看好的作品，却有可能获得重新评价和追崇。世人对梵·高作品的评价即如此。

苏高礼对自己的写生艺术是自信的，他已经认识到了它们的艺术的、历史的价值，于是，做出了将全部上乘之作捐献给国家的决定。他期盼这些作品不要失散，通过国家整体性的保存并得到后人的检验。基于此，他计划对几百幅写生作品做一次全面调整；同时，对在教学中试用多年的教材《素描教学》，进行最终修改、定稿。

第二天，他又打开了存放写生作品的一只只木箱，那里面装着他一生的心血和精神的寄托！从此，每天除了吃饭、散步、休息，他一如既往地忙碌起来，藉此抚平母亲、妻子去世带来的悲痛与孤独。

苏高礼刚在家里铺开工作摊子，山西阳泉美术院的老院长杨建国找上门来，杨院长参观他的退休画展时萌发了一个想法——请他到阳泉举办"苏高礼油画展"，还提出要他亲自到阳泉指挥布展。2000年8月2—9日，画展在阳泉美术院展厅正式展出，共展出作品73幅。同时，他还为阳泉市的专业和业余作者做了学术讲座。

刚从阳泉回到北京，河北石家庄画院院长陈承齐也提出在石家庄举办"苏高礼油画展"，同年10月11日—17日，画展在石家庄市博物馆正式展出，共展出作品111幅。展览期间，苏高礼应邀在河北师范大学进行学术讲座。

在陈承齐筹备画展的同时，山西大学美术学院和山西省美协也在太原筹备着"苏高礼油画展"，同年10月23日—28日，在太原文协展览厅正式展出作品85幅。展览期间，苏高礼应邀在山西大学美术学院和山西职工文艺学院进行学术讲座，同时，被这两所院校聘为客座教授。

这3个画展，在当地画家和学习绘画的学生中产生了很大影响。再有，就是平定夏庄的亲戚、乡亲和昔阳大寨的农民朋友，他们看到自己熟悉的风景、人物得到如此的艺术呈现，惊叹与兴奋交织在一起。办完这3个画展，苏高礼的精神状态大有好转，回到北京继续埋头整理箱子里的写生作品。

2003年3月14日—19日，中央美院和国际艺苑美术基金在北京联合举办"苏高礼第二次油画展"，展出作品73幅，其中写生作品《野花塘》和《绿树浓荫盖四邻》被国际艺苑美术基金收藏；《沱河桥》、《白桦林》、《嫩江林区》被收藏家收藏。

六十四

苏高礼在山西昔阳县有一个非科班弟子叫乔万英，是很有特点的农民油画家。此人1976年高中毕业后，在县城供销总社谋到一份铁饭碗工作，7年后突然辞职来北京，找到苏高礼说自己要学习油画。苏高礼见乔万英有昔阳老朋友写来的介绍信，再看过他忐忑中拿出的的习作——一幅在普通布上画的菜板、菜刀和土豆写生，感到这幅习作虽然"不成规矩"，但有一种很有趣的色彩感觉，便爽快答应了他的请求。从此，苏高礼除了亲自辅导乔万英，还根据他的具体情况介绍老师为他讲授色彩和创作，后来安排他住在母亲住处的小厨房，参加中央美院一个为期一年的油画进修班学习。

这段时间里，乔万英北京、昔阳两地跑，在北京学画，回昔阳挣钱，再回北京学画。就在乔万英完成了进修班一半课程时，他在昔阳承包建筑工程的合伙人卷款失踪，他不得不退学回昔阳挣钱偿还债务，到2000年再次拿起画笔时，已经是当地口碑很好的农民建筑企业家。

从此，乔万英经常请苏高礼到昔阳看画辅导，几年里创作出几百幅作品。苏高礼评价乔万英是自学成才，虽然缺乏在校生那种正规基础训练，但凭借天生的艺术感觉和对俄罗斯、法国等知名画家风格的对比性研究，最终成了一个乡土表现主义画家。

乔万英的创作来源于农村生活，他很会构图和使用色彩，画面的写意性效果处理独特，具有表现主义的高强度、单纯化、夸大变形的艺术语言，以及强烈的由内向外倾诉的情感。

这时的乔万英还缺乏艺术自信，还不知道自己作品好在哪里，苏高礼知道他最需要肯定性的鼓励。2003年初，苏高礼找到中央美院美术馆馆长王小，说："山西有个农民画家，油画画得挺好，我推荐他来搞个人画展。"

王小干脆地回答："你介绍的画家没错，来吧。"

4月18日—25日，"乔万英油画作品展"在中央美院美术馆正式开幕，共展出作品65幅，苏高礼请来中央美院教授靳之林、韦启美等参观指导。乔万英没有想到，自己的作品竟然得到几位艺术大家的充分肯定，韦启美教授对乔万英说："你画里所追求、所表现出来的，是许多专业画家多少年都追求不到的东西。"

随后几年，苏高礼帮助乔万英先后在中国美术馆、石家庄美术馆、上海美术馆成功举办了个人画展。上海观众曹书谦、李想在画展留言簿上写道："让人沉思不语、常立不回！它让我思考起自己的人生，谢谢点播。"另一位署名H的观众写道："艺术家不需要造就，用心灵感觉生活就能创作出真正的艺术作品。你的纯净让我自惭形秽，它将治疗无数彷徨而痛苦的年轻灵魂。"

至此，乔万英才真正理解苏老师鼓励、帮助自己办个人画展的良苦用心，原来恩师始终在帮助自己把握艺术方向，这也是对自己艺术教育的组成部分。他说："苏老师坚持对我采用'四两拨千斤'的教学方法，发现好的艺术苗头后，总是鼓励、激发你的潜质，培养你的自信心，明确告诉你该肯定什么，发展什么，然后耐心等你渐渐成熟，让我少走了不少弯路，而其他老师教的都是具体方法。"

一次，苏高礼对乔万英说："我对艺术的追求是实现'油画中国化'，我希望你的艺术也要纳入其中。"乔万英风趣地回答："苏里科夫在俄罗斯抓他的蝴蝶，我在中国昔阳抓我的蝴蝶。我的'油画中国化'就是用画笔、色彩讲好家乡的故事。"

乔万英现在已经是山西省油画学会副会长、晋中市政协委员。

2013年5月11日下午4时，"岁月留痕"——乔万英作品展在北京798——悦·美术馆开幕。在开幕式上，苏高礼讲了一段发自肺腑的话：

"万英是我的学生，但是个不一般的学生，他已经成为我内心的一种寄托。我一生干了两件事，一是画了一批画，二是教了半辈子书。我教学的追求是希望'油画中国化'的实现。乔万英的艺术实践使我增强了信心，我的评价——他的画有了中国味道，中国现代乡土油画的味道。"

2013年9月底，乔万英的作品被推荐赴瑞士苏黎世展出。卡尔金·金博士对乔万英《童年的梦》系列作品评价很高，他说：乔万英的作品远离蓬勃发展的当代艺术世界的喧嚣，用非知识性、直觉的和想象的的方法来创作艺术，有时像印象派的田园生活，有时又有梵·高一样大胆的表现主义风格，他对柔和的大地色和怪异的灰色调的应用唤起一种沉思的情感，证明了艺术家向抽象性的不断迈进，从模糊不清的背景中，显现出虚幻的人大多被认为是在土地里劳作的农民，他们拉着车或带着简单的工具，好像要唤起一种集体的理念，或者传递一种正在消失的和平的田园世界的梦想。

卡尔金·金博士写道：

他的作品反映了"赋有生命力的乡土气息，表现了中国文化的核心价值观"。"不管他是怎样的动机，集体劳动的主题都可以和艺术家对'文化大革命'积极和怀旧的回忆，以及坐落在乔万英家乡的大寨英雄主义等联系起来。"

乔万英的画展受到苏黎世观众的好评，并有一批作品被外国朋友收藏。苏高礼对乔万英的艺术成就由衷地高兴。

苏高礼还有一个非科班弟子叫韩玉臣，是他1972年在河北邯郸地区油画培训班上教过的年轻工人。1976年中央美院在邯郸招收工农兵学员时，苏高礼考察韩玉臣的专业课成绩优秀，但因政审不合格没有录取。

30年后，韩玉臣已经是一个成功的企业家——邯郸阳光百货集团董事长，他从来不曾忘记苏老师的嘱咐，从来不曾放弃艺术梦想，创作了不少很好的摄影、书法、油画作品，曾专程请苏老师到邯郸点评、挑选参加画展的油画作品。在韩玉臣身上，同样有苏高礼实现"油画中国化"的精神寄托。

2013年12月18日凌晨，苏高礼接到一条来自法国的手机短信：

苏老师：

我的欧洲巡回展最后一站是参加"第152届法国国家沙龙展"，此展500名艺术家来自近20个国家，700件作品。我的油画《牧羊女》获最高奖"沙龙金奖"；摄影作品《页拉山》获"评委银奖"。颁奖仪式上，我是第一个上台领奖的中国艺术家，一个人获两项高奖创本届展览记录。

邯郸韩玉臣

苏高礼高兴极了，几十年前教过的业余学生韩玉臣的艺术成就令人兴奋，他立即回复短信：

衷心祝贺你的成功！我知道油画是你的梦想，能在法国获奖是顺理成章的事，而且是两个奖项。这充分说明你不仅是优秀的企业家，更是成功的艺术家。

苏高礼

发过短信，他十分感慨：乔万英、韩玉臣是两个非科班弟子，他们的艺术成就已经超过自己大多数的科班弟子。这说明了什么？一个人受过高等美术专业系统训练拿到毕业证，这决不意味着日后可以成为有作为的艺术家，更重要的是投入真情实感和持之以恒的艺术实践。韩玉臣获法国国家"沙龙金奖"的油画《牧羊女》的背后，是他先后十几次到西藏牧区采风写生的扎实基础和不断思考厚积薄发的艺术灵感的再现。

六十五

早在2003年1月，中央美院教务处长诸迪向吉林美术出版社推荐出版苏高礼著述的《中央美术学院素描教学》。十几年来，此书稿一直以《素描教学》作为内部教材使用，长期教学实践检验了它的学术价值。此次作为全国高校美术专业教科书出版发行，书号：ISBN7-5386-1380-3/J·1087，后来又4次再版印刷。有人评价这本教材是"素描教学奠基式的成果"。

几年后，苏海江已经是中央美院城市设计学院的讲师，他的学生廖勤毕业后，在中央美院中国画学院讲授素描课，使用的教材竟是一本《素描教学》的复印本。廖勤对小苏老师说，我查过许多素描教材，只有这本教材最实用，句句是经典。特别是它把基本形与艺术创作紧密连接，使素描教学成为真正的艺术学习的基本功。

2005年11月，人民美术出版社出版《苏高礼写生画集》，书号：ISBN 7-102-03471-7，这些写生作品已经做过认真整理，分为风景篇、人物篇、水粉篇3个部分，整体效果更好了。画册卷首印有杜键教授1999年12月撰写的《欣赏苏高礼的写生作品》、范迪安教授2000年8月撰写的《写生中的创造》两篇艺术评论，全册收入苏高礼1963—1986年的写生作品、画稿185幅。

2006年12月，长城出版社出版《苏高礼素描画集》，书号：ISBN 7-80017-802-6，苏高礼撰写的《自述》印在卷首，接下来是杜键教授撰写的艺术评论《美是自然、朴素的》、戴士和教授撰写的艺术评论《本色农民——读苏高礼先生的农民肖像》、艺术评论家和油画家张晓军撰写的评论《酿就生命的芬芳——画家苏高礼的素描艺术》，全册收入从20世纪50年代初到2003年的素描作品261幅。

《中央美术学院素描教学》和写生、素描两本画集的出版，标志着苏高礼历时6年的整理自存写生、素描作品和相关文字资料的工作告一段落，至此，他做到了在2000年6月2日"苏高礼油画作品研讨会"上的承诺。

退休后，苏高礼一直担任中央美院城市设计学院的教学顾问，他经常参加学院的学术会议，参加评定职称、评比毕业生优秀作品、评定研究生考试成绩、评选优秀课程奖等工作，还根据学院安排不定期进行学术讲座。

2007年5月的一天，苏高礼在城市设计学院进行油画创作讲座，他特意撰写了《创作教学》讲稿，分析了学生们油画创作中存在的问题。他对大家说，这些问题归纳起来主要有三个：

（1）有的同学不知道创作应该画什么；

（2）有的同学在创作选题上有些想法，但技术方法跟不上，不知道该怎样去表现；

（3）有的同学画创作小稿还可以，但放大后或不成立，或很不满意。总之，大家对创作还有一种盲目的神秘感。

其实创作并不神秘。他说，好的课堂写生也都应该是艺术创作的作品。所以，我们的创作教学应该从课堂的写生教学开始。因为，写生教学决不是仅仅在教技巧，而且也是在教艺术，所谓艺术都是创作层面的东西。也就是说，学生是在学习技巧当中学会创作的，让学生自然地从"习作"过渡到"创作"。这个教学思路是创作教学的必经之路，也可以说画好习作，也就画好了创作。但是必须申明，这只是艺术创作的一部分，仅指在写生中完成创作的那一部分。例如：肖像、静物、风景等作品，都是可以在写生中完成的。

但是，从"习作"过渡到"创作"必须有相对侧重点的阶段划分，学生进校学习的前半段时间必须深化基本功的训练,以体现在绘画基础上的"取长补短",使大家的绘画技能有一个相对深刻的变化。然后,还要有一个相对侧重的探讨绘画语言的阶段,使学生明确各自的艺术取向,将技能转化为有个人特点的艺术语言。有了这两个过程,学生自然就掌握了创作艺术作品的能力,自然而然地顺利过渡到创作较为复杂的艺术作品。

谈到创作课的创作,苏高礼认为:创作这个概念在这里是很宽泛的,这里面更应该有画家的主动性、自由度,更应该有画家的独立性和整体感。大家从命题出发,要明确和深化自己创作的主题思想,并找到恰当的形象和画面构成形式来完成初稿;然后,收集相应的素材资料,充实画面的形象和意境,做好素描稿和色稿的定稿工作;最后放大完成作品。

在创作的全过程中要注意3个关键问题:

(1)深化主题思想,明确作品的立意核心所在;

(2)选择恰当的能体现母题的形象,包括人物、环境、静物等一切出现在画面上的形象;

(3)探索有意味的画面构成形式——平面构成的意味、色调构成的意味,通过形象的合理安排,形成合理的画面组合,最终构成一幅作品的框架。

苏高礼认为,学生进行毕业创作心态要平实,不要好高骛远、贪大求多,把目标定得太高,要画自己最熟悉的题材,以自己最擅长的方式去表现,达到最好的成绩目标。他告诉学生定稿前要与老师深入交流,而老师此时提出的意见和建议,应当重在提高其创作兴趣和自信心,以取得最好的艺术效果和成绩。

他对学生进行创作提出三点要求:

第一,内容和精神层面。强调选材要贴近生活,要来自个人对生活的真实感受,并选择适合视觉形象表现的事物,尽可能画熟悉的事物。因为,只有画家熟悉的事物,才能具备时代的特点。可以概括为"言之有物、言之有情、时代感强"12个字。

第二,技术层面。努力用自己喜欢、熟悉的方式去表现,并与自己平时学习中擅长的、有效的语言方法结合起来,进行新的可能性的探索和研究,也可以借鉴传统的、自己喜欢的某位大师的手法。要讲究构图、造型、色彩等艺术技巧的整体表现,鼓励艺术语言个性化,创新与现代感的尝试。

第三,艺术欣赏层面。追求艺术审美的高格调、高品位和学术性——真诚、朴实、含蓄、内在和健康情趣,不做作、不虚假、不过于外露、不赶潮流、不求商品性(所谓的商业价值),努力运用自己平时学到的基本功和艺术技巧去表现,实现学术上的高品位。

他说,艺术学习的最终目的要落实在创作上,只有具备创作能力和拿出成功作品才是硬道理，只有增长创作才干，知道怎样去创作才算迈进了艺术殿堂的门槛。在这里，教师的责任心、教学技巧、关键问题上的点拨起着重要作用，但毕竟学习的主体是学生，学生的努力和自信是成功的根本。

在讲座中，苏高礼拿出自己在苏联南方阿鲁布卡小镇画的《树荫下的少女》色彩稿做范例，具体讲解阳光下的景物关系和表现。一名来自广州的学生下课后告诉他，曾在广州美术学院油画系油画修复工作室办的展览上见过大幅的《树荫下的少女》，署名：佚名，被该工作室作为修复残破油画的作品展出。

苏高礼听后心里有些激动，大幅的《树荫下的少女》正是根据这幅色彩稿创作的，"文化大革命"中随一批从苏联带回的大幅作品存放在朋友家，在抄家后下落不明。想不到《树荫下的少女》遗失后流落到广州，他真想再看看那"走失"了的苏联少女。

六十六

很长时间以来，关心苏高礼生活的一些同事、亲友都希望他能重组家庭，断不了为他介绍老伴儿，他已经做好了心理准备。

2006年冬天，苏高礼认识了比他小15岁的刘建秀女士，后来成了他的第二任妻子。刘建秀是一位新中国外交官的女儿，本人曾是一个优秀的护

油画色稿《树荫下的少女》 1961年 中国美术馆藏

士长，退休前在北京一家医院担任人事科长，她的前夫多年前病逝，唯一的女儿结婚后在国外工作。

在世俗眼光里，中老年妇女再婚嫁人首先考虑的是经济问题。刘建秀却通情达理、善解人意，婚前向苏高礼郑重表示："请你和你的子女放心，你的婚前财产，包括婚前创作的全部作品都与我没有关系，我是绝对不会要的。"刘建秀说话的声调虽然不高，但坦荡的心态不容置疑。经过一段时间的了解，两个人决定共同生活。苏高礼婚后生活稳定，身体状况明显改善。

六十七

此时，苏高礼正在做一件十分重要的事情。

一年前，范迪安教授出任中国美术馆馆长后，苏高礼对他表达向国家捐赠作品的愿望，并说任凭美术馆在自己全部藏品中挑选，捐赠多少幅都可以。很快，中国美术馆把收藏苏高礼作品纳入工作日程。

2007年7月12日，刚刚进入盛夏的北京天气晴朗，热而不闷。下午3点，中国美术馆举办的"苏高礼油画艺术暨捐赠作品展"准时开幕，在一号大厅展出作品115幅。

范迪安馆长简短致辞后，苏高礼致辞：

"……在这里我真诚地表达我的心情。首先，给中国美术馆捐赠作品是我长期以来的心愿，产生于我对国家和人民对我哺育成长的回报心理。

"其次，中国美术馆成批收藏我的作品，是对我艺术创作的最好评价，是我的很大的荣誉。荣誉归功于我的母校，在这里我真诚感谢中央美术学院附中、中央美术学院、俄罗斯列宾美术学院及那里的老师们。

"第三，特别感谢这么多领导和我的老师、同学、同事、学生光临，你们的到来是对我的鼓励，我特别希望听到你们的批评和建议。我还要提一下，远在青海、云南、青岛、济南、大连等地的同学专程来看展览，我要特别感谢你们。我的家乡山西太原、阳泉、平定，也有领导、艺术家朋友和乡亲们的到来，还有我长期下乡已成为亲人的大寨的农民朋友来参加活动，心里有说不出的高兴。

"最后，我还要提一句，我的两个儿女苏海红、苏海江都非常支持我的捐赠行动，并且为我的艺术事业和本次展出投入大量劳动，我也感谢他们。"

简短的开幕式后，中国美术馆馆长范迪安陪同苏高礼和时任第九届全国政协副主席李贵鲜走进展厅，来到《永不磨灭的记忆》这幅大画前，李贵鲜对苏高礼说："现在，你是大艺术家了。"

苏高礼轻声说："哪里呀，大艺术家是不敢当的。"

说罢，这两位已经满头银发的留苏同学又并肩前行……

展厅里更多的是中青年观众，不少人在签名簿上留下感言，摘录如下：

"油画民族化的典范。"——署名哨工

"苏先生，很喜欢您的太行山系

中国美术馆馆长范迪安教授向苏高礼颁发收藏证书
2007年

苏高礼与留苏同学、时任全国政协副主席李贵鲜（左2），中央美术学院院长靳尚谊教授（左3），范迪安教授（左4）等观看捐赠作品展览 2007年

列。"——署名亚泽

"苏老师，我很喜欢您的玉米图。"——署名张涌松

"大家风范"——署名刘源恩

"亲切、深厚、朴实、耐看。画如其人，人如其画。祝苏高礼老师画展成功，艺术长青。"——署名旅法画家林鸣岗

"寓意十分深厚。"——署名闫学英

"高雅清新。"——署名赵洪英

"真乃国粹也！"——署名陈正伟

"经典，很棒！"——署名朱明

"雅美。"——署名孙维冬

"铁壁如削万仞山，土窑热炕老农颜；太行之子画太行，示于后生洗心看。"——署名王惕

"风云横扫过，昂首向天歌；争驰南北地，一览众山河。"——署名周继业

"苏高礼的油画之作堪称一绝，乃当前的最佳精品，望后生多练艺术，莫要只攀高峰。"——署名尚以安

"紧扣时代反映人民心声，集思广益散发历史光彩。"——署名郑佳南

"捐得好！"

"您的成功，照亮了我的寻艺、创艺的道路。"——署名您学生的学生，山西太原范冰

六十八

下午5点，"苏高礼油画艺术暨捐赠作品展"研讨会，在中国美术馆7楼报告厅举行。

范迪安（教授、中国美术馆馆长）：中国美术馆一直十分关注20世纪以来，中国几代艺术家的创造，特别要从不同时期的艺术创造中争取到艺术收藏。而苏先生很多年来积累了大量作品，他是一个很难得的将主题创作、写生创作的重要作品都保存在家的前辈，中国美术馆因此才能够收到这一部分的重要捐赠。

"我本人长期以来，非常喜欢他的写生作品，还有他与杜键等先生合作的几幅重要代表作。

"当苏先生再次表示向国家捐赠艺术作品的愿望时，我真的为中国美术界、为国家美术馆增添了一份新的积累而高兴和激动。今天展出的作品对他艺术的整体面貌是一次很充分、很有说服力的展示。"

尽管苏高礼向中国美术馆捐赠艺术品的清单已经形成，但范迪安馆长研讨会前又和他探讨，怎样才能形成一个最能体现他的艺术面貌，同时体现中国美术一方独特风景的一批收藏。范迪安说，这是为了能够把这批收藏继续走动起来，为美术界提供更多研究的方便，同时向国际艺术界进行介绍交流，让这批藏品真正发挥作用。

作品展出的几天中，范迪安馆长多次来展厅观看，并再次从展出作品中选出数十幅作品收藏，其中包括新的写生作品、布面创作和画稿作品。

杜键（中央美院教授）：苏高礼的作品不是有非常高超的技巧，不是有特别精工细作的大量劳动和心血灌注，也不是有特别的新颖或给人耳目一新的感觉，但这些很平凡、很普通的作品中，又有一种非常可贵的、并不是很容易得到的东西——一种很难得的内在。由此我想，艺术价值到底是什么？

"八五思潮"的时候，出来了一些很刻意的作品，那就是和过去传统拉开距离、独树一帜，要显示出一种精神的力量，这是一种艺术价值。同时，古典艺术作品也有它的一种价值，即人道主义精神、传统的理性文化渲染和深厚积淀。

"我觉得苏高礼的作品给我们提供了一个思考，艺术价值包括你过去受的教育，包括你在这张画投入的经历，但这些还不是最重要的东西。艺术里面一个很重要的东西是作品所体现的人性的价值，一种优质的人性。"

"人性是人本质的表现。优质人性就是人的积极的东西，它不是天生的，也不是抽象的，是在历史发展中锻炼出来的，我以前称之为人质的魅力。因为人的质对于人的发展太重要了，诚实的、勇敢的、真实的、顽强的东西……人性中一切优秀的东西对人都有一种魅力。"

艺术真正核心的东西就是这种"人质的魅力"，而不在于艺术形式是现代的，还是古典的、民间的。而苏高礼的作品"质胜于文"。杜键说："画如其人，苏高礼的画就是他自己，他也不是才气横溢，而是有一种独特的人格魅力……艺术无法掩饰你的本色，你要不本色就成了你的本色。"

闻立鹏（中央美院教授）：苏高礼是新中国成立后培养发展起来的画家，属于中国第三代油画家，他一直坚持现实主义艺术道路向深处发展，他的写生作品之所以被中国美术馆看重，被广大群众接纳，就是因为这些作品不是只在技巧上有什么东西，或在生活表现上画了大题材，而是在作品表现深度过程中的感受。

"我觉得他的路子，代表一部分画家还在坚持现实主义，说明现实主义艺术道路在中国没有走完，在世界上也没有走完。今天，在俄罗斯现实主义艺术在发展，在中国现实主义还有很大的空间，还有相当长的艺术魅力。"

靳之林（中央美院教授）：看了苏高礼的作品唤起我内心的非常的激情，这种现实主义的力量，说明他是当代非常重要的现实主义画家，他的作品感召力非常强。这个展览提出了关于生活的、文化的、民族性、时代性几个问题，需要我们思考。

"我看他的画册第一幅就叫《闻风不动》，而现在有些画展对当代艺术是闻风而动，利益驱动，浮躁心理。所谓现代性更多的还是在艺术形式上，而不是情感上的。苏高礼的画展始终如一地表现自己最深切的生活感受，这是一个很大的震撼。不同的生活感受和不同的艺术语言，这对他是得心应手的。比如：农家小院那种质朴的感觉，北大荒开垦处女地的磅礴气势，太行山厚重的历史感；表现农民不是夸张某些生理特点，对农民进行歪曲。这些都有一种鲜明的时代特色，非常真实地、历史地、具体地表现了时代生活和农民形象，这点很重要。

"我的第二点感受，苏高礼有着农村和农民生活的文化，这一点非常重要，成就了他作品中的文化氛围和美学基础，那就是朴实无华的、洋溢着有生命的、非常有感染力的艺术语言，一种内柔外刚的品质。现在西方艺术所谓的力度，加上美国文化的张扬，对我们的影响非常大，我们自己的内柔外刚应该重新提出来，要反思这一点。我觉得他的作品里没有吓人的技巧，但有很深的基本功，他的素描非常厉害，他的大块的色彩和线的运用，得益于梅尔尼科夫的艺术成就。

"苏高礼的艺术有内在的美，讲含蓄没有霸气，没有浮躁，没有张扬，这是我的第三点感受。苏高礼个人是质朴的，充满生命力的，带有农民形象的气质，还有他质朴的充满活力的艺术语言，充满审美活力的生活和形象，这种天人合一的艺术特色，也是艺术魅力和民族性、时代性的特征。所谓生活我感觉是这样的，我们生活在长期的农业社会的环境中，最根本的文化还是产生在农村，由此再派生上层的东西。有了这一点，就有了很深厚的民族文化积淀反映在作品里面。

"最后，我在苏高礼的画册里看到他近些年用宣纸软笔画的速写作品，表达的感情更加深厚，语言更加明亮，这预示着他有更大的发展，我感觉他还是朝气蓬勃向前进的。"

张祖英（中国油画学会秘书长）：1980年我在中央美院进修过两年，苏先生是我的老师，教过我很长时间的素描，印象非常好。从来没看见过苏先生这么大量的画，我觉得非常震撼，特别是看到一大批风景写生，体现出的情感非常真挚，没有华丽的笔触和强烈的色彩，整个作品色彩透明、形

油画 《闻风不动》 1977年 雅昌艺术馆藏

体非常概括，反映出的地域特点非常浓郁，能看出苏先生创作时真是全身心的投入。近些年，我们多次组织全国中青年画家写生画展，像苏先生那样的感情投入还是比较少的。

所以，我觉得这批画能在中国美术馆收藏保留下来非常好！他把自己的好画让美术馆挑了，没想到年龄大了，后面的生活会怎么样，他把自己的情感留给了下一代，画进美术馆是画家一生最好的归宿。

刘曦林（中国美术馆研究员）：做美术馆的人接到一个捐赠就像过一个节日。作为美院的老学生看了苏先生的画很激动，他是生活中的有心人，写生中的艺术家，他热爱家乡的窑洞、梯田、流动的小溪……他是一个亲近人生、亲近自然、亲近土地的艺术活动者。有一张叫《青青杨柳陌》小画，可能你曾走过多少次，你能感到在絮雨中那样一种亲切感，从色彩的角度有着青春之美、素朴之美，透露出激情之美。

除了写生作品外，他的《不可磨灭的记忆》也成了我们不可磨灭的记忆，我注意到这幅作品还有4张草图，从红色调子、棕色调子到冷灰调子，再到最后这样一个在阴霾当中悲壮调子的塑造，经过您和其他几位先生共同劳动和推敲，是非常成功的。现在，一批中青年画家在从事重大历史题材的创作，他们能不能赶过前辈？这幅画能给他们很重要的借鉴和参考。

苏先生的作品既不前卫也不古典，而是一个"中间地带"，这个"中间地带"却是绘画性得以充分发挥的非常充裕的空间，我看到了他油画中的疏密、笔法、力度，看到了他对民族文化的追求和向往。

邵大箴（中央美院教授）：苏高礼是我们留苏的学长，他作品里的精神力量很突出，画面平实、质朴、自然、耐看，我觉得这是最可贵的品质，跟他的做人有相近的地方。

苏高礼的画没有苏联画的影子，没有俄国画的影子，而有些人的画一看就知道是从苏联回来的。细看他的画有些块面、结构、色彩是苏联的，但整体上不是苏派画的面貌。他的整体面貌就是他自己，是他自己在中国这块土地上画的画，这一点非常感人。尤其是他的写生作品非常精彩，在这个基础上再提炼、再思考、再挖掘、再创作，一定会达到更高的艺术高度，他的艺术里面孕育着还没有爆发出来的力量。

李天祥（中央美院教授）：苏高礼在留苏画家团队里面是很有特点的。他的画和谁都不像，苏高礼就是苏高礼，个性非常鲜明。他的孩子和我说，苏高礼一回到老家马上就活跃起来，眼睛都亮了。所以，苏高礼画的山西风景别人不是没有画过，只是画不出他的认识和他的感情，他没有教条主义地把苏联的风景、俄罗斯的风景，搬回来套在家乡的风景上，他是把规律学到了手。

"这个展览非常好！这个展览充分体现出在中国还找不到第二个像苏高礼这样画家乡如此有感情、如此美的画家。他画的是西方的油画，但画出的却是山西的土味，土的朴实，土的美。有些人画的农民土得让人看后难受、恶心，但他画的农民一看就感觉人好。非常喜欢他的画，他把个性、爱好、感情都融入了画面。

"有人问过我，看了苏高礼的画好像笨笨的，没有很漂亮的技巧、漂亮的笔法。我问他，什么是技巧？如果技巧不能表现生活，不能表现他的情感的话，这个技巧又算什么？

"苏高礼表现家乡风景的技巧是独到的，非常可贵，不是一般的我们学基本功的技巧，一个是扎实、一个是朴实、一个是踏实。味道非常好，这一点是别人很难替代的。他老老实实地走了一个现实主义画家的道路，不能表现对象本质就不是现实主义的，本质上的真实是很难达到的。"

李天祥说，苏高礼能一下子捐出这么多画来，我非常佩服，这些都是他的心血，捐到美术馆是画得其所。现在社会上的人看画家的画，不是看画本身的一种精神价值，而是看值多少钱，谁谁的画能卖多少钱，谁谁的油画卖钱多。如果任这种风气在美术界蔓延下去，那是我们绘画的悲哀。泰戈尔说："鸟的翅膀缠上金块，那么它就飞不高了！"所以当代画家要清醒，不要简单地把金钱当做画的价值，画是无价的，好画是无价的。

水中天（艺术研究院研究员）：只有到过华北、山西后，再看苏高礼的画，把两者联系起来，才能越发从深层次理解他的绘画之美。用简单的话来说——是一种质朴生命力的表现。

大家刚才谈到他和苏联、俄罗斯画派的联系，中国好几代留学生都存在一个问题，在国外学习课堂作业非常好，得到当地老师的好评。但回国以后，怎么才能够把学到的一套和中国的精神、中国的生活、中华民族的

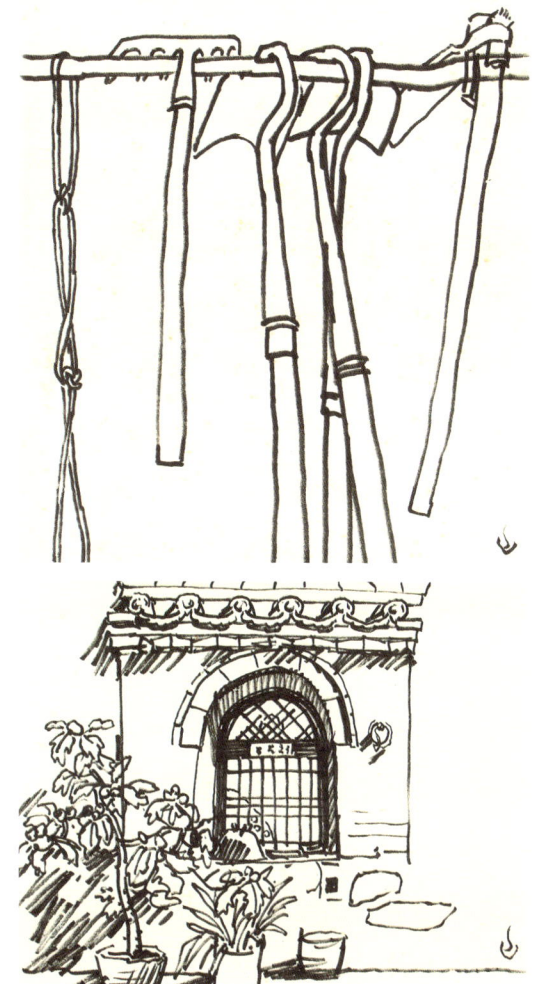

速写《老家印象一组》 1992年

气魄融会贯通起来？这是一个非常大也很复杂的问题。苏高礼先生在这两方面结合得非常好，他能够游刃有余地表现别人难以表现的燕赵大地的气概，还是得到了俄罗斯写实画派优良传统的滋养，这给所有的、包括今后留学的中国艺术家树立了一种榜样，展现了一条道路。

我们平常看到中国美术馆有多少万件藏品，仔细推敲起来，多一半是民间美术的剪纸、皮影、版画、藏书票……剩下的中国画和油画没有多少，我为收藏苏高礼先生的作品而高兴。

邓平祥（艺术评论家）：我认为，对艺术应该有另一种评价体系，苏先生的作品非常朴实，我们说朴实的最高境界是无法之法、返璞归真，有许多中国画大师具备这一点，苏先生的这种法度、技法有这个意思在里面。他的写生作品不是一种感官层面的东西，让我感觉到了精神层面，从感官上升到了灵魂，这在今天这个求新求变的时代，有一种另外的启示和意义。

孙为民（中央美院教授）：今天第一次全面看到苏老师在油画方面的造诣。近20年，中国油画界有发展，也有不足，发展是对整个西方绘画的学习、研究、借鉴进了一大步，特别在形式的多样化上有前所未有的发展。但是，样式的多样化也给中国油画带来一种灾难性的影响，这就是在造型研究方面的萎缩，无论在学院，还是各种展览上都有萎缩的迹象。在这种形式下，苏老师的作品倒显出一种特有的价值。

这种特有价值有三点：

1. 他的画在品格上不是那么华丽，但苏老师的学问做得很深，表达农村和土地的作品里面，有一种很浓厚的乡土气息，朴实无华，但又很讲究。

2. 从表面上看，这些画有一点勾边填大色块的味道，但是并不笨，总体上看有一种行云流水的感觉，这是苏老师的特色。

3. 他的画里面很有难度，这个难度在我们画界，包括油画教学中还缺少深入的研究。比如：从素描的结构艺术里面，透视关系、组合关系、色彩冷暖关系等看似都是基本因素，但是，现在很多人却都在这方面得了一种营养不良症。而这些因素在苏老师的画里体现非常充分，这对当代油画的大发展具有启示性。

吴长江（中央美院教授、美协书记）：我从苏老师身上学到很多东西，从中看到中央美院几代人形成的现实主义绘画的优良传统。他的绘画和教学中体现的学术研究的深度，实际上对中国一个时期以来的油画创作和教学，都产生了很重要的影响。他把自己代表性的作品捐给中国美术馆意义重大，这些作品记录了一个时代，这种价值随着年代久远会越发凸显出来，这对中央美院的教学也是一个非常好的研究个案。

尚辉（《美术》杂志主编）：坐在这里的人我年纪最轻，是以学习的态度听各位长辈、老师们讲话的。我个人认为，乡土意识、乡土情怀是苏高礼先生油画本土化的主题。看过他的作品有一种强烈的印象，给我们提供了20世纪苏派中国油画家如何进行本土化的研究个案。

苏派画家是一个历史名词。我来自南方，对肖峰、张华清等留学苏联的南方画家，表现江南的人文风貌和人物形象的本土化作品是比较熟悉的。而苏派画家在北方的本土化，苏高礼先生提供的个案非常深刻，表现出北方人很强烈、很直观、很质朴的情感。如果细微地解读，比如：在用线方式上，江南的油画家用线比较洒脱，颜色也有一种简单化的倾向，我觉得这个颜色的色系与苏高礼先生的区别比较大，看苏先生用线比较鲜明、比较平、比较直，有点像金石趣味。我觉得，在艺术语言上可以进行苏派画家本土化南北两个方向的、地域性区别的研究，我会作为很重要的专题来做。

此外，苏高礼就读美院附中时的同学、中央美院教授翁乃强，石家庄画院院长陈承齐，山西油画学会会长韩植墨教授也即席发言。韩植墨代表山西省美协、山西省油画学会、山西大学美术学院对"苏高礼油画艺术暨捐赠作品展"的成功举办表示祝贺，他说："苏先生把这么多作品捐给中国美术馆，是他的光荣，也是山西人民的骄傲！"

苏高礼：感谢大家对我油画的分析。我只知道，我的画是真情实感的，是老老实实画出来的，觉得有一定的价值，试探着给中国美术馆多次表达捐画的愿望。比较了解我的是范迪安先生，他决定收藏这批画后，我的心一下子就安定了。

总有人找我想买这些画，我是不愿意割舍的，只有在我夫人生病需要钱用时，2000年第一次在美院美术馆办展览时，卖了七张让人收藏，后来后悔得不行，现在看不到的一些好画就是那次出去的。戴士和、孙为民也告诉我，这些画不要失散，失散了意义就不大了。因此，我想捐给中国美术馆和中央美院，捐给美术馆是给全国人民看的，捐给中央美院是教学用的。能够起到这样的作用，我非常高兴，这是我的真心话，达到了一生作画和艺术实践的目的。

研讨会后，中国美术馆举办了招待宴会。苏高礼和第二任妻子刘建秀共同向来宾敬酒致谢。席间，苏高礼见到了1986年在新疆培训班教过的学生李晓春。画展开幕前，李晓春从青海西宁打来电话，说他已经退休，想念老师。苏高礼告诉他画展开幕时间，欢迎他来参观。于是，李晓春特意与妻子孙秀桂赶来参加开幕式。

苏高礼高兴地说："我很高兴能在今天见到你和你的夫人。"

李晓春的妻子孙秀桂说："苏老师呀，我家老李在家一天到晚念叨着要找到你，他问了多少人才寻到你手机号码，这次他总算如愿了。"

李晓春接着说："20年前，我从青海到新疆学习油画，是班上年龄最大的学生，上你的课收获最大，是你苏老师给我一生定了调。没有你，我是走不出来的呀！"

苏高礼轻声说："你这样说，为师者自然高兴，但最重要的是你有收获和你的成功，这是对老师最好的回报。"

这是苏高礼退休后最高兴的一天。

六十九

2007年9月21日至10月1日，由国内一位收藏家出资、中国美协牵头组织20多位中国画家，来到俄罗斯圣彼得堡美术家协会展厅举办"俄罗斯·中国——中国当代美术作品展"，苏高礼的两幅布面油画《穿天杨》、《夏庄东阁》参展。

41年后故地重游，苏高礼生出许多感慨。圣彼得堡依旧充满着活力，俄罗斯人在大街上从容地走着，与40多年前所不同的是——街上多了许多怀有"苏联情节"的中国游客。生活是不可复制的，涅瓦河依旧流淌着穿过这座城市，带走了一个时代的美好记忆，带来了更多的期盼。

画展开幕时，圣彼得堡美术家协会主席、列宾美术学院院长恰尔金，副院长别西克夫出席开幕式。别西克夫是苏高礼的同学，他的另一位同学达巴宁也专程赶来。达巴宁当年是一个优秀的学生，苏高礼把自己刚出版的画册送给他作留念。达巴宁看后十分喜欢，并拿出自己作品的照片给苏高礼看，说自己的生活不宽裕，现在要攒钱盖房子，还没有钱出画册。

在圣彼得堡，苏高礼回到了母校，但没有机会见到自己的导师A.梅尔尼科夫教授；还参观了普希金城、冬宫、俄罗斯博物馆……他对20世纪70年代苏联艺术家们为这座城市新建的列宁格勒胜利广场纪念碑印象深刻，以雕塑家阿尼库申教授为首创作的几十座雕像静静地矗立着，无声地诉说，深刻表现出苏联人民与德国法西斯侵略者殊死相搏的顽强精神，这种精神曾让这个国家创造出人间奇迹。中国画家一行还到莫斯科参观了克里姆林宫、胜利墓、普希金博物馆等。

这次俄罗斯之行属于走马观花，就油画艺术而言，苏高礼依然感到中国油画与俄罗斯（含苏联时期）发展了300年的油画相比，在主题表现和绘画技巧上还有不小差距，"油画中国化"依然任重道远。

2008年6月，苏高礼接受了中国《美育大家》绘画工程组委会、世界遗产论坛组委会和紫光阁（北京）书画院有限公司发起的，为"2009中华颂·世界文化遗产主题油画风景系列作品展"创作"武当山建筑群"的任务，建筑风景绘画是他的擅长。

截至2008年，中华大地上已有36处著名景观被联合国教科文组织正式认证为世界文化自然遗产，此次作品展邀请画家的平均年龄为70岁，每人承担一个遗产主题，有些耄耋之年的老艺术家甚至需要坐在轮椅上创作。中国油画界将此举称为"两个抢救，一个开发"，即"抢救了中国世界文化遗产的艺术再现，抢救了老一辈艺术家的艺术生命，开发了主题艺术作品在美育教育中最重要的功能性"。

参加这次主题艺术创作是一项巨大的体力劳动，不仅需要实地采访写生，而且作品的画幅也大，因此老艺术家可以带助手，或单独署名或与合作者共同署名，苏高礼决定让儿子海江参加《武当山建筑群》组画创作。

7月，苏高礼与海江到武当山采访写生，妻子刘建秀随行照顾他的生活。一个多星期里，他们来到各主要景点采访，决定为"武当山建筑群"创作6幅作品。在其后几个月时间里，苏高礼创作了《云海浮仙境——武当山古建筑群》（250cm×170cm）、《琼楼紫霄殿》（92cm×130cm）、《七星映玄岳》（97cm×130cm）、《光耀金殿》（130cm×162cm）4幅作品，并帮助海江最终完成了《神功黄河九曲墙——太子坡神道》（100cm×100cm）和《气韵紫霄宫》（96cm×130cm）两幅作品，反映了武当山经典建筑群的气韵风貌。

2009年6月30日，"2009中华颂·世界文化遗产主题油画风景系列作品展"在首都博物馆一楼大厅开幕，在全部42个选题的175幅作品中，他的作品充满中国味道。例如：《云海浮仙境——武当山古建筑群》这幅最大的壁画作品，画面流淌的云海中浮动着武当山的重要建筑景观，营造出带有丝丝禅味的仙境，带有中国民间神话超凡脱俗的意境；再有就是《琼楼紫霄殿》深绿色背景色、《七星映玄岳》深红色背景色、《光耀金殿》深紫色背景色的运用，具有很强且沉稳的装饰性，使画面单纯宁静，突显了主体建筑的厚重身姿。

七十

2010年11月6日，昔阳县的农

油画《七星映云岳》 2009年
鄂尔多斯东方美术馆藏

民朋友贾元锁去世了。苏高礼听到这个消息心情格外沉重，特意在画库里找出40多年前画的元锁肖像，挂在画室以示悼念。

3年前，苏高礼参加"回望大寨·中国油画名家大寨采风活动"时，在虎头山上还为元锁画过速写像。当时，他一边画像还一边与这个曾担任过大寨乡党委副书记的老朋友辩论。

苏高礼：大寨在改革开放中，完全可以继续保持集体经济，同样可以办工厂、做买卖，走集体共同富裕的道路。这在河南、广东两省都有成功的例子。

贾元锁：我不能同意你的说法。我们不能违反国家的政策，要坚持土地承包责任制不动摇。

苏高礼：我看，现在把土地分到各家各户后，村里的年轻人大都外出打工，把地都租给外来人种。现在没有了集体经济组织，将来梯田坏了谁来修？有能力的人家富了，能力差的人家怎么办？

贾元锁：可眼下就是这形势，你叫我咋弄？不好办呢。

转眼，元锁的肖像画完了，两人接着拉家常。如今，元锁去了，他永远失去了这个能说心里话的农民朋友。

2012年5月16日，享年94岁的A.梅尔尼科夫教授在圣彼得堡去世。

苏高礼闻讯在画室为导师设立了简单的灵堂进行悼念。他多次说，这个导师对我太重要了，留学时跟他学了很多东西，特别是在艺术创作的理念上给了我很多指导。

A.梅尔尼科夫教授生于1919年，其艺术成熟期出现在20世纪50年代末。1953年，他参加第四届世界青年和大学生联欢节后，开始构思表现第三世界青年觉醒及世界各国青年团结友爱主题的作品，1957年完成了油画《觉醒》的创作，画面以明快节奏和丰富色彩的对比，表现了不同肤色、不同服装的人物形象，表达了各国青年和谐相处、团结一致向前进的深刻主题。作品一经问世即在苏联和世界引起轰动，使他成了列宾美术学院的教学领军人。1977年，他又创作了表现"二战"期间母子告别场面的力作《告别》，特别是对母亲的复杂心理状态、表情、动态的刻画，具有莎士比亚式的崇高悲剧性，母亲的朴实善良充满人性的光辉。这种对于"二战"主题绘画创作表现手法的大胆创新，使他成了当代苏联——俄罗斯绘画的领军人物之一。他对复杂的世界不断进行着观察思考，十分赞同陀思妥耶夫斯基的"美能拯救世界"的观点，常说："艺术要给人带来美，美可以使人忘记痛苦，而感受天堂的和谐和怡然。"

在苏高礼的记忆里，A.梅尔尼科夫教授的勤奋始终表现在对艺术的不懈探索上，除了人们熟悉的大量油画作品外，他还给世人留下了数以万计的纸上作品，其中既有对画面构图的探索，也有情感的抒发与表达，就连他在苏联写给自己的短信上都有即兴所作的小画。这位导师从一开始就要求自己采用薄画法，在艺术实践中注重吸收中国画、中国书法的优秀传统，在素描中注重对结构的理解、掌握规律和程式化的表现手法，强调线条、构图与色彩要整体协调，要学会剪影构图等全部教诲，包括他要求学生每次作画后必须洗净调色板这个细节，至今让他记忆犹新。

老年的A.梅尔尼科夫对中国文化和艺术传统多有借鉴，他创作的一些作品中不乏这种借鉴的痕迹，例如中国画的水墨韵味。这也说明，从他对待艺术的多样性视角和成功尝试，可以看到这位苏联——俄罗斯绘画大师是怎样吸收外来艺术精华，并使之"俄罗斯化"的。他甚至对俄罗斯学生说："你们如果有机会都应该去中国学习，学习他们的中国画，那是世界上最伟大的艺术。""中国画能用最简练的手法传达中国人的唯美理想，是最高境界的现实主义艺术。"（见孙韬著《美能拯救世界》128 页）A. 梅尔尼科夫的这些艺术见解和实践，对中国画家实现"油画中国化"有很强的启示性和示范性。

苏高礼还注意到，老年的 A. 梅尔尼科夫对现实主义的范畴多有论述。他认为，西方绘画中为对象所作的精致描摹不是现实主义的表现语言，真正的现实主义表现语言，应该是作者心灵对外部世界、对人生的思考和感悟。从某种意义上说，现实主义语言是作者心灵感悟的艺术表现，是作者心灵对自然的唯美升华，此时对象是为我所用的。苏高礼想问自己的导师：是否可以这样理解，画家艺术实践中所感知到的一切有形体存在的事物的再表现都属于现实主义？当然这与读者是否接受是两回事儿，前者是画家心灵感受的形象再现，后者是作品社会的、历史的检验。

画室里燃着檀香，苏高礼在 A. 梅尔尼科夫导师像前坐了很久……

七十一

2012 年 5 月 18 日，中央美院举办纪念毛泽东同志《在延安文艺座谈会上的讲话》发表 70 周年系列纪念活动，作为这次纪念活动的重要内容——上午 11 点，"生活——苏高礼捐赠作品展"在中央美院美术馆国际会议厅开幕。苏高礼静静地坐在台上的一只沙发里，美院院长潘公凯、党委书记

苏高礼与本书作者韩立伟合影 2012 年

杨力坐在他身旁。

这批捐赠作品创作时间跨度大，包括从 1950 年起创作的 103 幅作品，这些作品忠实记录了一个艺术家、教授半个世纪的艺术历程，中央美院将这些作品作为教学个案收藏，在老教授中尚属首例。

苏高礼发表了如下致辞：

尊敬的院领导、学长、学弟、朋友们、同学们好！

为美院捐赠作品是我长久以来的心愿。

我们这代人除了人是父母生的，有养育之恩外，学习和工作几乎全部是国家和人民的栽培。记得我留学苏联时期有个数字统计，国家为每个留学生一年花费的资产是 12 户富裕中农全年的产值。这个惊人的数字我从来没敢忘记。所以，我不认为我的作品全部是我个人的财产。

因此，回馈国家、回报学院早已

是我的心愿了。当然在教学中努力工作也是回报的一种形式，但还不够，如果国家需要我的作品，我愿意捐出来。2007年，我向范迪安同志表达了捐赠愿望，中国美术馆接受了我的86幅作品，至今中国美术馆收藏了我的作品90余件。前两年，我向美院党委表达了捐赠的愿望，学院委托徐冰先生两次前来接洽，表示高兴和感谢。

我捐赠的第二个原因，无论中国美术馆、还是中央美院美术馆愿意接受我的捐赠，都是对我的艺术的肯定和认可，我感到很欣幸。对一个画家来说，我认为再没有比自己的作品进国家级美术馆更好的归宿了。我希望自己的作品能够更多地参与到社会的美育教育中去，希望能在学院发挥一点教学作用。

再次感谢学院接受我的捐赠，并为这些作品举办如此隆重的展览和出版画册。感谢为此次展览付出劳动的所有教师和员工。

感谢我的家人从来都支持理解我的捐赠行动。

学院将这次展览推荐为纪念毛泽东《在延安文艺座谈会上的讲话》发表70周年纪念活动的一部分，本人深感荣幸。

下面，我读两段语录结束我的致辞。

毛泽东说："作为观念形态的文艺作品，都是一定社会生活在人类头脑中的反映和产物。"

"生活是一切文学艺术取之不尽、用之不竭的唯一源泉。这是唯一的源泉，因为只有这样的源泉，此外不能有第二个源泉。"

谢谢！

中央美院潘公凯院长致辞：

……作为一名人民艺术家，苏高礼先生始终坚守着自己的艺术信念，坚定艺术为人民服务的思想，坚持现实主义的创作道路。

几十年来，以他特有的"写生"方式，感悟自然，感受生活，体验生命的价值。他的作品具有鲜明的时代特征，在一次次走进自然、深入生活的艺术实践中，他以自己的淳朴和真诚的心灵，去关心客观世界的变化、时代的变迁、劳动人民的心声，并由衷地抒发自我的人文情怀，持续探求和梳理属于自己的创作思想和表达方式，实现个人与时俱进的艺术思想和追求。苏高礼先生的作品主题明确，结构概括洗练，色调饱满，从对普通人物、场景的描绘表现中，彰显出他对画面自信从容的驾驭能力和不凡的艺术风格。

苏高礼先生的捐赠，有效丰富了学院的收藏序列，将是我们进行艺术家个案研究的珍贵档案，同时，也必将在中央美术学院的教学实践中发挥重要作用。

接下来，潘公凯院长接受了苏高礼的捐赠作品清单，颁发收藏证书，

中央美术学院院长潘公凯向苏高礼颁发捐赠作品收藏证书 2012年

向他的无私奉献精神表示崇高的敬意与由衷的感谢。一位年轻美丽的姑娘献上一束淡黄色的康乃馨，让他感到温馨；会议厅的音响里传出钢琴协奏曲《黄河》的旋律，令人感到振奋……

5月26日上午，苏高礼应邀接待一批前来参观捐赠作品展的朋友，他为大家讲解时，旁边始终跟着一位十七八岁的姑娘，听得很认真。最后她走上前说："苏先生，我是美院附中的学生，这是一个很好的展览，只有中央美院的老先生们才有这样的品格，我太佩服您了！"

苏高礼微微一笑："对你学习有帮助就好。"

捐赠作品展于6月17日闭幕。

6月26日，75岁的苏高礼再次被中央美院党委授予优秀共产党员称号。

七十二

2012年6月28日15时，"苏高礼油画艺术大展"在石家庄市美术馆开幕，这是苏高礼个人规模最大的一次画展，组织这次大展的关键人物是陈承齐。

时年66岁的陈承齐，是苏高礼1982年第一届"油画助教研修生课程班"的学生，是一个擅长主题创作的卓有成就的油画家，曾筹建石家庄市美术馆并任馆长，退休后为名誉馆长。他在中央美院美术馆看过"生活——苏高礼捐赠作品展"后，再次被恩师的艺术成就和精神境界所感动，不仅决定把这个展览搬到石家庄来，同时，紧急联系中国美术馆借出恩师捐赠的另外90多件作品，苏高礼又在自存作品中添加了一部分在早年石家庄创作的作品，共展出了200多幅，挂满了四个大展厅。

苏高礼在开幕式上的致辞：

"回石家庄办展览是我长久以来的心愿，石家庄是我成长的地方，也是我作为艺术家受到启蒙教育的地方。对我来说，这里有两位伯乐促成了我未来的事业，一位是永安街小学的班主任李杰如老师，一位是石家庄二中的美术老师刘炎先生,他们的引导、鼓励使我从小就立志当一名画家,爱上绘画,学习绘画。并且是刘炎老师资助我去北京考取了中央美术学院附中,这才有了我后来的发展道路。"

讲到这里苏高礼走下讲台,向坐在台上的小学班主任、91岁的李杰如老师和中学美术老师刘炎先生的遗孀魏席珍老师深深鞠了3个躬,两位老师搀扶着站起来受礼。魏席珍老师眼圈红红的,老伴刘炎58年前对一个穷学生5元钱的帮助,成了他走向成功的没齿不忘的巨大动力。参加开幕式的几百人一下子静得出奇,紧接着响起极其热烈、持久的掌声。

……

接下来是陈承齐的致辞。他说,苏教授作为学子他从这里远行,作为一个著名油画家他今天回到这里展出他的作品,展现了一个绘画者不断探索的足迹,这些作品充满穿透历史的人文精神,具有深厚的文献意义和现实主义精神。接着,陈承齐回忆起恩师对自己的言传身教,也走到讲台下对恩师深深三鞠躬致谢,台下掌声同样极其热烈……

苏高礼向石家庄美术馆捐赠了20世纪70年代初的《小丽》、《梅梅》等5幅肖像,这些作品都是在石家庄创作的,是他最喜欢的几幅作品,以此感谢石家庄美术馆对他的帮助。

下午,苏高礼在陈承齐陪同下来到石家庄二中,这是他毕业后第一次走进母校。昔日矮小的平房早已被现代化的教学大楼取代,邵喜珍校长陪同他与学校美术组的同学们进行座谈,对大家的习作进行点评,随后参观校史展览。

苏高礼见展厅里50年代的展品不多,决定把1954年画的一幅写生作品《石家庄二中校门》送给母校留念,这幅小画在他手里保存了58年,回到这里也是对刘炎先生的纪念。

对这个意外收获,邵喜珍校长显得很兴奋:"这幅画填补了校史上的空白,太珍贵了!这下学生们可以看到六十年前校门的模样了。我们真没有想到,在学校的早期校友中出了这样一位大画家。"

参观石家庄二中校园时,来来往往的学生不知道他是谁,不经意间纷纷擦肩而过。是啊,他们是八九点钟的太阳。现在的孩子们有着太好的条件,受到太多的呵护,似乎只剩下认真学习这件事要做了。

第十四章 生命没有休止符

苏高礼探望虎头山村的乡亲们 2010年

七十三

苏高礼还有一个没有实现的愿望——把自己保存的最后一批好画捐给家乡。2013年春节，苏高礼内心充满了喜悦，为家乡省城捐画有了意向性进展，被山西博物院列入了工作日程。

早在2010年10月，苏高礼向家乡的阳泉市博物馆捐赠了《平定窑家》、《窑洞和花》、《老羊倌》、《羊倌》、《夏庄小学》等作品。在捐赠仪式上，他对父老乡亲们说："出门在外的游子总爱说落叶归根这句话。我认为，身体回到家乡是落叶归根，但更重要的是——灵魂对于家乡的眷恋和回归。"

从那时起，他把向山西捐画，看成一个游子灵魂落叶归根的盛事。

很长时间以来，苏高礼都在家整理准备捐赠山西博物院的作品，偶尔也会作画。一天，赵友萍教授来做客，在二楼画室的画架上，看到苏高礼刚创作的妻子《建秀怀旧肖像》，称赞再三。她悄声问建秀："高礼能把这幅画卖给我吗？"接着朗朗自答，"我知道，他是不会卖的，画儿就是他的命呀。"

这幅怀旧肖像画的是妻子刘建秀穿旧式护士服的形象，在艺术表现上轻松自如、一气呵成，体现了他扎实的造型功夫，形与色都是意象的表现，是以神带形、中国味道更加强烈的大写意人物肖像。仔细分析，其中还有些许淡淡的毕加索新古典主义时期几幅作品的味道。

这幅作品的风格有别于他的其他肖像作品，独特之处是抓住了妻子建秀的气质与习惯性动作特征，在简洁中突出表达自己的情感。人物绘画的形象应该以传神为上，抓住了神韵，作品就有了生动性，艺术形象往往是越简洁反倒越传神、越鲜活，这是需要画家终生修炼的真功夫。

2008年，参加"回望大寨·中国

油画《建秀怀旧像》 2011年

油画名家大寨采风活动"时，他在大寨曾画过一幅布面人物写生《年轻的村支书》，与《建秀怀旧肖像》的手法有相似之处。他不是在人物形象上精雕细琢，而是追求造型准确与画面简洁，线条与色块水乳交融般的组合，这幅画在中央美院展出时，受到师生和美术馆工作人员们的喜爱。

几年来，苏高礼携妻子建秀几次外出讲课、采风、旅游，在风景写生创作中也曾使用类似的表现方式，他称此为"试验式写生"，力求用最简单的手法突出表现出事物的内涵，在埃及和云南、青岛、黄山、海南、厦门等地都有少量写生创作。

2010年4月，他携妻子建秀及儿子海江到埃及旅游。在中国驻埃及亚历山大总领事馆楼顶平台上，画了4幅街景写生作品；2010年8月，在青岛画了一批风景写生，其中一幅《观象台》给人印象颇深；2011年1月，苏高礼应厦门中华儿女美术馆邀请赴鼓浪屿写生，创作的小幅《立人斋——林语堂先生旧居》和《冬日鼓浪屿——海上花园酒店》，被该美术馆收藏。这些风景写生创作同样追求造型准确，在线条与色块间营造出轻松飘逸的氛围，具有鲜明的写意韵味。

看过这批作品的朋友说："苏先生的画儿在变法。"

苏高礼回答："我还要放一放。等为山西博物院捐画的事情完成后，再画些作品看看效果吧。"不难看出，苏高礼老年的创作已经达到天人合一的境界，就像儿时在南阳胜村的山坡上、小河边玩耍那样单纯和快乐，他娴熟地摆弄着光线、线条、构图、色彩，犹如不经意间丢进阳胜河里的一枚枚

油画《年轻的村支书》 2008年
中央美术学院美术馆藏

石子，在画布上激起的美丽水花，韵味像儿歌一样质朴流畅。

2013年元旦前夕，中央美院造型学院油画系二画室主任李延州，带领十几名师生来到苏高礼家，向他和住在附近的李天祥、赵友萍教授夫妇祝贺新年，再吃上一顿便饭交心恳谈。

同每年一样，苏高礼事先都会认真做准备，把他对艺术创作和油画教学的思考告诉大家。这次他向李延州谈了对研究生教学改革的想法，建议油画系设立"研究生教学实践课"，让研究生在读研期间担任一段助教工作——写教案、上课指导本科生，目的是让研究生在教与学中，不断加深对油画教学一些深层次东西的理解，不断加深对于油画艺术规律的认识，以提高将来走上教学岗位的专业水平。

七十四

2013年5月，有一个苏高礼十分看重的画展。

5月18日下午3时，"我的写生之路——苏高礼写生作品展"在中国油画院美术馆开幕，展出的是他1950年到2008年画的270多幅写生精品，其中有52幅来自中国美术馆的收藏，67幅来自中央美院美术馆的收藏，按创作年代分为捉梦篇、留苏篇、五台山篇等17个板块，是他最全面的一次写生作品展。

这次展览由中国艺术研究院中国油画院主办，中国油画院美术馆承办，山东银座美术馆、中央美术学院美术馆、中国美术馆、中国油画艺术基金协办。举办这次展览的关键人物是59岁的杨飞云。

杨飞云1978年考入中央美院油画系第一工作室，在校学习期间多次听过第二工作室苏老师的素描课。现在，他已经是中国艺术研究院中国油画院院长，博士生导师，中国美术家协会理事及油画艺委会副主任、中国油画学会副主席、北京市美术家协会副主席、中央美术学院客座教授。

去年石家庄的《苏高礼油画艺术大展》闭幕后，杨飞云告诉苏高礼，他有给中央美院老教授办系列画展的想法。苏高礼说，可以办一个我的画展。最初，杨飞云想办一个全面介绍苏先生艺术成就的大展。苏高礼却说："我的写生作品更有艺术特色，就办一个写生作品展吧。"杨飞云稍加考虑同意了这个方案，并立即组织人手进行筹备。

画展开幕的那天，中央美院的十几位老教授前来参观，原中央美院院长靳尚谊教授、赵友萍教授、杨飞云教授等在开幕式上发言，参观者达几百人。

靳尚谊教授是很少在个人画展上讲话的，这次却开门见山：

"苏高礼同志是我们油画系的老同事，他是1966年回国的最后一代留苏学生，他的写生作品主要都在'文化大革命'后期到80年代。他早期留苏的作品应该说是很好的，除了在苏联学习到的欧洲油画基本理论、技巧和表达方式，还有中国农村生活的乡土味道，这些都是那个时代的，都是扎扎实实的，看起来很新鲜。

"前不久，我在美院看了一些学生的写生作品。其实，那些都不是写生，而是照着对象编，好像是画出了一张成品，但实际上是在闭门造车，跟对象没有任何关系，画面完全是一个调子。这说明，画者对为什么要写生不清楚。现在的人跟以前不一样，如果你说他作品目的不清楚、画面有点问题，作者都不怎么高兴。

"我反复在各种场合讲，'文化大革命'后我们国家有很大进步，自由了。但在艺术创作的一些方面也有很大退步，有些是荒唐的东西，不能因为强调了艺术个性而忽视了艺术水平，缺少了文化的积淀。现在大家是平等的，个性是风格，但每种风格都有好有坏，包括学校的研究也是有好有坏。我们研究风格干什么？开玩笑吗！

"所以，苏高礼的作品和风格让真正热爱艺术、学习艺术的人知道油画是什么。什么是好画？这就是好画。"

开幕式上，赵友萍教授两次发言，她神采飞扬话锋率直：

"一个画家想证明你有多棒吗？你就去写生吧！艺术从形式到内容都应该来自生活，追求艺术不能把自己丢了，我们不应怕艰难，而怕走弯路。艺术家的生命是有限的，高礼把自己的有限做到了极致就是美，他在实践中形成了自己的色彩体系。

"画家艺术风格的细微差别，在于你真正深入了生活之后。因此，要向前辈好好学习，这是他们血汗的积累。写生的过程是一个艺术积累的过程，写生彼时彼刻的美是不可重复的，过了这个村就没有那个店了。高礼热爱生活，高礼的画就是他的命，就是他的积累，尊重他的作品就是尊重他的生命。

"我的老伴儿李天祥教授今天没能来，他要我一定代他说，高礼的写生艺术在于发现生活美，从有限到无限，从无限到永恒。我还要说的是，现在有些人以貌似改革的落后来代替进步，而对于古典和传统的尊重，正是人生教养的表现。"

杨飞云教授做《写生之路》专题发言。

他说，这个作品展是苏先生一生的艺术精华，从中可以看到写生艺术的内在价值，及对画家的重要性。写生使苏先生的绘画具有永不褪色的生命力，什么时候看都是鲜活的，都是永恒的瞬间。俄国人说"写生就是写生命"，这个"生命"就是艺术家对生命的感悟。写生是画家的本分，从学习、研究到搜集素材、创作都离不开写生，画家通过写生能够在大自然和生活中不断获取艺术的维他命。

他在发言中，批评了一些画家依赖照相机搜集素材的现象。他说，看苏先生的画会令我们汗颜，因为当今缺乏他那份饱满的写生兴致，缺少了那份本色质朴的情感。这点对当下的学术研究和学生们的成长具有直接的启示，体会到图片无法替代的那份鲜活与生动——用真性情、真眼睛、真情感去搜集素材，去创作……

接着，杨飞云谈了对苏高礼写生艺术特点的认识：

"苏先生表现语言生动自如，色彩响亮丰富，让人眼前一亮。他的画面有很强的秩序和结构意识，构造新颖，疏密有致，无论多么复杂的场面，他都归纳得秩序井然，使得画面的任何部分都不是孤立的物质，也不是琐碎的细节，而是在整体契合的构架中跳动，但是这个构架又能够回到质朴自然的总情调里，所以让人感觉到浑厚方正、舒展大气。

"苏先生的强调结构，更重视情感的抒发，下乡面对风景即便是研究性的作品，他也要突显情感性；即使是练素描、画石膏，他都带着自己的天性和情感。有时候，他使用肯定而有力的线来构成画面，版画和国画的元素很自然地融入到他的写生绘画作品中……客观物象的丰富鲜活，情感的真挚、饱满、激动，油画本体的根本元素，这三个部分支撑了他的写生艺术，也贯穿了他一生的创作活动。"

杨飞云最后说，此次展览既是苏先生一生艺术的总结，也事关油画教育事业的传承延续。作为晚辈我有很多感慨，文化是由人来传承的，中国油画能有今天的局面是每一代艺术家的贡献。

靳之林教授细细看过展出的全部作品，对迎面走来的苏高礼说："每次看你画都像是招魂，看一次招一次。"武必端教授离开展厅前对苏高礼说："你的展览我一定要看，好东西！"这两位教授都想在开幕式上发言，但时间有限没能如愿。

6月9日，"我的写生之路——苏高礼写生作品展"闭幕，他的一批作品分别被3家机构收藏。

靳尚谊教授现在兼任大都美术馆名誉馆长。参加过开幕式回到家，他反复翻看杨飞云主编的苏高礼写生作品画册《我的写生之路》（书号ISBN978-7-5386-7303-6），为大都美术馆精心挑选收藏作品，然后又两次到展厅观看确认，最后拍板收藏了《阿妮》（写生）、《开垦处女地》、《虎头山上一老人》、《王屋山水库》、《艳阳村》（写生）等5幅作品；中国艺术研究院收藏了《欢歌宣不住》、《银小的新窑家》、《郑爱国的红石窑》、《大寨渡槽》、《我是农民》、《鹊惊秋树叶频飞》、《哈萨克之家》、《太行老汉》等8幅作品；山东银座美术馆收藏了《麻田村口》、《美丽桂林》、《卓玛》、《依仗山脚下》、《劳动不乏笑》等5幅作品。共计18幅。

七十五

6月的一天，苏高礼在家接待了几名来自山西太原的重要客人，他们是山西博物院院长石金鸣、阳泉市文物局前任局长郗满祥和现任副局长韩利忠等，这次是来与苏高礼正式洽谈捐赠作品方案的。

早在2010年10月，苏高礼向阳泉市博物馆捐赠少量油画作品时，他曾告诉郗满祥和韩利忠，自己有向山西博物院捐赠最后一批作品的想法，郗满祥和韩利忠答应帮助他实现这个愿望。之后，他们很快联系到省里有关部门，这是山西博物院第一次接到捐赠油画作品的意向，石金鸣院长十分高兴，不断推动此事进展。苏高礼已经应邀参观了山西博物院，对博物院的收藏条件也很满意。

这次石金鸣院长带队亲自登门，是为了进一步确定捐赠方案，他表示希望获得可以形成一个完整展览数量的捐赠，还希望进一步对苏高礼的手稿、信件、资料及有关物品进行全方位收藏。

苏高礼说："我十分高兴能多为家乡捐赠一些作品，粗算了一下，这次准备捐给你们的油画、素描作品有几百幅，至于对我的手稿、信件、资料和有关物品的收藏，可以等这次捐赠作品完成后考虑。"

9月中旬，山西博物院发展部主任梁育军带领两名工作人员再次拜访苏高礼。苏高礼告诉他们，这次捐赠的作品共计700余件，其中油画170余件、素描534余件，所有捐赠作品正在修整装裱中，这项工作完成后即可运往太原。梁育军说："我们博物院决定，全部捐赠工作完成后举办隆重的捐赠仪式，同时举办苏高礼教授捐赠作品大展。"

七十六

10月4日，苏高礼与妻子刘建秀驱车来到太行山脚下的南阳胜村。他们这次回老家，主要是为父母、伯父母和三个多月前辞世的铁叔扫墓。

苏高礼在南阳胜村与铁叔合影 2003年

铁叔名叫苏悌，小名铁小，活了93岁，是苏高礼的叔伯叔叔。

苏高礼与铁叔有着一生的缘分。77年前，他出生的那天，就是铁叔抱着大红公鸡，到他母亲夏庄的娘家报喜；伯父苏忠一家人土改扩大化中遭受迫害时，身为贫农的铁叔尽可能提供了帮助；几十年来，他每次回老家铁叔都是热情接待，爷俩一起吃顿便饭；1999年，苏高礼在学生帮助下回南阳胜村安葬母亲骨灰时，是铁叔帮助在乱土岗上，分别找到了父亲两位死于难产的前妻张氏、冯氏的遗骨，做了四个小棺材，夏庄的舅母家做了新衣服、新被褥，使父亲和3位母亲终于合葬一处；他为父亲和伯父书写的墓碑，还是铁叔找人准备的青石碑并刻字，为了不张扬，石碑仅露出地面50余厘米。

今年4月初，苏高礼在北京得知铁叔病重，立即放下手头工作赶回老家探望。当他踏上路途时，躺在窑洞里的铁叔对孙女苏艾红说，你去外面看看，下大雪了。

艾红说，天好着呢，你早些睡哇。

第二天清晨，太行山区下了一场四月里罕见的大雪，没过多久苏高礼竟然踏雪而来。铁叔见到三和（苏高礼小名）并不奇怪，脸上略带一丝神秘的笑意，对他撂下的2000元钱也不推辞，叔侄俩像往常一样聊起家常，最后的告别也是平静的。

上午9点，苏高礼夫妇一行来到村口，铁叔的孙女艾红夫妇已在等候，他们驾车来到村对面的南山脚下，穿过一片不宽的玉米地，铁叔的墓紧挨着苏高礼父母、伯父母的墓，一如兄弟3人生前那般亲密。

秋阳照在身上暖暖的，沟里坡上的大田里长满了丰硕待收的玉米，地头盛开着黄色的野菊花，伴随着微风窃窃私语。苏高礼带领大家采来大捧野菊花，放在兄弟3人墓前，深深地三鞠躬……

苏高礼对艾红说："将来我的一部分也要回到这里。"

扫过墓回到村里，路旁一位老汉在为新收获的玉米剥皮，然后把金黄色的棒子码在石阶上晾晒，攀谈起来竟是苏高礼的本家亲戚。老汉告诉他："我73岁了，论辈分该叫你爷爷。我

苏高礼在故居前留影 2005年

还记着你留苏回来画画的事呢。"他问过老汉的名字,说:"愿你保重身体,咱们大家都健健康康地生活。"

接着,苏高礼一行看过他曾经住过的窑洞和小院,来到他读私塾的学堂前,这些建筑都已经残破。村中有人在燃放鞭炮,那是一家人为新盖的房子上梁,红色的砖墙与邻居黄褐色石块砌成的窑洞、青砖瓦房反差很大。他从汽车里拿出自己的作品画册送给大家,艾红他们在画册里看到了从前熟悉的院落、窑洞、村阁和乡亲们的肖像,一切都栩栩如生。

他还告诉大家,画册中的大部分作品,已经收藏在两个国家级的美术馆,还有一部分将要收藏在山西博物院。

抬眼望去,天晴朗朗、蓝盈盈的,金秋的太行山真美!

一个伟大的时代,成就了一个太行山农民儿子的梦想。

在这个世界上,苏高礼是这样的艺术家,不善言谈,一生默默耕耘。在灯火辉煌的晚会上,有些人喜欢站在聚光灯下,那是为了照亮自己。而他总是站在聚光灯照射不到的地方,但检阅艺术成就却是耀眼的明星。

他经常说,做画家不应该是一件功利的事情,实现"油画中国化"需要几代中国画家的不懈努力。到了我

苏高礼与妻子刘建秀在家乡合影 2014年

今天这个年龄,总要于己、于师长、于朋友、于家庭、于社会有一个交代。

他喜欢诗人艾青的著名诗句:

假如我是一只鸟,
我也应该用嘶哑的喉咙歌唱:
这被暴风雨所打击着的土地,
这永远汹涌着我们的悲愤的河流,
这无止息地吹刮着的激怒的风,
和那来自林间的无比温柔的黎明……
——然后我死了,
连羽毛也腐烂在土地里面。
为什么我的眼里常含泪水?
因为我对这土地爱得深沉。

2014年5月于北京